NARCISISMO EN ADOLESCENTES Y JÓVENES

CÓMO AYUDARLOS DESDE UNA PERSPECTIVA INTERDISCIPLINARIA

Oscar Zapata Zonco

EL LIBRO MUERE CUANDO LO FOTOCOPIAN

Amigo lector:

La obra que tiene en sus manos es muy valiosa. Su autor vertió en ella conocimientos, experiencia y años de trabajo. El editor ha procurado una presentación digna de su contenido y pone su empeño y recursos para difundirla ampliamente, por medio de su red de comercialización.

Cuando usted fotocopia este libro o adquiere una copia "pirata" o fotocopia ilegal del mismo, el autor y editor no perciben lo que les permite recuperar la inversión que han realizado.

La reproducción no autorizada de obras protegidas por el derecho de autor desalienta la creatividad y limita la difusión de la cultura, además de ser un delito.

Si usted necesita un ejemplar del libro y no le es posible conseguirlo, escríbanos o llámenos. Lo atenderemos con gusto.

EDITORIAL PAX MÉXICO

Título de la obra: *Narcisismo en adolescentes y jóvenes. Cómo ayudarlos desde una perspectiva interdisciplinaria*

COORDINACIÓN EDITORIAL: Gilda Moreno Manzur
DIAGRAMACIÓN: Ivette Ordóñez P.
PORTADA: Víctor Santos Gally

Av. Cuauhtémoc 1430
Col. Santa Cruz Atoyac
México DF 03310
Tel.: 5605 7677
Fax.: 5605 7600
www.editorialpax.com

Primera edición
ISBN 978-607-9346-28-7

Impreso en México / *Printed in Mexico*

Índice

Dedicatoria

A mis alumnos de la maestría en Administración Pública
del Instituto Politécnico Nacional y de la maestría y el doctorado
en investigación educativa de la Universidad de Puebla,
quienes, mediante las conversaciones y discusiones en clase,
me alentaron a pensar, escribir y publicar este trabajo.

Prólogo

Es evidente que toda universidad tiene el compromiso de incursionar, mediante un pensamiento analítico, reflexivo y crítico, producto del interés por la investigación, en los diversos campos de estudio del saber educativo, orientados siempre a la transformación y el crecimiento intelectual del ser humano.

Es así como el doctor Oscar A. Zapata Zonco, cuyos trabajos en el campo de la investigación socioeducativa siempre han resultado una gran contribución a la disciplina, hoy nos presenta una obra que, en nuestra opinión, es una concepción innovadora al tratar temas de origen literario y psicológico con respecto a los procesos de cambios sociopolíticos de Europa Oriental, específicamente en lo que fuera Checoslovaquia. En este estudio de caso, la novela, surgida de la pluma del escritor Milan Kundera y con muchos elementos similares a los prevalecientes en nuestras naciones de América Latina, es transportada por el doctor Zapata al terreno de la psicología social, al recurrir a la investigación cualitativa y a la interdisciplinariedad, así como al apoyarse en el enfoque psicoanalítico. La lectura de este interesante libro tiene un matiz sensible y envolvente. Oscar Zapata ha puesto todo su esfuerzo, entusiasmo y dedicación en esta obra dirigida a estudiantes y profesionales del campo de las ciencias sociales como un aporte metodológico a la investigación psicodinámica; en ella presenta la problemática actual en que se encuentran la adolescencia y la juventud en las sociedades contemporáneas con culturas posmodernas.

M. en C. Arturo Evencio Velázquez González

Coordinador de la Maestría en Administración Pública

E.S.C.A., Instituto Politécnico Nacional

Parte I

Análisis social, psicoanálisis y literatura

Introducción

Al observar el lector el tema de esta presentación podría preguntarse: ¿qué tiene que ver el análisis social con el psicoanálisis? ¿O el psicoanálisis con la literatura? e inmediatamente, ¿por qué analizar con la metodología psicoanalítica una novela en un curso de ciencias sociales?

Con respecto a la primera pregunta, desde una visión preliminar, el psicoanálisis, en tanto teoría y técnica terapéutica, parece contar con una muy escasa relación con las ciencias sociales y su objeto de estudio: la interacción de los seres humanos en sociedad y, de manera más específica, la sociedad contemporánea con su cultura posmoderna.

Evidentemente, la reflexión e investigación sobre la relación de estos dos campos del conocimiento tiene aún mucho camino por recorrer. Si bien la gran mayoría de los intelectuales y las corrientes actuales del pensamiento occidental han asumido, de una u otra forma, parte o la totalidad de los avances del pensamiento psicoanalítico, también es cierto que la reflexión freudiana se ha puesto en contacto sólo de modo tangencial con la realidad sociológica o pedagógica.

Pero, si partimos de lo que entendemos como el objeto de estudio de las ciencias sociales, es decir, la interacción social, encontramos que se conforma como un fenómeno de alta complejidad, en tanto que su práctica social está directamente implicada en la vida de los sujetos que actúan en comunidad, y tiende a satisfacer las necesidades que una formación social determinada le exige. Su naturaleza se configura en estrecho vínculo con la historia particular de la sociedad en la que se inserta. En el caso del campo disciplinario específico de lo social se estructura por medio de procesos también muy complejos por ser síntesis de múltiples determinaciones biológicas, institucionales, sociales y culturales. Por ello, es necesario abordar el fenómeno desde una perspectiva interdisciplinaria integrando diversas aéreas, como, por ejemplo, la sociología, la historia, la antropología cultural, la economía, la política, la psicología, y, desde luego, los distintos métodos y técnicas que lo permitan.

En este contexto interdisciplinario y en la perspectiva social es que consideramos que el psicoanálisis puede ser una vía de realización fecunda para la investigación y el trabajo docente.

En la actualidad, resulta claro que en numerosos problemas que atañen a las ciencias sociales, uno de los abordajes que se configura con importantes posibilidades desde la perspectiva de la investigación es el punto de vista psicológico y, más específicamente, el psicoanalítico.

Por lo común, se denomina psicoanálisis aplicado a la lectura freudiana de los textos literarios o, más ampliamente, a su aplicación a las producciones culturales o artísticas. Sintetizando, es posible considerar en dos grupos a las grandes corrientes críticas que han aplicado el psicoanálisis a la literatura. La primera consiste en estudiar las influencias inconscientes que ha ejercido la vida del escritor, fáctica y psicológica, en su obra. Esta posición encuentra sus fuentes a la vez en la teoría de Freud en algunos de sus textos, por ejemplo, la obra dedicada a Leonardo Da Vinci; como una de los precursores de la corriente se puede hablar de Marie Bonaparte.

La segunda posición consiste en estudiar las significaciones inconscientes de la obra sin preocuparse por el escritor y dejando de lado toda información que le concierna. Se revela eficaz cuando se trata exclusivamente de conocer el texto, o en el caso de obras o textos antiguos anónimos. Esta corriente también se apoya en la teoría de Freud y en su trabajo de análisis dedicado a la Gradiva, el cual realiza sin referirse al autor. La corriente ha sido teorizada por Jean Bellemin-Noël en lo que puede considerarse una tercera propuesta de psicoanálisis aplicado que integre las dos posiciones anteriores.

Los resultados logrados por la psiquiatría y por las corrientes psicoanalíticas han sido incorporados cada vez más a las ciencias humanas. Cualquier investigación antropológica, sociológica, política, económica y, desde luego, pedagógica, tiene que apoyarse en determinados supuestos acerca de la estructura y el comportamiento de la personalidad humana. Reconocidos científicos sociales como Róheim, Malinowski, Rivers, Seligman, Ricoeur, Devereux, Bateson, Mead, Jackson, Mendel y Lévi Strauss, entre muchos otros, han trabajado con el psicoanálisis. Asimismo, lo han incorporado diferentes escuelas sociológicas o de las ciencias sociales en general, en diversos campos del conocimiento y en distinto grado. Algunos ejemplos son el estructuralismo, el estructural funcionalismo, el sociopsicoanálisis y otras corrientes de análisis institucional, como la Escuela de Frankfurt, la teoría de la comunicación de Palo Alto, la teoría de la interpretación literaria o desde la perspectiva de los lectores de Norman Holland, entre otras. Además, muchos pensadores, como Foucault, Deleuze, Castel, Guattari, Moscovici, Clark y Gay, entre otros, han trabajado el psicoanálisis y lo han analizado críticamente desde el punto de vista de las ciencias sociales.

En lo que respecta a la segunda pregunta, sobre la relación del psicoanálisis y la literatura, podemos decir que se eligió a Milan Kundera, como bien podría haber sido cualquier otro notable escritor. En su caso nos atrajo porque es un novelista contemporáneo y, hasta donde sabemos, se cuenta con muy poca bibliografía que se ocupe del análisis de su obra, por lo menos en lengua castellana.[1]

Por otro lado, nos resultó muy interesante su sensibilidad para relatar los estados anímicos de sus personajes, la actualidad y las características de los temas que aborda. Por último, debido al momento histórico actual en el que existe tanta preocupación por los cambios que se están produciendo en los países de Europa del Este o en el socialismo real o burocratizado, consideramos importante conocer situaciones de la vida cotidiana en estos países, a través de las novelas de este autor. Por cierto, vivir en regímenes totalitarios o represivos como éstos no es muy diferente de las condiciones de muchos países de América Latina bajo sistemas aparentemente "democráticos" de tipo neoliberal presidencial autoritario.

Este trabajo se inserta en los típicos ejercicios prácticos que realizamos con nuestros alumnos con diferentes obras culturales: películas, poesías, biografías, novelas, etc., en las asignaturas optativas que tratan de análisis social, psicología social, psicoanálisis o educación.

---

[1] En efecto, cuando iniciamos este trabajo sólo se habían realizado dos tesis: Vázquez, Verónica, "La concepción del hombre europeo contemporáneo en la obra de Milan Kundera", tesis de licenciatura, Facultad de Ciencias Políticas y Sociales, UNAM, México,1986, y Antonio Tenorio Muñoz Cota, tesis de licenciatura en sociología, Facultad de Ciencias Políticas y Sociales, UNAM, 1994, publicada posteriormente como ensayo: *La sabiduría de lo incierto*, Editorial Plaza y Valdés, México, 1996.

Para finalizar, podríamos exponer una larga lista de ventajas y aplicaciones útiles del psicoanálisis para los catedráticos, pero nos conformamos con las siguientes:

1. Resulta de esencial importancia para los docentes la comprensión de las personas a quienes educan y la psicología profunda permite alcanzarla.
2. Al entender el docente las motivaciones que orientan la conducta de los seres humanos logrará comprender mejor las dificultades o problemas de conducta que pueden presentarse en sus educandos.
3. El maestro puede llegar a comprender y analizar mejor sus propias actitudes y reacciones, así como muchas de las acciones y reacciones de sus alumnos; esto puede permitirle lograr un beneficio en lo que respecta a la salud mental del grupo de la clase y una práctica docente mejor.
4. El psicoanálisis cuenta con la posibilidad de abrirse a lo impensable, puede llegar a complementar las ciencias sociales o, en ciertas circunstancias, la misma pedagogía, y convertirse en una fecunda herramienta de trabajo e investigación.

En este libro me interesa marcar el valor que el método psicoanalítico tiene para la investigación cualitativa y la gran posibilidad que abre para la realización de diferentes tesis de grado.

Capítulo I

La tradición cultural de los pueblos y el arte de la novela

Después del "boom de la novela latinoamericana" con su realismo mágico, sus profundos mitos sociales y sus vivencias de un mundo desconocido para muchos, fue el checo Milan Kundera quien retomó el testimonio dejado por nuestros novelistas, en un proceso de restitución de la fuerza expresiva de la novela.

No resulta casual que sea un autor de un pueblo cuya identidad esté amenazada o que, en palabras de Kundera, pertenece a "un Occidente secuestrado", quien nos plantea vivencias y sentimientos universales desde la percepción de la realidad en los países del socialismo real o del socialismo secuestrado por una casta burocrática.

Para nuestro autor, las últimas revueltas centroeuropeas: Hungría, Checoslovaquia y Polonia, tienen el sello distintivo de la íntima unión del pueblo con su tradición cultural; una de las formas esenciales de la lucha de los pueblos oprimidos por su identidad y libertad pasa por la recuperación y desarrollo de su tradición cultural. Kundera señala:

"La identidad de un pueblo o de una civilización se refleja y se resume en ese conjunto de creaciones espirituales que por lo general se llama cultura. Si esta identidad está mortalmente amenazada, la vida cultural se intensifica, se exacerba, y la cultura se vuelve el valor viviente en torno al cual todo el pueblo se agrupa.

"Por esto, en todas las revueltas centroeuropeas tanto la memoria cultural como la creación contemporánea han desempeñado un papel central y decisivo. Esto es algo que jamás se había visto en revuelta europea popular alguna.

"Fueron escritores reunidos en un círculo que llevaba el nombre del gran poeta romántico Petofilas quienes desencadenaron en Hungría una gran reflexión crítica y prepararon así la explosión de 1956. Fueron el teatro, el cine, la literatura, la filosofía los que trabajaron, durante años, en la emancipación libertaria de la Primavera de Praga. Fue la prohibición de un espectáculo de Mickiewicz, el más grande poeta romántico polaco, lo que puso en marcha la famosa revuelta de los estudiantes polacos en 1968.

"Estas nupcias felices de la cultura y de la vida, de la creación y del pueblo, han marcado a las revueltas centroeuropeas o una inimitable belleza que con nosotros los que las vivimos, nos ha hechizado para siempre."[2]

Kundera considera que el hombre contemporáneo se convirtió en un simple objeto o cosa producto de las fuerzas de la técnica, de la política y de la historia, que lo supera, lo sobrepasa y Io esclaviza. Esto que sucede en Io que podríamos considerar los países poscapitalistas, o del socialismo real (si bien hoy día han regresado al capitalismo salvaje o al más salvaje de los capitalismos), también es válido para los países capitalistas desarrollados, con su cultura posmoderna. Pero si la filosofía y la ciencia en general se han olvidado del "ser del hombre", la novela ha recuperado todo Io humano y se convierte en un medio de conocimiento que indaga sobre la existencia. Sin embargo, la novela puede desaparecer o morir. Esto sucede cuando no puede abordar o descubrir ningún nuevo territorio de la existencia humana, cuando se dedica a confirmar y a propagandizar los sistemas totalitarios. Kundera afirma:

"...porque ya he visto y vivido la muerte de la novela, su muerte violenta (por las prohibiciones, la censura, la presión ideológica), en el mundo en que he pasado gran parte de mi vida y al que acostumbramos llamar totalitario. Entonces, quedó de manifiesto con toda claridad que la novela era perecedera; tan perecedera como el Occidente de la Edad Moderna. La novela, en tanto que modelo de ese mundo, fundamentado en la relatividad y ambigüedad de las cosas humanas, es incompatible con el universo totalitario. Esta incompatibilidad es aún más profunda que la que separa a un disidente de un 'apparatchik', a un combatiente pro-derechos humanos de un torturador porque no es solamente política o moral sino también ontológica.

"Esto quiere decir: el mundo basado sobre una única verdad y el mundo ambiguo y relativo de la novela están modelados con una ma-

---

[2] Kundera, Milan, "Un Occidente secuestrado o la tragedia de Europa Central", *Revista Vuelta*, núm. 91, p. 6.

teria totalmente distinta. La verdad totalitaria excluye la relatividad, la duda, la interrogación y nunca puede conciliarse con lo que yo llamaría el espíritu de la novela."[3]

Para nuestro autor, la novela representa también un medio de conocimiento que permite enfocar a Io humano desde situaciones y personajes imaginarios, generando posibilidades de avanzar sobre ciertas parcelas de verdad de la existencia, hasta ese momento no enunciadas.

"En efecto, todos los grandes temas existenciales que Heidegger analiza en *El ser y el tiempo*, y que a su juicio han sido dejados de lado por toda la filosofía europea anterior, fueron revelados, expuestos, iluminados por cuatro siglos de novela (cuatro siglos de reencarnación europea de la novela). Uno tras otro, la novela ha descubierto por sus propios medios, por su propia lógica, los diferentes aspectos de la existencia. Con los contemporáneos de Cervantes se pregunta qué es la aventura; con Samuel Richardson comienza a examinar 'lo que sucede en el interior', a mostrar la vida secreta de los sentimientos; con Balzac descubre el arraigo del hombre en la historia; con Flaubert explora la tierra hasta entonces incógnita de lo cotidiano; con Tolstoi se acerca a la investigación de lo irracional en las decisiones y el comportamiento humano. La novela sondea el tiempo: el inalcanzable momento pasado con Marcel Prost; el inalcanzable momento presente con James Joyce. Se interroga con Thomas Mann sobre el papel de los mitos que, llegados del fondo de los tiempos, teledirigen nuestros pasos.

"La novela acompaña constante y fielmente al hombre desde el comienzo de la Edad Moderna. La 'pasión de conocer' (que Husserl considera como la esencia de la espiritualidad europea) se ha adueñado de ella para que escudriñe la vida concreta del hombre y la proteja contra 'el olvido del ser'; para que mantenga el mundo de la vida bajo una iluminación perpetua. En ese sentido comprendo y comparto la obstinación con que Hermann Broch repetía: 'descubrir lo que sólo una novela puede descubrir es la única razón de ser de una novela'. La novela que no descubre una parte hasta entonces desconocida de la existencia es inmoral. El conocimiento es la única moral de la novela."[4]

[3] Kundera, Milan (1988), *El arte de la novela*, México, Editorial Vuelta, p. 20.

[4] *Ibíd.*, pp. 12 y 13.

Milan Kundera asume la rica historia novelista de sus predecesores Kafka, Hasek, Musil y Broch, en la que el hombre en el mundo moderno es juguete de sus circunstancias y de la historia. La trama que atraviesa a estos autores y que nuestro autor continúa, consiste en la reflexión sobre ¿cuáles son las posibilidades del hombre en la trampa en que se ha convertido el mundo?

Ahora bien, hay que considerar que para Kundera: "El novelista no es un historiador ni un profeta: es un explorador de la existencia".[5]

Sin embargo, en este ir explorando la realidad de la existencia, la novela informa de situaciones y hechos imaginarios o ficticios que acaban por ser fidedignos en nuestra vida. Existe una gran cantidad de situaciones en nuestro mundo contemporáneo en las que la vida parece resultar una copia fiel de las novelas de Kafka. Esto "..., no es únicamente porque la sociedad llamada democrática es menos kafkiana que la Praga de hoy. Es también, me parece, porque aquí se pierde, fatalmente, el sentido de lo real. Porque la sociedad llamada democrática conoce también, en efecto, el proceso que despersonaliza y burocratiza; todo el planeta se ha convertido en el escenario de este proceso, del cual las novelas de Kafka son la hipérbole onírica e imaginaria mientras que el estado totalitario es la hipérbole prosaica y material".[6]

Esta situación ha trascendido en nuestra realidad contemporánea, de tantas y tan variadas formas, que muchas situaciones parecen obras de ficción e ironías, como las relatadas por Kundera. Sin ir más lejos, en febrero de 1964 se iniciaba en Moscú el proceso contra el joven poeta Yossip Brodsky. Efim Etkind, autor del libro *Disidente pese a él mismo*,[7] recoge un diálogo inaudito del juicio. El juez pregunta a Brodsky: "¿Quién ha decidido que usted es un poeta?" Solitaria, inerme, la voz de Brodsky, escasamente audible, argumenta: "Yo pienso... que es un don de Dios". Lo que quería decir el juez era que los únicos que podían otorgar esa denominación eran los integrantes de la Unión de los Poetas, es decir, un organismo oficial.

---

[5] *Ibíd.*, p. 47.

[6] *Ibíd.*, p. 104.

[7] Relata Juan María Alponte en un artículo de *La Jornada* del 24 de octubre de 1987.

Hasta entonces se habían publicado sólo dos poemas de Yossip o Joseph Brodsky. Fue condenado a cinco años de destierro por parasitismo. La poesía "no es un oficio", le dijeron. Sólo el reconocimiento oficial permitiría pensar otra cosa. Trágico es el ciclo del hombre. Este hombre de formación prácticamente autodidáctica –asistió a la escuela hasta los 15 años–, trabajó en su juventud como obrero fabril primero y como fogonero de barco después. Durante todo ese tiempo estudió filosofía e historia de la religión por su cuenta.

A los 18 años comenzó a escribir poesía y su obra era leída en reuniones literarias clandestinas y difundida en publicaciones también prohibidas durante la época de Stalin. En 1964, como ya dije, fue arrestado y sentenciado por parasitismo, o más bien, por ser un "parásito semiliterario", en la región de Abkhangelshk en el norte de la URSS. Ahí permaneció sólo un año y medio, gracias a las protestas que su detención causó en su país y a las presiones internacionales, dado que su obra era algo conocida en el extranjero. En 1972 fue obligado a emigrar a Viena y a partir de entonces su obra es mucho más conocida en Occidente.

El 22 de octubre de 1987, en Estocolmo, el poeta Joseph Brodsky, de origen soviético y naturalizado estadounidense, cuyos escritos en una oportunidad le valieron ser encarcelado en el Ártico, ganó el Premio Nobel de Literatura por su creación literaria de "gran amplitud, imbuida de claridad de pensamiento e intensidad poética", según el jurado literario del Nobel.

Esta vida, que es un ejemplo de lucha y entereza en muchos sentidos, es en realidad inusitada y parece más bien kunderiana; justamente, en *La vida está en otra parte*, escrita en 1969, nuestro autor recrea, en una atmósfera de ironía kafkiana, la vida y el destino de un poeta en la realidad de una sociedad stalinista, en la que su conciencia deberá pactar con el humanismo oficial hasta llegar a la colaboración con las actividades policiales del sistema.

Por ello, las alternativas en los sistemas autoritarios están claras. Los latinoamericanos conocemos por propia experiencia la colaboración o la marginación social, la cárcel y/o el destierro en el mejor de los casos, como le sucedió a Brodsky, a Pasternak, al mismo Milan Kundera y a muchos intelectuales y luchadores sociales.

El socialismo sólo puede existir en la democracia; en el totalitarismo resulta una aberración kafkiana.

Dado que justo estas situaciones se presentan con el socialismo real o el socialismo burocratizado rusos, sólo en los totalitarismos se producen estos hechos inéditos y sorprendentes.

Un testimonio de lucha política contra un sistema opresivo y a la vez, una historia de amor y de lealtad en la URSS es el Nadiezhda Mandelstam,[8] en un libro en el que rememora su relación con el poeta Ósip Mandelstam. Esta paraja se casó en 1921 y en 1934 Ósip fue arrestado por un poema satírico contra Stalin. En su poesía siempre cuestionó la prepotencia y arrogancia de los políticos comunistas, así como el terror que ejercían en la vida cotidiana, en el trabajo, en el barrio, en la escuela, la taberna (totalitarismo estalinista o socialismo real), ...lo cual provocó el sometimiento de muchos hombres. La actitud de este valiente poeta le valió varios encierros en campos de trabajo forzado hasta su muerte en 1938. Las vicisitudes por las que pasó la pareja y las de cada uno de ellos son relatadas por Nadiezhda, quien fue expulsada de la URSS hasta que en 1956 regresó a Moscú. Ahí comenzó a escribir sus recuerdos y difundir los poemas de Ósip que había copiado, escondido y también memorizado.

Este libro, *Contra toda esperanza*, es un canto a la lealtad de un amor puro; cabe aclarar que Nadiezhda siempre apoyó al poeta en las difíciles situaciones que le tocó vivir, protestó por su encierro y luchó contra las autoridades del sistema totalitario. Por otro lado, Ósip le cantó al afecto y solidaridad que recibió de ella y le dio lo que podía brindarle: ternura.

Estos recuerdos son una denuncia de la despótica forma del gobierno soviético que reprimió a brillantes escritores, como Boris Pilniak, Isaac Babel, Anna Ajmótova, Nikolai Bujarin, Boris Pasternak, Marina Tsvetaieva, así como a Milan Kundera en Checoslovaquía y otros escritores en lo que era la URSS.

Tal es el caso de otro escritor ruso del siglo XX, conocido en estos días, quien dejó inédito un trabajo colmado de obras maestras que apenas comienzan a conocerse 60 años después de su muerte. Szigismund

[8] Mandelstam, N. (2012), *Contra toda esperanza. Memorias*, Barcelona, Editorial El Acantilado.

Krzhizhanovsky o Sigismund Krizanovsky, hijo de migrantes polacos, nació en 1887. Criado y educado en Kiev, Ucrania, se mudó a Moscú, la refulgente capital soviética, en 1922, en la aurora de la Revolución. Abogado para entonces, recorrió Europa y dominaba seis lenguas. En 1917 ingresó al Ejército Rojo, y en sus noches de guardia recitaba para sí, en latín, a Virgilio. Estaba listo para ser escritor, había montones de aspirantes a escritores mucho más malos. Pero no lo dejaron. Máximo Gorky –luz del realismo socialista– se encargó de que ese peligroso polaco no publicara en ninguna parte. "Sería dañino para la juventud", dice, inexplicablemente desde el punto de vista racional, aunque desde el punto de vista psicológico por supuesto podemos hablar de envidia o miedo a ser superado.

Aun así, Krizanovsky inspiraba cierto respeto a los burócratas, que le hicieron encargos para sobrevivir de sus talentos redactando entradas en la *Gran Enciclopedia Soviética* y en diccionarios literarios, escribiendo artículos sobre Shaw y Shakespeare para educar al pueblo, traduciendo *El hombre que fue jueves*, de G. K. Chesterton, y adaptando la obra al teatro. Pero nadie se atrevió a publicar sus cuentos, por estar censurado por la burocracia soviética.

Compartió con su paisano Bulgákov y con Andrey Plátonov –otros resucitados possoviéticos– el componente de risa y fantasía (ironía, burla, parodia, humor negro, más pesimismo kantiano y entremés cervantino) en plena construcción del porvenir estalinista, la hora heroica de la colectivización. Su visión del presente y el futuro resultaba poco grata al optimismo oficial.

Hoy, las historias de Krizanovsky son de una actualidad sorprendente. Dejando de lado los detalles tecnológicos de nuestra época, sus pesadillas jocosas nos han alcanzado.

Por ejemplo, los párrafos siguientes fueron escritos en aquella década prodigiosa de 1920, hace 90 años:

"El barómetro económico de la Universidad de Harvard había predicho continuamente mal tiempo. Pero ni siquiera sus precisas mediciones previeron una agudización tan precipitada de la crisis. Las guerras y los elementos habían convertido a la Tierra en un basurero.

"Los pozos petroleros se secaban. La capacidad de generar energía con carbón negro, blanco y café disminuía año con año. Una sequía sin precedente evaporó la tierra reseca en lo que se sentía como 12 ecuadores juntos.

"Los cultivos ardieron hasta la raíz. En el calor infernal, los bosques cogieron fuego. Las selvas de Sudamérica y las junglas de India humeaban en ascuas. Pero esos días también estaban contados. La incombustibilidad amenazaba con inmovilizar las máquinas. Ni las capas de hielo glaciar, derretidas por el eterno verano, alcanzaban para satisfacer la demanda de fuerza hidráulica; los lechos de los ríos salían al aire y pronto se detendrían las turbinas.

"La Tierra tenía fiebre. Azotada sin misericordia por los amarillos látigos del sol, se arremolinaba como un derviche en el último día de su furia.

"Si las naciones hubieran ignorado sus inútiles restricciones políticas para ayudarse, ellas mismas se habrían salvado. Pero la adversidad sólo alentó ideas patrioteras y pronto el Nuevo y el Viejo Reichs, y todos los Estados, Repúblicas, Federaciones, Territorios –como pez en el fondo de lo que fuera un lago– boqueaban bajo una película viscosa, aplastados por el cascarón roto de sus fronteras, pero elevando los impuestos aduanales a niveles astronómicos."[9]

Desde luego, el problema de vivir en todos estos regímenes opresores es la falta de libertad. El hombre sin la posibilidad de ser libre no es nada, por cuanto el ser humano es proyecto y es esperanza, siempre, de una realidad mejor. Justamente, una vieja broma de la era del comunismo real nos habla del problema de la libertad: un sujeto es enviado desde Checoslovaquia después de la revuelta a realizar trabajo forzado en Siberia. Todos sabían que la censura leería su correo y si no estaban de acuerdo, las cartas no llegarían, como pasó con los escritos de Krizanovsky, así que le dijo a sus amigos: "Hagamos un código para poder comunicarnos libremente. Si reciben una carta mía escrita con tinta azul, lo que digo es verdad. Si está escrita con tinta roja, es mentira". Un tiempo después, sus amigos recibieron la primera carta. Todo estaba en azul y la carta decía: "Aquí todo es maravilloso. Las tiendas están llenas de buenas

---

[9] Bellinghausen, Hermann, Periódico *La Jornada*, lunes, 16 de abril de 2012, p. 31.

mercancías y de buena comida. Los cines ponen muy buenas películas occidentales y muy buenos estrenos. Los apartamentos son grandes y lujosos. Lo único que no puedo encontrar y comprar es tinta roja". Ésta es la realidad del nuevo capitalismo contemporáneo, con su teoría hegemónica del pensamiento único.

Aparentemente, contamos con todas las libertades que deseamos. Sin embargo, vivimos enajenados en un mundo enajenante y en el que nos hacen creer que lo tenemos todo. Pero lo cierto es que no contamos con la tinta roja para poder generar un código o lenguaje que nos permita hablar de nuestra "no libertad". Esta realidad en la que nos hablan de "democracia" delegativa a través de los partidos y los políticos y de que vivimos en libertad, no es más que una falsificación de la democracia participativa y de la libertad real. Tal es la razón del escritor que seleccionamos para este ensayo, porque pienso que Io que atrae y fascina de Kundera y que resulta la clave de su literatura y, por consiguiente, de sus reflexiones, es el rescate del amor por la libertad y la verdad, y el respeto por el individuo. Es por eso que la materia prima de su obra se compone de categorías como el amor, el sexo, la ironía y la risa, la vida, la libertad y el destino de los seres humanos; su notable prosa hace resaltar el enigma de la existencia y de la vida.

Bibliografía citada

Bellinghausen, Hermann, Periódico *La Jornada*, lunes, 16 de abril de 2012.

Kundera, Milan, "Un Occidente secuestrado o la tragedia de Europa Central", *Revista Vuelta,* núm. 90.

Kundera, Milan (1988), *El arte de la novela*, México, Editorial Vuelta.

Mandelstam, N. (2012), *Contra toda esperanza. Memorias*, Barcelona, Editorial El Acantilado.

Bibliografía general

Bayard, Pierre (2009), *¿Se puede aplicar la literatura al psicoanálisis?*, Buenos Aires, Editorial Paidós.

Eco, Umberto (2011), *Confesiones de un joven novelista*, México, Editorial Lumen/Futura.

Evans, Dylan (2007), *Diccionario introductorio de psicoanálisis lacaniano*, Buenos Aires, Editorial Paidós.

Juárez, Delia G. (2007), *Gajes del oficio. La pasión de escribir*, México, Cal y Arena.

Revista U.A.M. Iztapalapa, "Escrituras Latinoamericanas del siglo XX", núm. 52, enero-junio de 2002, México, Editorial Universidad Autónoma Metropolitana.

Vargas Llosa, Mario (2000), *Cartas a un joven novelista*, México, Editorial Ariel/Planeta.

Capítulo 2

Teoría y metodología de investigación

Este trabajo se inició a partir de la inquietud de descubrir que asistimos a un muy importante incremento de los trastornos de personalidad en nuestra realidad social actual; gran cantidad de comunicaciones científicas, publicadas en libros y en revistas especializadas, informa de este fenómeno.

La problemática que estructura el ensayo se configura en un tema de índole netamente psicosocial, producto de la constatación que existe en estrecha relación entre las características sintomáticas de la personalidad *borderline* y las características de los síntomas de la crisis que enfrentan nuestras sociedades contemporáneas, tanto desarrolladas como subdesarrolladas o dependientes.

Nuestras preguntas iniciales de investigación surgieron precisamente al confrontar estos hechos sociales con los informes de las investigaciones sobre el desarrollo de la patología en pacientes borderline o fronterizos.

Las características que definen a nuestra sociedad contemporánea en grandes sectores de la población y en especial en la juventud son: destructividad, exhibicionismo, problemas de identidad, omnipotencia, violencia, corrupción, depresión, aburrimiento, vacío, promiscuidad y consumo masivo de alcohol y drogas. Resulta fácil constatar que son los mismos trastornos que caracterizan el cuadro del paciente borderline.

A lo anterior se debió que las preguntas iniciales de investigación fueran: ¿por qué emerge en nuestra realidad este tipo de enfermedad psíquica? ¿Existe alguna relación entre la actual crisis social contemporánea que vivimos y este tipo de patología? Todo ello también podemos caracterizarlo como crisis de la personalidad. Las sociedades actuales se definen por su caos económico y social, con grandes problemas de empleo y pobreza, y por su desordenada vida urbana y social. Ésta podría ser la razón de la configuración de una vida familiar conflictiva, que a su vez, generará hijos sin límites adecuados, es decir, niños borderline.

Una sociedad que ofrece una cultura con valores tan contradictorios, ¿no formará personalidades con grandes confusiones sobre sí mismas?

Todas estas preguntas me permitieron elaborar una pregunta central de investigación que de alguna manera estructura la mayoría de los cuestionamientos previos: ¿qué son estas personalidades borderline o fronterizas y cómo se configura su desarrollo a lo largo del tiempo?

La otra dimensión del problema que abordo es la etapa evolutiva de la adolescencia; la relación existente entre la adolescencia con sus características típicas y los adolescentes con trastornos borderline siempre resultó un enigma para la psiquiatría.

James F. Masterson, en su clásica obra, dice al respecto:

"Este volumen reúne a dos tradicionales chivos emisarios de la psiquiatría: el adolescente y el síndrome fronterizo. Sus desarrollos separados han mostrado algunos paralelos intransigentes.

"Hace aproximadamente 20 años nuestro conocimiento de los adolescentes y del síndrome fronterizo era lastimosamente confuso. Tanto la edad cronológica del adolescente como la creencia tradicional de que su múltiple sintomatología abarcaba una conmoción normal de la adolescencia se opusieron como formidables barreras a la comprensión.

"De manera similar, la tradicional concentración del diagnóstico en la sintomatología descriptiva y la concentración psicodinámica en los conflictos edípicos tuvieron como resultado que el síndrome fronterizo quedara impreciso y mal definido. En aquella época, por muy buenas razones, ni el adolescente ni el síndrome fronterizo recibieron suficiente tratamiento en los libros de texto psiquiátricos. Inevitablemente, esto llevó a resultados terapéuticos pobres, con la consiguiente y continua frustración."[10]

Si bien no abordo la adolescencia en sí como etapa, me interesa todo el desarrollo en la adolescencia que culmina en la juventud y que, a su vez, estructura a la personalidad borderline.

En una palabra, a través de un estudio de caso e historia de vida, quiero investigar cómo en una familia desestructurada se produce la evolución de un sujeto con patología borderline.

---

[10] Masterson, James F. (1975), *Tratamiento del adolescente fronterizo*, Buenos Aires, Editorial Paidós-Asappia.

El presente capítulo se inscribe en la línea de investigación que propone el abordaje de los fenómenos psíquicos desde una perspectiva psicoanalítica y sociogenética. Por lo tanto, su principal fundamento teórico-metodológico radica en la concepción de que la conducta y las acciones del ser humano son dirigidas, en su mayor parte, y quizás en su totalidad, por el inconsciente.

A principios del siglo XX, Sigmund Freud (1856-1939), al descubrir el psicoanálisis, tanto en teoría como en la práctica, abrió nuevos caminos a la ciencia, con su aporte fundamental a la historia de la propia ciencia y la cultura. Por medio de su gran obra *La interpretación de los sueños*, construyó el objeto de investigación de esta nueva disciplina científica, "el inconsciente", y estructuró el método de abordaje: la psicoterapia psicoanalítica. Freud señaló que cuando uno dice psicoanálisis, habla de tres cosas a la vez: una doctrina psicológica, un método de investigación y una psicoterapia.

Esta última es un tratamiento dirigido al psiquismo por medio de un marco de relación interpersonal, y con base en una teoría científica de la personalidad. Por medio de su método, este tipo de psicoterapia se dirige a la psique humana por el único camino existente en la actualidad: la comunicación; el medio esencial de comunicación es la palabra, entendida tanto como lenguaje verbal o preverbal; es decir, el conjunto de todos los tipos de mensajes y, a su vez, el medio de la cura, es la palabra en el marco de una relación interpersonal médico-enfermo en el "setting psicoanalítico".

El objetivo que se busca es curar, por lo que todo proceso de comunicación que no tenga esta finalidad, no es psicoterapia. Por consiguiente, el análisis es un lugar absolutamente específico, lo que se denomina "la situación psicoanalítica", que abarca la totalidad de los fenómenos incluidos en la relación terapéutica entre el analista y el paciente. El psicoanálisis es una forma especial de psicoterapia dirigida a la psique y con respaldo de una teoría científica de la personalidad.

Nuestra investigación, al adoptar como estudio de caso a un personaje de una novela de Milan Kundera, presupone una situación por completo diferente. Esta disciplina permite otro tipo de abordaje, al que normalmente se le define como "psicoanálisis aplicado". Esto es, por su riqueza heurística, el psicoanálisis permite que se le transporte, desplace o exporte a otros campos; por ejemplo, al aplicarse a los fenómenos culturales o a la vida cotidiana, o a otras manifestaciones de los seres humanos. Este psicoanálisis aplicado debe analizarse desde una epistemología precisa; es necesario preguntarse: ¿cuáles son las condiciones y posibilidades de este desplazamiento? Resulta importante saber ¿desde dónde se trasplanta? Es decir, ¿con qué teoría y con qué método? ¿Cuáles son las características específicas del campo de donde se extrae? Y, ¿qué es lo que puede ser propiamente (sin deformarlo) desplazado fuera del campo? Dentro de este gran marco teórico que es el psicoanálisis nos orientamos con los trabajos de Freud y con la línea de sus discípulos, principalmente, M. Klein, J. Bleger, M. Mahler, J. Laplanche, O. Kernberg y J. F. Masterson, por nombrar a algunos de los autores que citaremos.

En nuestra tentativa, por suerte contamos con ensayos de Freud y muchos de sus seguidores. En el caso del primero se cuenta, por ejemplo, con el análisis que realizó de Leonardo Da Vinci y otras vidas importantes para la humanidad.

Indudablemente, sería importante realizar un análisis epistemológico en relación con la delimitación del campo, del propio análisis que implementaré, con sus condiciones y reglas específicas y, desde esta estructura, desarrollar las reglas de transposición, considerando sus límites y posibilidades. Pero, por las características del trabajo, no emprendí esta tarea, aunque resulta un espacio de investigación interesante y altamente prometedor. Por otro lado, en razón del ensayo, no explicitaré su fundamentación, pero considero que, por su especificidad, el psicoanálisis se configura como un campo epistemológico independiente y distinto del de la psicología general.

Evidentemente, la reflexión e investigación sobre la relación de estos diferentes campos del conocimiento tienen aún mucho camino por recorrer.

Retomando la problemática de la adolescencia en nuestra realidad social, resulta importante considerar que en la actualidad los adolescentes enfrentan un mundo en el que no existen ideales, se vive en una sociedad pragmática donde la razón de vivir es el dinero o los goces materiales.

El joven de nuestros días enfrenta a un mundo que no le ofrece nada, o, lo que es peor, que le brinda destructividad, violencia, corrupción, carencia de ideales, falsos dioses y, por todos lados, exhibicionismo narcisista, consumo masivo de objetos, drogas y alcohol, aislamiento, depresión, vacío, soledad, aburrimiento. Es notorio el acelerado y considerable aumento de la patología borderline, que tanto preocupa a los psicoterapeutas. Este síndrome se estructura como una organización de personalidad con sentimientos crónicos de vacío, aburrimiento y soledad, con una gran rabia constante e inapropiada, imprevisibilidad de conducta, exceso y gran descontrol de impulsos; actitudes de automutilación, gestos y actos suicidas; accidentes recurrentes, con una gran inestabilidad afectiva, traducida en irritabilidad, ansiedad y depresión. Con relaciones interpersonales de escaso compromiso emocional, relaciones en las que operan la manipulación, la omnipotencia, la devaluación, la idealización y la dependencia, relaciones en las que se imponen tremendas exigencias imposibles de cumplir. Personalidades con grandes disturbios de identidad, con incertidumbre acerca de la autoimagen, con trastornos de identidad sexual y con grandes desviaciones sexuales.

Por último, los sujetos fronterizos presentan trastornos disociativos de conciencia, desrealización y despersonalización. Si comparamos los problemas que enfrenta la vida cultural y social contemporánea con estos trastornos de personalidad, de inmediato surge la hipótesis de que el incremento de la enfermedad está íntimamente relacionado con el contexto social. Sale a relucir la necesidad de analizar qué pasa con la familia contemporánea, con nuestras instituciones sociales y educativas, y con todo ese mundo simbólico que conforman los grandes medios de comunicación social.

Por otro lado, es paradójico que una posible salida y canalización positiva de muchos de estos problemas de la juventud podrían darse en el amplio campo del arte o la gran posibilidad del deporte, con todas sus connotaciones positivas; sin embargo, muchas veces estas áreas culturales son utilizadas por las grandes empresas para ser objetos de comercialización. Por ejemplo, por mencionar un caso, el deporte educativo puede ser un sistema capaz de formar jóvenes y hombres plenos.

Sin embargo, es posible constatar que el deporte de alto rendimiento o el deporte espectáculo genera una gran rivalidad deportiva, con su trasfondo económico. Produce en los atletas y campeones una personalidad narcisista, individualista y agresiva; en una palabra, encontramos que este sistema deportivo deformado por la realidad social es una fábrica que produce personalidades narcisistas y *borderline*.

En lo que respecta a la elección del escritor checo Kundera y su novela *La vida está en otra parte* para el estudio de caso, resulta muy interesante su sensibilidad para relatar los estados anímicos de sus personajes, la actualidad y las características de los temas que aborda. En relación con el eje de la novela mencionada, si traspolamos el deseo de la madre de hacer de su hijo Jaromil un poeta famoso al campo de la ciencia, la industria, los negocios, la cultura o el arte, al campo deportivo o a cualquier otra actividad, resulta abrumador constatar la cantidad de padres que exigen a sus hijos narcisísticamente que sean "triunfadores", "campeones", "millonarios", "estrellas" en cualquier campo laboral, de forma que cumplan con lo que ellos no pudieron lograr. Por ello es notorio que de inmediato contaremos con una situación similar a Io relatado en la novela. De la misma forma encontraremos cantidades apreciables de madres divorciadas o madres solteras que generan vínculos simbióticos con sus hijos. Las génesis del síndrome son idénticas, la diferencia es que se desarrollarán en situaciones distintas de la vida cotidiana.

La literatura abre una gran posibilidad de estudios e investigaciones para los psicoterapeutas. Como dice H. M. Ruitenbeek:

"El psicoanálisis ha ejercido una doble influencia sobre la literatura contemporánea: ha dado nuevas vislumbres al lector y al crítico literario y ha abierto al escritor la comprensión de nuevos ámbitos. El propio Freud se interesaba por la poesía, las obras de teatro y las novelas y obtuvo muchos atisbos gracias a su estudio de obras literarias. En documentos como 'El poeta y la fantasía', Freud analiza las fuentes de la capacidad creadora y, en especial, el misterio de la interacción entre el escritor y el lector. ...En 'Varios tipos de carácter descubiertos en la labor analítica', Freud une lo clínico con lo crítico, al examinar el personaje de Rebeca West, de Ibsen, y muestra con cuánta sutileza incluyó el dramaturgo el tema del incesto en lo que aparentemente no es más que otro estudio de la interacción entre individuo e individuo y entre el individuo y los dictados de la sociedad."[11]

[11] Ruitenbeek, Hendrik M. (1975), *Psicoanálisis y literatura*, México, FCE, p. 9.

En la misma obra citada, Lionel Trilling señala:

"La psicología freudiana es la única explicación sistemática de la mente humana que, por su sutileza y complejidad, por su interés y potencia trágica, merece ser colocada aparte de la caótica masa de atisbos psicológicos que la literatura ha ido acumulando durante siglos. Pasar de la lectura de una gran obra literaria a la de un tratado de psicología académica es pasar de un orden de percepción a otro, pero la naturaleza humana de la psicología de Freud es exactamente la materia con que el poeta, siempre, ha ejercido su arte.

"Por lo tanto, no es de sorprender que la teoría psicoanalítica haya tenido un gran efecto sobre la literatura. Sin embargo, la relación es recíproca, y el efecto de Freud sobre la literatura no ha sido mayor que el de la literatura sobre Freud. Cuando, al cumplir setenta años, Freud fue aclamado como 'descubridor del inconsciente', él mismo corrigió a quien así lo llamaba, y rechazó tal título. 'Los poetas y los filósofos descubrieron el inconsciente antes que yo', dijo. 'Lo que yo descubrí fue el método científico con el que se puede estudiar el inconsciente'."[12]

Por otro lado, en el momento histórico actual, en el que existe tanta preocupación por los cambios que se producen en los países de Europa del Este, y que ahora se descubre cuánta semejanza tienen con los nuestros de América Latina, me pareció interesante conocer las situaciones de la vida cotidiana de estos países a través de las novelas de Milan Kundera. Por cierto, este autor se adelantó a muchos de los sucesos actuales y demostró que tanto en los países totalitarios burocratizados del Este como en los de Occidente, las características de la enfermedad psíquica son similares.

Por último, desde el punto de vista científico, los objetivos de este trabajo son:

1. Conocer qué es y cómo se desarrollan los trastornos de la personalidad denominados borderline y analizar su relación con la familia actual y su contexto: la sociedad moderna.
2. Analizar los procesos que configuran las etapas genéticas del desarrollo del síndrome borderline.

---

[12] Ruitenbeek, ob. cit., p. 358.

3. Realizar un estudio de caso e historia de vida por medio del psicoanálisis aplicado a la novela *La vida está en otra parte*, de Milan Kundera, y de esta forma intentar producir una obra didáctica que ejemplifique este tipo de enfermedad.
4. Aplicar la Teoría de la articulación de literatura y psicoanálisis del doctor Norman Holland.

En lo que respecta al marco teórico y a la metodología, considero que el psicoanálisis cuenta con la posibilidad de abrirse a Io impensable, por lo que puede llegar a complementar la práctica de que se trate: médica, educativa, social, y convertirse en una fecunda herramienta de trabajo e investigación. Los pasos que seguiré son los que suelen darse cuando se trabaja con psicoanálisis aplicado en obras literarias, a saber: en primer lugar abordaremos al autor y su obra; en segundo, contextualizaré la obra de manera histórica y geográfica y en tercer lugar, realizaré un breve análisis de las diferentes novelas y cuentos del autor. Finalizaré con el análisis psicodinámico de la vida de Jaromil, el personaje central de la novela de Milan Kundera, *La vida está en otra parte*.

Bibliografía citada

Masterson, James F. (1975), *Tratamiento del adolescente fronterizo*, Buenos Aires, Editorial Paidós-Asappia.

Ruitenbeek, Hendrik M. (1975), *Psicoanálisis y literatura*, México, FCE.

Bibliografía general

AA. VV. (1981), *Psicoanálisis y crítica literaria*, Madrid, Editorial Akal.

Goldin, Alberto (2001), *Freud explica…*, Buenos Aires, Editorial Paidós.

Hernández Espinosa, Víctor (2008), *Las psicosis. Sufrimiento mental y comprensión psicodinámica*, Barcelona, Editorial Paidós.

Poch, Joaquín y Alejandro Ávila Espada (2000), *Investigación en psicoterapia. La contribución psicoanalítica*, Barcelona, Editorial Paidós.

Rodríguez, María de Lourdes y Patricia Landa (2012), *Modelos de psicología clínica y su aplicación*, México, Editorial Pax México.

Capítulo 3.

Teoría y método psicoanalíticos

El concepto de psicoanálisis designa, por una parte, aquel modelo teórico descriptivo y explicativo de los mecanismos, procesos y fenómenos implicados en la vida anímica de los seres humanos y en especial de los procesos del psiquismo profundo, es decir, el inconsciente.

Un gran grupo de psicoanalistas sustenta la afirmación de que los conocimientos psicoanalíticos surgen de la llamada situación psicoanalítica y desde ahí hay que entender la definición que Freud planteó en 1923: "1. De un procedimiento para la investigación de procesos anímicos apenas accesibles de otro modo. 2. De un método de tratamiento de trastornos neuróticos que se funda en esta investigación. 3. De una serie de conocimientos psicológicos logrados por tal vía que poco a poco crecen hasta amalgamarse en una nueva disciplina científica".[13] Por lo tanto, el psicoanálisis constituye una forma de tratamiento de alteraciones psicológicas, un instrumento de investigación del inconsciente y una teoría psicológica, tres aspectos que están íntimamente entrelazados en la estructura de la disciplina que conformó el genio de Freud.

Freud siempre pensó que el psicoanálisis es: "Un método para la investigación de procesos anímicos difícilmente accesibles por otras vías, un método terapéutico de perturbaciones basado en tal investigación, y una serie de conocimientos psicológicos así adquiridos, que van constituyendo paulatinamente una nueva disciplina científica".[14]

Sin embargo, en sus desarrollos y aplicaciones esta disciplina ha rebasado por lejos sus métodos y técnicas eminentemente terapéuticas y ha incursionado en literatura, arte en general, psicología social, educación, sociología, etcétera.

---

[13] Freud, S., "Psicoanálisis y teoría de la libido", artículo de enciclopedia escrito en 1922 y publicado en 1923.

[14] Freud, S., *ibíd.*

El método y la técnica psicoanalíticos

El tan especial y singular método psicoterapéutico desarrollado y practicado por Freud y conocido con el nombre de psicoanálisis tiene su inicio en el procedimiento "catártico", cuya descripción nos han hecho J. Breuer y el mismo Freud en la obra por ellos publicada en 1895 bajo el título de *Estudios sobre la histeria.*[15]

La terapia catártica era un descubrimiento del médico Breuer.[16] Con ella había obtenido diez años antes la curación de una histérica, en cuyo tratamiento llegó además a vislumbrar la patogénesis de los síntomas que la enferma presentaba. Siguiendo una indicación personal de Breuer, posteriormente Freud se decidió a ensayar de nuevo el método y lo aplicó a un mayor número de pacientes.

El procedimiento catártico tenía como premisa que el paciente fuera hipnotizable y se basaba en la ampliación del campo de la consciencia durante la hipnosis. Tendía a la supresión de los síntomas, la cual conseguía retrotrayendo al paciente al estado psíquico en el cual había surgido cada uno de ellos por vez primera. Emergían entonces en el hipnotizado recuerdos, ideas e impulsos hasta entonces ausentes de su consciencia, y una vez que el sujeto comunicaba al médico, entre intensas manifestaciones afectivas, tales procesos anímicos, los síntomas quedaban vencidos y evitada su reaparición. Breuer y Freud explicaron en su obra este proceso, repetidamente comprobado, alegando que el síntoma representaba una sustitución de procesos psíquicos que no habían podido llegar a la consciencia, o sea una transformación ("conversión") de tales procesos; atribuían la eficacia terapéutica de su procedimiento a la derivación del afecto concomitante a los actos psíquicos retenidos, afecto que había quedado detenido en su curso normal. Pero este sencillo esquema de la intervención terapéutica se complicaba en casi todos los casos, pues resultaba que en la génesis del síntoma no participaba una única impresión ("traumática"), sino por lo general toda una serie

---

[15] Freud, S. (1922-1934), Estudios sobre la histeria, en *Obras completas*, Tomo I, Tercera edición, Madrid, Editorial Biblioteca Nueva, 1973, pp. 39 a 177. Traducción directa del alemán por Luis López Ballesteros y Torres.

[16] Con quien Freud se inició y de quien después fue colega.

de ellas. Por consiguiente, el carácter principal del método catártico, que lo diferencia de todos los demás procedimientos psicoterápicos, reside en que su eficacia terapéutica no depende de una sugestión prohibitiva del médico. Por el contrario, espera que los síntomas desaparezcan espontáneamente en cuanto la intervención médica basada en ciertas hipótesis sobre el mecanismo psíquico, haya conseguido dar a los procesos anímicos un curso distinto del que venían siguiendo y que condujo a la producción de síntomas.

Las modificaciones introducidas por Freud en el procedimiento catártico de Breuer fueron en un principio meramente técnicas; pero al traer consigo nuevos resultados, acabaron por imponer una concepción distinta, aunque no contradictoria, de la labor terapéutica.

Si el método catártico había renunciado a la sugestión, Freud avanzó un paso más y renunció también a la hipnosis. Después trató a sus enfermos sin someterlos a influencia personal alguna, haciéndoles adoptar simplemente una postura cómoda sobre un diván y situándose él a su espalda, fuera del alcance de su vista. No les pedía tampoco que cerraran los ojos y evitaba todo contacto, así como cualquier otro manejo que pudiera recordar la hipnosis. De tal forma, la sesión transcurría como un diálogo entre dos personas igualmente dueñas de sí, una de las cuales evitaba simplemente todo esfuerzo muscular y toda impresión sensorial que pudiera distraerla y perturbar la concentración de su atención sobre su propia actividad anímica.

Como la posibilidad de hipnotizar a una persona no depende tan sólo de la mayor o menor destreza del médico, sino sobre todo de la personalidad del sujeto –hay muchos pacientes neuróticos a quienes no hay modo de sumir en la hipnosis–, la renuncia al hipnotismo hacía posible la aplicación del procedimiento a un número ilimitado de enfermos. Pero, por otro lado, suprimía aquella ampliación del campo de la consciencia que había suministrado precisamente al médico el material psíquico de representaciones y recuerdos con cuyo auxilio se conseguía transformar los síntomas y liberar los afectos. Así, para mantener la eficacia terapéutica del tratamiento era preciso hallar algo que sustituyese a la hipnosis.

Freud halló tal sustitución plenamente suficiente en las ocurrencias espontáneas de los pacientes, esto es, en aquellas asociaciones involuntarias que suelen surgir habitualmente en la trayectoria de un proceso mental determinado, siendo apartadas por el sujeto, que no ve en ellas sino una perturbación del curso de sus pensamientos. Para apoderarse de estas ocurrencias, Freud invitaba a sus pacientes a comunicarle libremente (sin censura alguna) todo aquello que acudiera a su pensamiento, aunque lo juzgaran secundario, impertinente o incoherente. Pero, sobre todo, les exigía que no excluyeran de la comunicación idea u ocurrencia alguna por parecerles vergonzosa o penosa su confesión.

En su labor de reunir este material de ideas espontáneas, al que por lo general no se concede atención, Freud realizó después observaciones fundamentales para su teoría. Ya en el relato de su historial patológico los enfermos revelaban ciertas lagunas de memoria: un olvido de hechos reales, una confusión de las circunstancias de tiempo o un relajamiento de las relaciones causales, que hacía incomprensibles los efectos. No hay historial patológico neurótico en el que no aparezca alguna de estas formas de falta de memoria o amnesia. Pero cuando se apremia al sujeto para que llene estas lagunas de su memoria por medio de un esfuerzo de atención, se observa que intenta rechazar, con todo género de críticas, las asociaciones entonces emergentes, y acaba por sentir una molestia directa cuando por fin surge el recuerdo buscado. De esta experiencia dedujo Freud que las amnesias son el resultado de un proceso al que dio el nombre de represión y cuyo motivo ve en sensaciones displacientes. En la resistencia que se opone a la reconstitución del recuerdo cree vislumbrar las fuerzas psíquicas que produjeron la represión.

Posteriormente, el factor "resistencia" ha llegado a ser uno de los fundamentos de la teoría de Freud. En las ocurrencias espontáneas, por lo general desatendidas, ve ramificaciones de los productos psíquicos reprimidos (ideas e impulsos) o deformaciones impuestas a los mismos por la resistencia que se opone a su reproducción.

Cuanto más intensa sea la resistencia, tanto mayor será esta deformación. En esta relación de las ocurrencias negadas y no intencionadas con el material psíquico reprimido radica su valor para la técnica terapéutica.

Si poseemos un procedimiento que hace posible llegar a lo reprimido, esto es al inconsciente, partiendo de las ocurrencias y deducir de las deformaciones lo deformado, podremos hacer también asequible a la consciencia, sin recurrir al hipnotismo, lo que antes era inconsciente en la vida anímica.

Freud fundó sobre estas bases un arte de interpretación al que corresponde la función de extraer del material representado por las ocurrencias involuntarias el camino al inconsciente, por medio de estas ideas reprimidas en él contenidas. Objeto de esta interpretación no son sólo las ocurrencias del enfermo, sino también sus sueños, los cuales facilitan un acceso directo al conocimiento de lo inconsciente, sus actos involuntarios y casuales (actos sintomáticos) y los errores de su vida cotidiana (equivocaciones orales, extravío de objetos, etc.).

Freud estudió y desarrolló los detalles de este arte de interpretación o traducción. Trátase, según sus indicaciones, de una serie de reglas empíricamente deducidas para extraer de las ocurrencias el material psíquico, indicaciones sobre el sentido que ha de darse a una ausencia o la cesación de tales ocurrencias en el enfermo y experiencia sobre las principales resistencias típicas que se presentan en el curso de tal tratamiento. Una extensa obra publicada por Freud en 1900 con el título de *La interpretación de los sueños* representa ya el primer paso de tal introducción a la técnica psicoanalítica.

De estas indicaciones sobre la técnica del método psicoanalítico podría deducirse que su autor se ha impuesto un esfuerzo superfluo y ha obrado equivocadamente al abandonar el procedimiento hipnótico, mucho menos complicado. Pero, en primer lugar, el ejercicio de la técnica psicoanalítica, una vez aprendida ésta, es mucho menos difícil de lo que por descripción parece; además, no existe otro camino que conduzca al fin propuesto, y por lo tanto, el camino más penoso es, de todos modos, el más corto. La hipnosis encubre la resistencia; oculta así, a los ojos del médico, el funcionamiento de las fuerzas psíquicas. Pero no vence la resistencia, sino que se limita a eludirla, y de este modo sólo procura datos incompletos y éxitos pasajeros, que más adelante hacen que la enfermedad vuelva.

La labor que el método psicoanalítico tiende a llevar a cabo puede expresarse en diversas fórmulas, todas las cuales son equivalentes en el fondo. Puede decirse que el fin del tratamiento es suprimir las amnesias con la colaboración del paciente. Por ello, una vez cegadas todas las lagunas de la memoria y aclarados todos los misteriosos afectos de la vida psíquica, se hace imposible la persistencia de la enfermedad e incluso todo nuevo brote de la misma. Puede decirse también que el fin perseguido es el de destruir todas las represiones, pues el estado psíquico resultante es el mismo que el obtenido una vez resueltas todas las amnesias.

Empleando una fórmula más amplia, puede decirse también que se trata de hacer accesible a la consciencia lo inconsciente, lo cual se logra con el vencimiento de la resistencia. Pero no debe olvidarse en todo esto que semejante estado ideal no existe tampoco en el hombre normal y que sólo raras veces se hace posible llevar tan lejos el tratamiento. Del mismo modo que entre la salud y la enfermedad no existe una frontera definida y sólo prácticamente podemos establecerla, el tratamiento no podrá proponerse otro fin que la curación del enfermo, el restablecimiento de su capacidad de trabajo y de goce. Cuando el tratamiento no ha sido suficientemente prolongado o no ha alcanzado éxito suficiente, se consigue, por lo menos, un importante alivio del estado psíquico general, y siempre el paciente analiza y descubre las fuerzas inconscientes que guían su conducta, lo cual es un gran logro. Por otro lado, aunque los síntomas subsistan, su importancia para el sujeto está siempre muy aminorada, lo que reduce en alto grado su enfermedad.

El procedimiento terapéutico es, con pequeñas modificaciones, el mismo para todos los cuadros sintomáticos de las múltiples formas de la neurosis y, por consiguiente, para distintos tipos de histerias, si bien, por supuesto, su empleo no es útil para todo tipo de enfermedad mental. La naturaleza del método psicoanalítico crea indicaciones y contraindicaciones, tanto por lo que se refiere a las personas a las cuales ha de aplicarse el tratamiento como por el cuadro patológico. Los casos más favorables para su aplicación son los de psiconeurosis crónica, con síntomas poco violentos y peligrosos; esto es, en primer lugar, todas las formas de neurosis obsesivas, ideas o actos obsesivos, aquellas histerias en las que desempeñan un papel principal las fobias y las abulias, y, por último, todas las formas somáticas de la histeria, en tanto no impongan al médico, como en la anorexia, la necesidad de hacer desaparecer rápidamente el síntoma.

En los casos agudos de histeria habrá de esperarse la aparición de una fase más tranquila, y en aquellos en los cuales predomina el agotamiento nervioso, deberá evitarse un tratamiento que exige por sí mismo un cierto esfuerzo, no realiza sino muy lentos progresos y tiene que prescindir durante algún tiempo de la subsistencia de los síntomas.

Para que el tratamiento tenga amplias probabilidades de éxito, el sujeto debe también reunir determinadas condiciones. En primer lugar, debe ser capaz de mantener un estado psíquico normal, pues en periodos de confusión mental o de depresión melancólica no es posible hacer intento alguno, ni siquiera en los casos de histeria. Asimismo, deberá poseer un cierto grado de inteligencia natural y un cierto nivel ético. Con las personas de escaso valor el médico pierde pronto el interés que le capacita para ahondar en la vida anímica del enfermo. Las deformaciones graves del carácter y los rasgos de una constitución verdaderamente degenerada se hacen sentir durante el tratamiento como fuentes de resistencias apenas superables.

Por consiguiente, la constitución pone en esta medida un límite a la eficacia de la psicoterapia. También una edad próxima a los cincuenta años crea condiciones desfavorables para el psicoanálisis. La acumulación de material psíquico dificulta ya su manejo, el tiempo necesario para el restablecimiento resulta demasiado largo y la facultad de dar un nuevo curso a los procesos psíquicos comienza a paralizarse.

No obstante estas restricciones, el número de personas a quienes puede aplicarse el método psicoanalítico es considerable. Freud señaló como duración del tratamiento un periodo amplio, de seis meses a tres años, pero hizo constar que por diversas circunstancias y posibilidades, sólo había podido probarlo en casos muy especiales, así como en enfermos muy antiguos que, llegados ya a una plena incapacidad funcional y defraudados por todos los demás tratamientos, acudieron, como último recurso, al tratamiento psicoanalítico. En casos menos graves, la duración del tratamiento es mucho menor.

El proceso histórico del método psicodinámico

En la historia del desarrollo de la teoría psicoanalítica y su correspondiente método para trabajar con su objeto, el "inconsciente", es posible distinguir varias etapas en la obra freudiana, específicamente en lo relativo al método. Freud partió de las técnicas características conocidas en su época y de manera progresiva llegó a construir el método psicoanalítico que permite trabajar con la asociación libre. Aquí abordaremos exclusivamente lo relacionado con el método, dejando de lado otros elementos teóricos importantes no tocados por razones de extensión.

Gracias a la revisión histórica del método que realizó el estudioso del psicoanálisis, el doctor José Perrés,[17] podemos hablar de cinco periodos de estructuración del método por Freud. Lo sintetizamos en las siguientes etapas históricas:

- En el primer periodo (1886-1887) Freud utilizó métodos tradicionales, con los que los psiquiatras de la época trataban a sus pacientes. La razón de la adopción de estos métodos por parte de Freud se encuentra en su visita a la Salpetrière, donde conoce a Charcot; "Si Freud había partido hacia París como neurólogo retornaba de allí como psicopatólogo" (Perrés, 1989:21). Los tratamientos utilizados son principalmente los físicos y los denominados "tratamientos morales". Entre los primeros encontramos la electroterapia, la hidroterapia y las sustancias farmacológicas, entre otros. Los segundos utilizaban una especie de orientación, que en sus inicios era en exceso paternalista y sugestiva, pero en el momento que llegara a Freud se había transformado en una pedagogía más cuidadosa, aunque sin perder el tinte paternal de origen.

  Se utilizaba, por ejemplo, el aislamiento del paciente a las influencias de su medio (para hacerlo más receptivo al tratamiento); la disciplina y el trabajo; la convivencia y la sustitución de la voluntad del paciente por una autoridad extraña. "El eje central del tratamiento moral suponía una eliminación de toda iniciativa del paciente y un verdadero trasplante de la conciencia sustituyendo su voluntad y sus deseos por los del médico." Perrés denomina a esta metodología como del "sentido común médico", y Freud seguirá haciendo uso de ella posteriormente, aunque en forma cada vez menor y secundaria.

---

[17] Perrés, José (1989), *El proceso de constitución del método psicoanalítico*, México, UAM.

- En el segundo periodo (1887-1889) Freud comenzó a utilizar el método de la sugestión hipnótica, a través del caso de "Emma Von N.", en el que también se estructura la posibilidad de un método hipnocatártico. Todo esto se desarrolla en pleno debate científico entre la escuela de Charcot y la escuela de Nancy, dirigida en esos tiempos por Bernheim, quien tildaba de sugestivas las hipnosis que Charcot consideraba propias del paciente. Freud utilizó el método de sugestión hipnótica para la supresión directa de los síntomas histéricos. En oposición a Charcot, proclamó que la hipnosis no era una condición patológica que sólo se encontraba en los histéricos, sino que era efecto de la "sugestión". Definió la sugestibilidad como "la aptitud para transformar una idea en acto", característica que cada ser humano posee en diferente grado. También, intentó atacar sus causas, que Freud identificó para aquel entonces como aquellos recuerdos penosos, desagradables y cargados de afecto. Buscó entonces borrarlos, aunque debido a que aún no había llegado a la raíz de la causa, el "retorno de lo reprimido" seguirá insistiendo en el registro de lo manifiesto, y provocará en Freud el posterior abandono del método.
- El tercer periodo (1889-1892) es el de la utilización del método hipnocatártico, y actúa como pivote entre la hipnosis y su sustitución por un método verbal.

  Sus antecedentes los encontramos en su creador, Joseph Breuer, y el conocido caso de "Anna O.". Consistía básicamente en inducir a la paciente a verbalizar durante el estado de hipnosis, para así eliminar aquellos recuerdos acompañados de un dolor psíquico. La eliminación del síntoma consiste en un rememorar bajo estado hipnótico el recuerdo reprimido, enlazarlo con el afecto, de manera que es revivido y abreaccionado, produciendo un efecto catártico y una recuperación de la vivencia concomitante a la caída del síntoma.

- Y, según el análisis del doctor Perrés, el cuarto periodo (1892-1898) se genera con la adopción exclusiva del método catártico y con ello el nacimiento del método psicoanalítico como método original. A partir del descubrimiento de las vivencias traumáticas inconscientes como causa de los síntomas, la prioridad se establece en torno a ligar la vivencia al monto de afecto; se vuelve secundario el problema de la hipnosis, que es progresivamente desplazada por un método de verbalización que permita llegar al inconsciente bajo otros rodeos, que no impliquen una técnica tan problemática. El modelo anterior a la catarsis era un modelo quirúrgico, podría decirse; consistía en operar, extirpar un elemento patógeno. Con la progresiva asunción del método verbal, que comienza con la catarsis y culmina con la asociación libre, el método comienza a ser psicoanalítico, a conformarse como técnica específica de esta disciplina, dicho por Freud: "La terapia no consiste tampoco en extirpar algo –operación que aún hoy no puede realizar la psicoterapia–, sino en fundir la resistencia y abrir así a la circulación el camino hacia un sector que hasta entonces le estaba vedado".[18]

El método catártico es utilizado por primera vez con "Elizabeth", a quien no puede hipnotizar. Es a partir de allí que descubre los efectos de la resistencia; Freud comienza entonces a escuchar a sus pacientes, buscando en su discurso las fallas e incongruencias, las grietas, en suma, los indicios que le permitan llegar al núcleo del problema. Sería el primer paso hacia el desarrollo de una "escucha analítica", pilar sobre el que se desarrolla el psicoanálisis.

- Es en el quinto periodo, 1898 en adelante, que comienza a constituirse el método de asociación libre. Según Perrés, es recién en 1909, en una serie de conferencias dictadas en Estados Unidos, que Freud utiliza dicha acepción. Allí señala que ésta, junto con la interpretación de los sueños, el conjunto de acciones fallidas enumeradas en *Psicopatología de la vida cotidiana* (olvidos, deslices, etc.), y los fenómenos transferenciales, forma una de las cuatro vías para llegar al inconsciente.

De todas maneras, pese a no ser nombrado como tal, su método de asociación puede encontrarse ya antes. Es en *La interpretación de los*

[18] Freud, S. (1988), Estudios sobre la histeria y otros ensayos, en *Obras completas*, vol. 1, Buenos Aires, Ediciones Orbis, p. 159.

sueños que Freud describe el método; plantea entonces proponer al paciente que adopte una posición de reposo y, con los ojos cerrados, renuncie a la crítica y diga todo lo que pasa por su mente. Y en tanto la asociación libre surge como actitud propia del paciente psicoanalizado, la atención flotante surge como correlato de la asociación libre en el psicoanalista, y es desarrollada por primera vez en 1912 con *Consejos al médico sobre el tratamiento psicoanalítico.*

La sesión psicoanalítica y la aplicación del método psicodinámico

Mientras en otras áreas del conocimiento es posible, e incluso necesario, deslindar la práctica de la disciplina del proceso de investigación, pues este último requiere condiciones metodológicas específicas en cuanto al control y manipulación de variables, en psicoanálisis, por el contrario, la investigación no debe prescindir del ámbito natural en el que se produce el tratamiento de corte dinámico porque la relación psicoterapeuta-paciente es, precisamente, la variable bajo estudio.

La práctica psicoanalítica se estructura en torno a un concepto central, a saber, el inconsciente, en tanto que éste es el objeto de investigación del psicoanálisis y, por lo tanto, delimita su espacio de intervención. Se trata entonces de encontrar un método que permita trabajar con este objeto demonizado inconsciente. El psicoanalista argentino Oscar Masotta[19] plantea: "…en el psicoanálisis lo que está en juego es algo que tiene que ver con el deseo inconsciente, algo entonces que tiene que ver con la verdad del sujeto es lo que está en juego"); son las equivocaciones verbales, los olvidos de las palabras, los lapsus, los síntomas, los recuerdos encubridores, en fin, los cortocircuitos del discurso, por donde se filtra el deseo.

[19] Masotta, Oscar (1994), *Lecciones de introducción al psicoanálisis*, Barcelona, Editorial Gedisa. Introductor del lacanismo en la Argentina, y después en España, Oscar Masotta no tuvo una actividad regular como psicoanalista, pero por su enseñanza y sus iniciativas institucionales desempeñó el papel de didacta con los discípulos que formó en la lectura de los textos de Jacques Lacan y en una práctica lacaniana de la cura.

La sesión o el setting psicoanalítico

En el sentido estricto, el psicoanálisis puede definirse como un método y técnica de tratamiento psicoterapéutico basados en la exploración del inconsciente a través de la "asociación libre". El psicoanálisis clásico se desarrolla durante algunos años con una frecuencia de tres a cinco veces por semana. En el setting clásico el paciente se recuesta en un diván y habla, en lo posible sin censura, sobre todo lo que siente, piensa, poniendo en palabras toda ocurrencia que le venga a la mente. Esta técnica se denomina asociación libre y constituye la regla fundamental.

El analista, que está sentado detrás de él, escucha manteniendo una atención flotante y comunica al paciente sus interpretaciones, hechas con base en el material que aparece durante el proceso analítico.

El analista entrega estas interpretaciones a su paciente tantas veces como considere conveniente y en las situaciones que decida. En particular, el analista captará e interpretará los patrones emocionales y de funcionamiento psíquico, los mecanismos típicos que el paciente repite en la relación con él en forma de transferencia y, en esencia, las formaciones del inconsciente que surjan en el discurrir del analizante a lo largo de su análisis.

Independientemente de las variaciones que existen en las diferentes escuelas posteriores a Freud, donde muchas de ellas modifican este setting o encuadre clásico, el eje central del psicoanálisis como técnica terapéutica es la asociación libre. Desde la época de Freud y hasta la actualidad se le asigna a la llamada "regla técnica fundamental" un carácter demarcatorio entre lo que se llama psicoanálisis.

El encuadre

El encuadre psicoanalítico "es una situación muy especial que al valorizar la palabra, refuerza la expresión de las fantasías y de las pulsiones".[20] De ahí que en el tratamiento tipo, las condiciones básicas son el privilegio de la palabra, del silencio en tanto que comunicación activa y de la

[20] David, P. (1983), *La sesión de psicoanálisis*, Madrid, Editorial Gedisa, p. 43.

aceptación de la exclusión del cuerpo. A dichas condiciones se suma el acuerdo de los siguientes requisitos: el establecimiento y respeto de un horario, de una periodicidad y del pago de las sesiones.

A partir de las condiciones que se han establecido para llevar adelante la intervención se da lugar a un proceso cuya base es la existencia de la transferencia que permite y sostiene la estructuración de una demanda de análisis. Esto nos lleva a analizar los elementos que nos permiten dar cuenta del proceso, a saber, transparencia e interpretación.

La asociación libre

La "regla fundamental" de la técnica psicoanalítica es la asociación libre. El analista introduce al paciente en la técnica solicitándole que le comunique todos los pensamientos, ocurrencias, ideas o imágenes que le pasen por la mente, sin selección previa, juicio o censura, independientemente de que éstos le parezcan absurdos, irrelevantes o comprometedores, "sin criticarlos o seleccionarlos". Al comunicar estos contenidos, el analizado no debe tomar en cuenta cuán insignificantes, triviales o desagradables le resulten, ya que esto sólo expresaría la acción de las resistencias.

Freud consideraba que la comunicación de esta regla al analizante es necesaria y útil, por lo que señalaba:

"En general, no importa la materia con la que iniciemos el tratamiento, en análisis. La historia del paciente, sus recuerdos infantiles o el historial de su enfermedad. De lo único que debemos cuidarnos es de empezar dejando hablar al enfermo sobre sí mismo, sin entrar a determinar su elección del punto de partida; así pues, nos limitaremos a decirle: 'Antes de que yo pueda indicarle nada, tengo que saber mucho sobre usted; le ruego, por lo tanto, que me cuente lo que usted sepa de sí mismo'."[21]

Mediante este método se descubre, detrás de un discurso racionalmente construido, un pensamiento fantasioso que emana del incons-

---

[21] Freud, S. (1912), La iniciación del tratamiento, en *Obras completas*, Tomo II, Madrid, Editorial Biblioteca Nueva, 1973, p. 1668.

ciente. La función de esta regla es permitir al analizado aceptar las formaciones del inconsciente, un poco como una ensoñación.

Similar al modelo del proceso de elaboración onírica en el que la censura disminuye y los procesos inconscientes se privilegian es la asociación libre que se solicita al analizante.

Atención flotante

Con respecto al analista, Freud[22] señala que como contrapartida a la regla de la asociación libre, corresponde a éste "escuchar al sujeto sin preocuparse de si retiene o no sus palabras (...) debe evitar toda influencia consciente sobre su facultad retentiva y abandonarse por completo a su memoria inconsciente". Al sujetarse a esta regla, el psicoanalista introduce una determinada forma de escuchar, "una escucha en el pleno sentido del término, (que) logra por sí sola que su discurso se modifique y asuma un nuevo sentido a sus propios oídos". Así "el psicoanalista no da la razón ni la niega; sin juzgar escucha". La psicoanalista Françoise Doltó señala que a partir de esta particular forma de escucha "el psicoanalista intenta oír, detrás del sujeto que habla, a aquel que está presente en un deseo que la angustia autentifica y oculta a la vez".[23] Al mismo tiempo se introduce una presencia humana que escucha, y con ello permite que se produzcan efectos de verdad. El campo así delimitado es el campo de la palabra, que no es equivalente al de la comunicación, toda vez que tanto lo que se enuncia como la forma en que se escucha no se ajustan a los modelos de la comunicación corriente.

Así, "lo que el analista escucha no es lo que el paciente quiere decir, sino aquello que en su palabra lo traiciona, lo que casualmente no quiere en absoluto decir."[24]

---

[22] Freud, S. (1913), Una neurosis infantil: El hombre de los lobos, en *Obras completas*, Tomo II, Madrid, Editorial Biblioteca Nueva, p. 1955.

[23] Doltó, Françoise (1988), *La causa de los adolescentes*, Barcelona, Seix Barral, p. 14.

[24] Masotta, Oscar (1994), *Lecciones de introducción al psicoanálisis*, ob. cit.

A lo que se apunta, de lo que se está en espera, es de aquello que justamente escapa a dichos modelos.

Es necesario admitir que toda práctica se realiza sobre los pilares no siempre visibles de una epistemología, y que tanto la clínica psicoanalítica como la teoría que surge a partir de su accionar están sostenidas por un fundamento epistemológico. Por tanto, de la filosofía de la ciencia, puede resultar útil el reconocido concepto de paradigma o modelo desarrollado por Thomas S. Kuhn en 1962 y que "apunta a un núcleo central de definiciones y reglas al interior de una disciplina, a través del cual se configuran no sólo el objeto de análisis, sino también las preguntas pertinentes y las formas aceptadas de responder a ellas. (...). Representa aquello que nos parece incuestionable, el núcleo de nuestra obviedad y la estructura primaria de nuestra mirada o disposición hacia las cosas".[25]

Debido a lo anterior, el analista, por su parte, también debe respetar reglas, en particular las tres siguientes:

- Escuchar al analizado con una atención flotante, es decir, sin privilegiar ningún elemento de su discurso, lo que implica que el analista deje funcionar lo más libremente posible su propia actividad inconsciente y suspenda las motivaciones propios que en la vida diaria dirigen su atención. Según Laplanche y Pontalis:[26] "Esta recomendación esencial, ...caracteriza la actitud subjetiva del psicoanalista cuando escucha al paciente... Consiste en una suspensión, tan completa como sea posible, de todo lo que habitualmente focaliza la atención: inclinaciones personales, prejuicios, supuestos teóricos, incluso los mejor fundados. Al igual que el paciente debe decir todo lo que pase por su mente, eliminando toda objeción lógica y afectiva que le induciría a seleccionar, también el médico debe estar en condiciones de interpretar todo lo que escucha, a fin de descubrir en ello todo lo que el inconsciente oculta, sin que su propia censura venga a reemplazar la elección a

[25] Kuhn, T. (1962), *La estructura de las revoluciones científicas*, traducción al español de Agustín Contín, 1978, México, FCE.

[26] Laplanche, Jean y Jean-Bertrand Pontalis (1996), *Diccionario de psicoanálisis*, Barcelona, Editorial Labor, p. 37.

la que ha renunciado el paciente". En palabras de Freud, "el analista debe escuchar y no hacer caso de si se fija en algo".

- Mantener una actitud neutral en cuanto a los valores, es decir, no dirigir la cura en función de un ideal religioso, moral o social, no juzgar, no aconsejar. La posición debe ser igualmente neutral frente a las manifestaciones transferenciales y frente al discurso del paciente, es decir, no conceder valor o importancia fundamental a una parte del discurso del analízate en razón de las propias ideas, planteos epistemológicos o teóricos. Para Laplanche y Pontalis,[27] "En la iniciación del tratamiento (1913)... Freud sostiene que el establecimiento de una transferencia segura depende de la neutralidad analítica. Este primer resultado puede malograrse adoptando una actitud distinta a la de la simpatía comprensiva, por ejemplo, una actitud moralizadora, o comportándose como el representante o mandatario de un tercero". Y agregan: "El conjunto de recomendaciones relativas a la neutralidad, aunque no siempre se siga, no suele ser discutido por los analistas". La idea de neutralidad se configura en una recomendación técnica del método psicodinámico en relación con la cura.
- Observar una actitud de estricta abstinencia, lo que implica que el analista debe trabajar con el: "Principio (que) según la cura analítica debe ser dirigida de tal forma que el paciente encuentre el mínimo posible de satisfacciones substitutivas de sus síntomas. Para el analista, ello implica la norma de no satisfacer las demandas del paciente ni desempeñar los papeles que éste tiende a imponerle. El principio de la abstinencia puede, en algunos casos y en ciertos momentos de la cura, concretarse en consignas relativas a los comportamientos repetitivos del paciente que entorpecen la labor de rememoración y elaboración".[28] El sentido de este principio es que la cura debe transcurrir de tal forma que el analizado no se sirva de ella para obtener satisfacciones sustitutivas de sus síntomas. A partir de estas prescripciones que norman la intervención psicoanalítica se establece una particular forma de vínculo entre el analista y el analizado que hace necesario el establecimiento de una serie de condiciones que conforman el encuadre.

[27] Laplanche, J. y Jean Bertrand Pontalis, ob. cit., pp. 256-257.

[28] *Ibíd.*, p. 3.

Transferencia

Por transferencia Freud[29] propone que se entiendan las reediciones o productos facsímiles de los impulsos y fantasías que han de ser despertados y hechos conscientes durante el desarrollo del análisis y que entrañan como singularidad característica de su especie la sustitución de una persona anterior por la persona del analista. Asimismo, a partir de la transferencia se otorgan cualidades o características, lo que permite al analizante ubicar al analista en el lugar del saber, desde el cual se le demanda.

De esta manera, la transferencia se encuentra en la base de todo vínculo, que en la situación analítica adquiere adicionalmente la función paradójica de soporte y obstáculo a la vez. Soporte en tanto que constituye el sustrato y condición del análisis, y obstáculo en la medida en que se opone como resistencia. Este carácter paradójico se encuentra también en tanto siendo la transferencia lo que hace posible el análisis, su destino es su liquidación como acto analítico.

Hasta aquí se ha trabajado lo referente a la transferencia del analizante; sin embargo, está incluido también el analista. Ello toda vez que toda producción de lo inconsciente sólo es factible de realizarse en función de otro inconsciente.

De ahí que el instrumento de trabajo del analista es su propio inconsciente, su propio deseo en tanto que es posible que ocupe ese lugar en la medida que es un ser deseante cuyo objetivo es el deseo del otro.

Interpretación

La intervención del analista que adquiere la condición de interpretación, lo es en la medida que permita la producción de cierto saber, de un nuevo sentido, de un cambio de posición subjetiva por parte del analizante. Este acto del analista tiene como lugar de origen su propio inconsciente, y se enlazará a las formaciones del inconsciente del anali-

[29] Freud, S. (1912), La dinámica de la transferencia, en *Obras completas*, Tomo II, Madrid, Editorial Biblioteca Nueva, 1973, pp. 1648-1653.

zante, un error, un sin sentido que hará eco, permitiendo la producción de otro equívoco, ante lo cual se abrirá paso la verdad.

Por otra parte, el psicoanálisis también se ha contemplado desde la óptica del método hermenéutico. Desde este punto de vista, la técnica interpretativa se asume como la vía regia que conduce al análisis del objeto de estudio psicoanalítico: los procesos inconscientes, pues el analista debe enfrentar dos tipos de material en sus pacientes: uno manifiesto (conducta observable) y otro latente (fenómenos inconscientes), mismo que determina al primero.

La cura de la terapia psicoanalítica

El concepto de cura propuesto en este campo terapéutico remite necesariamente a dos términos; por un lado, la forma en que se entiende la salud y por el otro, la enfermedad. Freud señaló que existen "tres fuentes del humano sufrimiento: la supremacía de la naturaleza, la caducidad de nuestro propio cuerpo y la insuficiencia de nuestros métodos para regular las relaciones humanas en la familia, el Estado y la sociedad".[30] Sobresale de este planteamiento lo señalado en el tercer aspecto, para entender que la enfermedad en tanto que malestar y sufrimiento es el precio que el hombre debe pagar por vivir en sociedad, condición única de existencia de lo humano.[31]

Dado lo anterior, el malestar es parte de una sociedad enferma, de la cual los seres humanos, lo mismo que las instituciones, son parte y, por lo tanto, también comparten la enfermedad social; de ahí que la neurosis, las perversiones, la psicosis y los diferentes casos de trastornos borderline sean enfermedades de la sociedad. Desde esta postura la relación entre los términos normal y patológico cobra un sentido particular. Freud ubica lo patológico en el terreno de lo cotidiano. Así encontramos en el texto de *Psicopatología de la vida cotidiana*[32] un amplio y detallado aná-

---

[30] Freud, S. (1930), El malestar en la cultura, en *Obras completas*, Tomo III, Madrid, Editorial Biblioteca Nueva, 1973, p. 3031.

[31] *Ibíd.*, pp. 3017-3071.

[32] Freud, S. (1901). Psicopatología de la vida cotidiana, en *Obras completas*, Tomo I, Madrid, Editorial Biblioteca Nueva, 1973, pp. 755-931.

lisis de este orden compuesto por olvidos, cambios de palabras, accidentes, recuerdos, etc. Todas ellas formas inmanejables, "...de emergencia de algo que pertenece al orden del deseo. El fin que se pretende alcanzar a partir de la intervención analítica, no puede por ende plantearse en términos de promover 'algo' que pudiera denominarse 'normal', esto es, normalizar el paciente en una sociedad enferma o encontrar el término medio de los sujetos en sociedad. Por consiguiente, el objetivo por alcanzar se define como el proceso de reconstrucción histórica del pasado del sujeto que se analiza".

La función del psicoanalista se entiende entonces en tanto... "permite encontrar una salida a las fuerzas emocionales veladas que están en conflicto, pero el que las debe dirigir es el paciente mismo"[33] sin que el analista agregue o promueva algo nuevo desde sus valores o ideología. Mediante el método de decir todo a quien lo escucha todo, el sujeto se remonta a los fundamentos organizadores de su afectividad. La cura se define por el reconocimiento del sujeto de su propio inconsciente que lo mueve a actuar en la vida cotidiana en la forma enferma como lo hacía y producto de la terapia le permite descubrir las fuerzas ocultas que lo movían y por lo menos saber cuál es la razón de su actuar, si es que no puede cambiar.

Una vez señaladas las características fundamentales que sistematizan y rigen la práctica analítica clínica, abordaremos algunas de las principales aportaciones del psicoanálisis a otros campos. Es necesario conocer cómo operan la teoría y el método para saber cómo el psicoanálisis amplió la visión acerca de las diferentes expresiones culturales, como la educación, el arte, la literatura, la pintura, la ciencia, los acontecimientos sociales y políticos, en esta nueva realidad que vivimos. Para muchos es una época posmoderna en la que el sujeto se encuentra perdido y sin rumbo; en una sociedad saturada por los medios de comunicación, el psicoanálisis surge como un punto de apoyo, desde el cual no sólo podemos interpretar los acontecimientos externos, sino ubicar al hombre en los mismos en una forma más humana y que nos permite comprender la razón de su forma de actuar.

---

[33] Doltó, Françoise (1988), *La causa de los adolescentes*, ob. cit., p. 11.

Bibliografía citada

David, P. (1983), *La sesión de psicoanálisis*, Madrid, Editorial Gedisa.

Doltó, Françoise (1988), *La causa de los adolescentes*, Barcelona, Seix Barral.

Freud, S. (1901). Psicopatología de la vida cotidiana, en *Obras completas*, Tomo I, Madrid, Editorial Biblioteca Nueva.

Freud, S. (1912), La iniciación del tratamiento, en *Obras completas*, Tomo II, Madrid, Editorial Biblioteca Nueva, 1973.

Freud, S. (1912), La dinámica de la transferencia, en *Obras completas*, Tomo II, Madrid, Editorial Biblioteca Nueva, 1973.

Freud, S. (1913), Una neurosis infantil: El hombre de los lobos, en *Obras completas*, Tomo II, Madrid, Editorial Biblioteca Nueva, 1973.

Freud, S. (1922-1934), Estudios sobre la histeria, en *Obras completas*, Tomo I, Tercera edición, Madrid, Editorial Biblioteca Nueva, 1973.

Freud, S., Psicoanálisis y teoría de la líbido, artículo de enciclopedia escrito en 1922 y publicado en 1923.

Freud, S. (1930), El malestar en la cultura, en *Obras completas*, Tomo III, Madrid, Editorial Biblioteca Nueva, 1973.

Freud, S. (1973), *Obras completas*, Tres Tomos, Tercera edición, Madrid, Editorial Biblioteca Nueva.

Freud, S. (1988), Estudios sobre la histeria y otros ensayos, en *Obras completas*, vol. 1, Buenos Aires, Ediciones Orbis.

Kuhn, T. (1962), *La estructura de las revoluciones científicas*, traducción al español de Agustín Contín, 1978, México, FCE.

Laplanche, Jean y Jean-Bertrand Pontalis (1996), *Diccionario de psicoanálisis*, Barcelona, Editorial Labor.

Masotta, Oscar (1994), *Lecciones de introducción al psicoanálisis*, Barcelona, Editorial Gedisa.

Perrés, José (1989), *El proceso de constitución del método psicoanalítico*, México, UAM.

Bibliografía general

Assoun, Paul-Laurent (2005a), *Fundamentos del Psicoanálisis*, Buenos Aires, Editorial Prometeo.

Assoun, Paul-Laurent (2005b), *Figuras del Psicoanálisis*, Buenos Aires, Editorial Prometeo.

Assoun, Paul-Laurent (2006), *Perspectivas del Psicoanálisis*, Buenos Aires, Editorial Prometeo.

Doltó, Françoise y C. Doltó-Tolitch (1993), *Palabras para adolescentes. O el complejo de la langosta*, Buenos Aires, Atlántida.

Ellenberger, Henry E. (1976), *El descubrimiento del inconsciente. Historia y evolución de la psiquiatría dinámica*, Madrid, Gredos.

Etchegoyen, Horacio R. (1986), *Los fundamentos de la técnica psicoanalítica*, Buenos Aires, Amorrortu Editores.

Fink, Bruce (2007), *Introducción clínica al psicoanálisis lacaniano. Teoría y técnica*, Barcelona, Editorial Gedisa.

Freud, S. (1978), Conferencias de introducción al psicoanálisis, en *Obras completas*, Tomo XVI, Buenos Aires, Amorrortu Editores.

Capítulo 4.

Metodología cualitativa e instrumentos para la recolección de datos y su análisis

La investigación cualitativa

La investigación cualitativa ha cobrado popularidad a raíz de los cambios paradigmáticos que se experimentan en la actualidad. Las maneras de investigar, así como los problemas que se investigan y los resultados del descubrimiento científico, varían de acuerdo con los tiempos. En la actualidad, los métodos cualitativos de investigación gozan de prestigio y experimentan una gran popularidad, pero hasta hace poco ese reinado le pertenecía única y exclusivamente al positivismo científico estadounidense y a la medición cuantitativa. Ese cambio de parecer con respecto al modo de hacer ciencia responde a una multiplicidad de factores entre los cuales sobresalen el desarrollo de la tecnología y la insatisfacción que existía con la práctica de abordar el objeto de estudio desde los conceptos, el lenguaje, los valores, los intereses y la perspectiva de la investigación positivista.

Contrario a este enfoque positivista, la investigación cualitativa exige el reconocimiento de múltiples realidades e intenta capturar la perspectiva del investigado. De acuerdo con muchos investigadores cualitativos, la documentación de múltiples perspectivas de la realidad se considera crucial para entender por qué la gente piensa y actúa de diferentes formas.

Esto no significa que las técnicas cuantitativas estén en desuso y que deban considerarse una equivocación en el desarrollo de la ciencia. Por el contrario, significa el reconocimiento de cómo, por medio de una metodología más vasta, permite descubrir diversas dimensiones del ente de estudio. Por eso, siempre resultan mucho más completas las investigaciones mixtas, cualitativas-cuantitativas. No obstante, el método debe determinarse de acuerdo con el objeto. En nuestro caso, al trabajar desde las perspectivas en que lo hacemos en relación con el psiquismo de los sujetos, la única posibilidad es utilizar herramientas y métodos técnicos cualitativos.

En la actualidad, en el campo científico los métodos cualitativos se han articulado en un paradigma de orientación fenomenológica que suscribe una perspectiva multicultural y la aceptación de múltiples realidades.

Según ese paradigma, las personas actúan guiadas por sus percepciones individuales y tales acciones tienen consecuencias reales.

Por consiguiente, la realidad subjetiva que cada individuo ve, no es menos real que una realidad definida y medida objetivamente. El investigador que utiliza métodos y técnicas de recolección de datos cualitativos está interesado en entender y describir una escena social y cultural desde adentro, desde la perspectiva "émic". Cuanto más se acerque el investigador a entender el punto de vista del actor social, mejores serán la descripción y la ciencia. En esa gestión, el investigador se convierte en una especie de científico y narrador al mismo tiempo.

La investigación cualitativa es un enfoque particularmente valioso porque problematiza las formas en las que los individuos y los grupos constituyen e interpretan las organizaciones y las sociedades.

Además, la investigación cualitativa facilita el aprendizaje de las culturas y las estructuras organizacionales porque le proporciona al investigador formas de examinar el conocimiento, el comportamiento y los artefactos que los participantes comparten y usan para interpretar sus experiencias.[34]

Las técnicas de investigación cualitativa han demostrado ser efectivas para estudiar la vida de las personas, la historia, el comportamiento, el funcionamiento organizacional, los movimientos sociales y las relaciones interaccionales. Strauss y Corbin[35] categorizaron las diversas tradiciones en la investigación cualitativa en seis orientaciones principales:

---

[34] Schwartzman, Helen B. (2000), "Ethnography in Organizations. Qualitative research methods", A Sage University paper.

[35] Strauss, Anselm y Juliet Corbin (2002), *Bases de la investigación cualitativa. Técnicas y procedimientos para desarrollar la teoría fundamentada*, Editorial Universidad de Antioquia.

la etología humana, la psicología ecológica, la etnografía holística, la antropología cognitiva, la etnografía de la comunicación y el interaccionismo simbólico.

Según los mismos autores,[36] el investigador cualitativo debe ser… "conocedor de los datos y la teoría, y al mismo tiempo capaz de escapar de los aspectos de su propio trabajo que puedan bloquear la nueva perspectiva, el presentimiento, la intuición, la idea brillante, o la formulación teórica diferente".

Características de la investigación cualitativa

- La investigación cualitativa es inductiva.
- En la metodología cualitativa el investigador considera a las situaciones y a las personas desde una perspectiva holística. Las personas, los escenarios y los grupos no se reducen a variables, sino se consideran como un todo.
- Los investigadores cualitativos son sensibles a los efectos que ellos mismos causan sobre las personas que son objeto de su estudio.
- Los investigadores cualitativos intentan comprender a las personas dentro del marco de referencia de ellas mismas.
- El investigador cualitativo suspende o aparta sus propias creencias, perspectivas y predisposiciones para intentar ser lo más objetivo posible y por ello, siempre plantea desde qué perspectiva epistemológica desarrolla la investigación.
- Para el investigador cualitativo todas las perspectivas son valiosas y recupera sus diferentes características, profesiones, visiones del mundo, clase social, etc.
- Mientras que los investigadores cualitativos subrayan la validez, los cuantitativos hacen bastante más hincapié en la confiabilidad y la reproductividad de la investigación.

---

[36] Strauss, Anselm y Juliet Corbin, ob. cit.

- Para el investigador cualitativo la forma en que desarrolla sus métodos y técnicas e intenta estudiarlos es flexible, depende en gran parte de su creatividad. Dado que el método se determina de acuerdo con el objeto, es alentado a crear su propio método; se siguen lineamientos orientadores pero no reglas, el investigador nunca asume una sola perspectiva o proceso o técnica.

Esto no significa que a los investigadores cualitativos no les preocupa la precisión de sus datos; un estudio cualitativo no es un análisis subjetivo e informal basado en una mirada superficial a un escenario o una persona: es una pieza de investigación sistemática conducida con procedimientos rigurosos, aunque no necesariamente estandarizado.

Validez y confiabilidad

En las ciencias sociales, al igual que en las ciencias naturales, la validez y la confiabilidad son los criterios clave mediante los cuales se puede evaluar una metodología particular.

En general, el quehacer científico se ha caracterizado por un discurso de la investigación donde la validez es vista como un ingrediente tangible, del que si podemos adquirir una cantidad suficiente, habremos logrado una investigación científica, en particular si esto se logra mediante la aplicación de técnicas "apropiadas".

Un análisis crítico de la literatura disponible arroja dos conclusiones fundamentales sobre el concepto de validez.

En primer lugar, que hasta el momento la validez ha sido tratada como una variable hipotética de naturaleza correlacional. Esto es, que la validez es un atributo inferido de la correlación que pueda obtenerse entre variables. Por ejemplo, las puntuaciones de los reactivos de una prueba y otros criterios como la puntuación total de la prueba, las puntuaciones de otras pruebas y alguna otra puntuación que represente un criterio o una conducta.

Por otro lado, es necesario considerar que para muchos investigadores cualitativos, la validez, con mucha razón, depende del contexto en que se sitúa la investigación, así como la razón por la que se implementa la técnica y la prueba de la misma. En este sentido, más que con un número, la validez tiene que ver con la verdad, con la fuerza y con el valor del trabajo científico. Por ello la validez puede considerarse como un valor o característica determinada por el propósito y el contexto en el que se utiliza.

El otro criterio clave de toda gestión científica es su confiabilidad. En el marco positivista la confiabilidad es expresada en términos de un coeficiente, bien como la correlación entre dos medidas obtenidas de la misma forma, o bien como el error estándar de la medición. Según Anastasi (1988), en su sentido más amplio la confiabilidad indica el grado en el cual las diferencias individuales pueden atribuirse a diferencias verdaderas en las características bajo estudio y el grado en que pueden atribuirse a errores de medición.

El problema con dichas atribuciones es que, a pesar de ser construcciones conceptuales, están representadas por datos numéricos que no resultan útiles para conocer la naturaleza de las diferencias individuales observadas, ni con qué variables está asociado el error en la medición.

Al igual que la investigación cuantitativa, en el marco de la investigación cualitativa, la confiabilidad es la probabilidad de obtener los mismos resultados dentro de un mismo periodo de tiempo, o resultados relacionados a través del tiempo.

La diferencia entre la confiabilidad cuantitativa y la confiabilidad cualitativa es que en la primera, la confianza está puesta en un número, en tanto que en la segunda, la confianza reside en la apreciación del binomio: actor/investigador.

En fin, la validez y la confiabilidad no son algo que uno pueda adquirir mediante el uso de un conjunto de técnicas particulares, sino un concepto que designa un estado ideal al que debe aspirar todo esfuerzo por descubrir y producir el conocimiento.

El estudio de caso como estrategia de investigación en ciencias sociales

El estudio de caso pertenece a la tradición cualitativa de la investigación en ciencias sociales. Históricamente surgió como una respuesta de investigación al positivismo que desde el punto de vista de las investigaciones que se desarrollaban era hegemónico durante los siglos XIX y XX; en la actualidad todavía cuenta con gran influencia en muchas universidades del mundo. Podemos considerarlo el paradigma más utilizado especialmente en sociología, en educación y en psicología, las cuales se apoyan en el método científico y buscan resultados objetivos en forma semejante a los procesos que se utilizan en las ciencias naturales.

El estudio de caso, en contraposición con esta visión epistemológica y esta forma de investigar, se implementó como una técnica de análisis y observación de situaciones específicas que abordaban su objeto de estudio en profundidad, por ejemplo, en historia de instituciones, organizaciones educativas o empresas, sujetos, procesos sociales, biografías, etc. Este enfoque de hacer investigaciones permite estudiar las interrelaciones y procesos en contextos naturales del problema planteado, permitiendo estudiar particularidades y matices del objeto de estudio que ninguna otra técnica permitía acceder con estas posibilidades.

Considerar los métodos cualitativos es hablar de estilos o modos de investigar los fenómenos sociales, en los que se persiguen determinados objetivos para dar respuesta adecuada a los problemas concretos a los que se enfrenta la investigación. La metodología cualitativa, a semejanza de la cuantitativa, consiste más que en un conjunto de técnicas para recoger datos, en un modo de encarar el mundo real o subjetivo de los seres humanos.

Históricamente, el estudio de caso se inició como una metodología didáctica. La pionera en la utilización didáctica de esta técnica fue la Universidad de Harvard, que la adoptó para la enseñanza de los negocios y el derecho. Se le entendía como una práctica activa que permitía resolver casos hipotéticos de situaciones reales y gracias a sus virtudes didácticas en la actualidad se le sigue utilizando ampliamente. Esta estrategia didáctica de enseñanza se extendió con rapidez hacia otros campos como la psicología, la sociología, la medicina, así como a diferentes países del mundo. Se configuró también como una herramienta interesante para la formación docente.

Dos investigadores, R. K. Yin y R. E. Stake, trabajan con el enfoque de estudio de caso y actualmente sus obras son clásicos.

El primero define esta estrategia de investigación de la siguiente manera: el estudio de caso es "...una investigación empírica de un fenómeno contemporáneo, tomado en su contexto, en especial cuando los límites entre el fenómeno y el contexto no son evidentes".[37] Por su parte, Stake comenta: "De un estudio de casos se espera que abarque la complejidad de un caso particular... Estudiamos un caso cuando tiene un interés muy especial en sí mismo. Buscamos el detalle de la interacción con sus contextos. El estudio de casos es el estudio de la particularidad y de la complejidad de un caso singular, para llegar a comprender su actividad en circunstancias importantes. La visión sobre los estudios de casos que presento... parte de los métodos de investigación naturalistas, holísticos, etnográficos, fenomenológicos y biográficos".[38]

Tal como demuestran los planteamientos de estos autores, el estudio de caso como estrategia de investigación ha permitido avanzar en el estudio de procesos referentes a situaciones individuales, grupales, organizacionales o sociopolíticas, educativas-culturales, psicológicas-medicinales, administrativas-empresariales y, desde luego, fenómenos artísticos. Por ello se ha extendido a diferentes disciplinas partiendo de la medicina y la psiquiatría a la psicología y sociología, y abarcando varias ciencias sociales.

La razón fundamental de su utilización surge cuando es necesario entender un fenómeno social complejo, por cuanto brinda a los investigadores la posibilidad de identificar las características esenciales y holísticas de los fenómenos, situaciones o procesos de la vida real.

Puede ser un estudio sincrónico (un caso observado en un corte en el tiempo) o puede ser un estudio de múltiples casos. Tanto Yin como Stake hablan de la posibilidad de analizar más de un caso en forma comparada. El primero lo denomina "casos múltiples" y el segundo, "estudio de caso colectivo". Giovanni Sartori[39] habla del análisis comparativo y el estudio de caso como estrategias complementarias. Desde luego, en un solo caso no se aplica la comparación.

---

37 Yin, R. K. (1994), *Case Study: Research, Design and Methods*, Estados Unidos, Sage, p. 15.

38 Stake, R. E. (1999), *Investigación con estudios de casos*, Madrid, Morata, p. 11.

39 Sartori, Giovanni y Leonardo Morlino (eds.) (1990), *La comparación en ciencias sociales*, Madrid, Alianza.

Dado lo anterior, cualquier unidad de análisis puede pasar a ser un caso de estudio y, por lo tanto, puede abordarse de manera individual o colectiva, esto es, a partir de un sujeto, una organización, un tipo de política, un programa de educación o una política pública o gubernamental, una situación política, un país, un sistema de procesamiento o trabajo organizacional, y cualquier otro tipo de situación o proceso que se desee estudiar.

Una vez considerado el objeto de estudio, se pone en el mismo todo el énfasis de la investigación orientada a un análisis intenso de sus significados, con el fin de comprenderlo en sus características y especificidades más que de encontrar generalizaciones.

La versatilidad del enfoque de estudio de caso permite que el objeto de estudio se pueda abordar desde diferentes métodos y con diversas técnicas de recolección de datos, aunque siempre desde la misma perspectiva epistemológica y teórica. Esto es, se puede aplicar observación, entrevistas en profundidad, análisis de datos estadísticos, análisis del discurso, historia de vida, grupos de reflexión, análisis de datos documentales, encuesta, etcétera.

El estudio de caso se apoya en un diseño de investigación cualitativa destinado al análisis de las relaciones entre muchas dimensiones o propiedades del objeto de investigación integradas en una sola unidad.

El papel de la teoría en el estudio de caso

El estudio (explicativo) de caso viene de la teoría y va hacia ella. Antes de iniciar el trabajo de campo, el estudio debe ser precedido por el desarrollo de una teoría que permita la observación.

La observación está siempre acompañada de una teoría, aunque sea incipiente. El desarrollo de los primeros esbozos teóricos aclara y profundiza los componentes del caso.

Como bien dice Stake, "El diseño de toda investigación requiere una organización conceptual, ideas que expresen la comprensión que se necesita, puentes conceptuales que arranquen de lo que ya se conoce, estructuras cognitivas que guíen la recopilación de datos y esquemas para presentar las interpretaciones a otras personas".[40]

---

[40] Stake, R. E., *Investigación con estudios de casos*, ob. cit., p. 25.

Todo buen diseño incorpora una teoría, que sirve como plano general de la investigación, de la búsqueda de datos y de su interpretación.

A medida que el caso se desarrolla, emerge una teoría más madura, que se cristaliza de manera gradual (aunque no necesariamente con perfección) hasta que el caso concluye. Por tal razón, aquí analizaremos el concepto de teoría en el estudio de caso, sus orígenes, su utilidad y su papel en la explicación de los datos en trabajo de campo.

Una teoría es una respuesta a un porqué. En lenguaje coloquial, es un conjunto organizado de ideas referentes a cierta cosa o que intentan explicar un fenómeno. En un plano más técnico, una teoría científica es, según Yin,[41] "un sistema de leyes empíricas relacionadas con un sistema formal". Es una estructura de ideas sistemáticas de amplio alcance que explica regularidades, observadas o postuladas, en los objetos y los eventos. Algunos términos de una teoría pueden no ser observables, de donde se comprende que la mente humana, por razones observacionales o filosóficas, y hasta estéticas, es la que construye las teorías.

Henry Mintzberg,[42] autor con un estilo original en temas de ciencias sociales, publicó un artículo sobre su propio método para generar teoría, en el que establece una serie de puntos. En primer lugar, las teorías no son "la verdad", porque simplifican el mundo. Además, las teorías no son descubiertas, sino creadas; no pueden ser objetivas ni deducibles.

Después de reconocer que no ha "pensado mucho sobre qué es una teoría", pues está interesado en la explicación, sin que le importe mucho cómo se la llame, teoría u otra cosa, Mintzberg explica que la teoría parece ser un continuo que abarca de las listas o categorías, a las tipologías o listas exhaustivas, a impresiones de relaciones entre factores, a causalidades entre estas relaciones y patrones vinculantes, para llegar a modelos totalmente explicativos que tejen entre sí todos los factores considerados.

Una buena teoría parece ser, además, inesperada: sorprende, cambia nuestra percepción.

---

41 Yin, R. K., *Case Study: Research, Design and Methods*, ob. cit.

42 Mintzberg, Henry, Bruce Ahlstrand y Joseph Lampel (2005), *Strategy Bites Back: It is Far More, and Less Than You Ever Imagined*, Estados Unidos, FT Press.

Para Charles S. Peirce el razonamiento abductivo es la primera etapa de la búsqueda científica. Este filósofo y científico habló de la lógica de la sorpresa, que es el origen de muchas investigaciones. La sorpresa se produce al encontrarse con una regularidad inesperada, no predecible. "Lo que la explicación de un fenómeno hace es proporcionar una proposición que, si se hubiera sabido que era verdadera antes de que el fenómeno se presentase, habría hecho el fenómeno predecible, si no con certeza, al menos como algo muy probable. Así pues, hace al fenómeno racional, es decir, lo convierte en una consecuencia lógica, ya sea necesaria o probable."[43] El espíritu se rebela contra la falta de lógica, e inicia el proceso de investigación para cerrar la brecha entre lo observado y lo inicialmente anticipado. El tema de la sorpresa no es nuevo. En años recientes se ha producido una revalorización de los trabajos de Peirce, en particular, de su lógica de la abducción (Nubiola, 2001; Wirth, ca. 1998).

El acercamiento a la vida cotidiana y a los fenómenos naturales es otra fuente potencial de teorías. Hace algunos años, en una visita a Buenos Aires, Michael J. Piore, profesor de economía política en el Massachusetts Institute of Technology (MIT), relató que, en sus primeros años de vida académica, solía conversar mucho con "gente común" en distintos contextos de la vida social. Le gustaba escuchar sus anécdotas, sus sueños y sus desvelos, y estas conversaciones influyeron de modo significativo en sus ideas económicas. El acercamiento a los problemas reales de la gente fue clave en esos años formativos.

Por último, las fuentes de las teorías pueden surgir del mismo estudio de caso. Eisenhardt (1989) provee lineamientos para construir teorías a partir del estudio de caso como herramienta de investigación y examina las ventajas y desventajas de esta construcción, así como los ámbitos de aplicación y la evaluación de la investigación realizada. En particular, cuando sólo se cuenta con descripciones iniciales de un fenómeno, es posible emprender un caso de investigación de tipo exploratorio. Pero aun aquí es necesario aclarar qué se va a explorar, con qué objeto y cómo se va a juzgar el éxito o fracaso de la exploración, la cual llevará, en etapas ulteriores, a una o varias teorías.

---

[43] Peirce, 1936-58, vol. 7, parágrafo 192, año 1901, citado por Nubiola, J. y F. Zalamea (2006), *Peirce y el mundo hispánico*, Pamplona, Eunsa.

La metodología por utilizar es cualitativa y en nuestra investigación es un enfoque con estudio de caso, de acuerdo con las recomendaciones de Yin (1994). Este tipo de investigación permite el estudio de un objeto o caso, cuyos resultados permanecerán ciertos sólo en ese caso en específico.

Sin embargo, mediante un estudio de caso se podrá obtener una percepción más completa del objeto de estudio, considerándolo como una entidad holística, cuyos atributos podemos entender en su totalidad únicamente en el momento en que se examinen todos los demás de manera simultánea, es decir, al estudiar al objeto como un todo.

Este enfoque de investigación consta de cinco partes:

1. Diseño del caso de estudio
2. Conducción del caso de estudio: preparación de la recolección de datos
3. Conducción del caso de estudio: recolección de datos
4. Análisis del caso de estudio
5. Elaboración del reporte de caso de estudio[44]

En la primera parte se establecen los objetivos del estudio, se realiza el diseño propiamente dicho y se elabora la estructura de la investigación. Desde el punto de vista del investigador son importantes los consejos prácticos.

Según Yin,[45] suelen seguirse estos pasos:

1. Realizar una afirmación teórica o proposición inicial sobre política o comportamiento social.
2. Comparar los hallazgos de un caso o proposición inicial.
3. Revisar la afirmación o proposición.
4. Comparar otros detalles del caso con la revisión.
5. Revisar nuevamente la afirmación o proposición, con tal o cual afirmación.

---

44 Yin, R. K., ob. cit.

45 Yin, R.K., ob. cit., p. 111.

6. Comparar la revisión con los hechos de un segundo o tercer caso, o uno posterior.
7. Repetir este proceso tantas veces como sea necesario.

En qué situaciones realizar investigaciones con estudio de caso

La pregunta que cabe hacerse es: ¿cuándo realizar una investigación con enfoque de estudio de caso? En las investigaciones sociales existe una gran cantidad de técnicas de acuerdo con los diferentes métodos o tradiciones. En general se puede hablar de tres tipos: cuantitativas, cualitativas o mixtas, que integra las dos primeras. En el caso del estudio de caso Yin representa la línea cuantitativa o que utiliza el método científico, mientras que Stake se apoya en trabajos cualitativos. Por lo general, utilizar las dos posturas o el método mixto brinda mejores formas de acceder a los objetos de investigación.

Reconocemos que de acuerdo con el objeto se debe implementar el método adecuado y sus correspondientes técnicas.

Yin (1994) propone que existen tres factores o elementos que condicionan la razón o conveniencia de adoptar el uso de una u otra estrategia de investigación:

1. El tipo de pregunta de investigación
2. El grado de control sobre el comportamiento real de los eventos en estudio
3. El enfoque temporal del fenómeno o evento por estudiar, que puede ser histórico o contemporáneo.

En relación con estos factores podemos decir que la estrategia con enfoque de estudio de caso es lo más adecuado cuando se plantean preguntas de investigación al objeto de estudio que se conforman del tipo ¿qué?, ¿cómo? y ¿por qué?, se cuenta con poco o nulo control sobre el comportamiento real de los objetos, situaciones, proceso o eventos, y su temporalidad es contemporánea.

Según Yin, existen cuatro tipos de diseños de estudio de caso:

1. Caso único: unidad única
2. Caso único: múltiples unidades
3. Caso múltiple: unidad única
4. Caso múltiple: múltiples unidades

Para finalizar, en toda investigación resulta importante y es necesario explicitar el enfoque epistemológico que se adopta porque permite asumir las limitaciones del trabajo y los posibles sesgos de sus supuestos, desarrollos y conclusiones.

Dado que la concepción epistemológica del investigador influye sobre el desarrollo de un caso, es importante que exponga la perspectiva epistemológica que adopta. Cualquier tipo de investigación siempre se realiza dentro de una modalidad de búsqueda específica.

Historia de vida aplicada en las novelas

"Las historias de vida" constituyen una metodología de la tradición cualitativa de la investigación que nos permite reunir los acontecimientos más significativos de la vida de los sujetos que nos interesa investigar, desde que nacen hasta el momento que están viviendo, siempre adoptando como eje alguna línea de investigación que nos interesa. Ésta puede ser, por ejemplo, la lucha por la democracia en Argentina durante la dictadura sangrienta de Videla, la historia de las mujeres indígenas de Chiapas, la historia de los niños de la calle en la Ciudad de México, las características de los niños escolarizados de la ciudad de Xalapa, etc.

Para hacer una "historia de vida" utilizamos como herramienta principal la memoria del sujeto que entrevistamos, pues nos permite reconstruir de dónde viene, la formación paulatina de su familia, el contexto social, cultural, político y económico que le ha tocado vivir y todos aquellos hechos significativos que lo han marcado.

La "historia de la vida" cotidiana estudia las manifestaciones consideradas como menos importantes por la historia general: "...la cotidianidad, lo íntimo, la sensibilidad, la sociabilidad, los afectos; que indaga sobre las representaciones sociales del amor, la pareja, la niñez, la sexualidad, la familia, el honor o el gusto... La línea divisoria entre público y privado es muy difusa. Precisamente esta historiografía trata de demostrar cómo se definen ambas esferas en sociedades y épocas determinadas".[46]

Una de las cuestiones centrales de la disciplina es la dilucidación de los distintos campos o situaciones en que transcurren los cambiantes conceptos de lo público y lo privado en el espacio y el tiempo, en distintos periodos históricos, formaciones sociales y diferentes culturas. A la vez, tener dimensiones de historia general, historia nacional, historia regional o historia local y es este último enfoque el más utilizado. Según la perspectiva, es posible realizar comparaciones sincrónicas o diacrónicas.

Una historia de vida puede realizarse con las técnicas usadas en diversas disciplinas de las ciencias sociales, que la han convertido en una herramienta útil para sus trabajos; en consecuencia, existen definiciones y métodos particulares de acuerdo con cada disciplina. Tal es el caso, en el área de las ciencias sociales, de la sociología, la antropología, la psicología y la etnografía, en las que la historia de vida se considera como un método idóneo para la recolección de datos. Por medio de este instrumento se busca que las historias de los diversos sujetos reflejen el proceso que vive cada ser humano, desde su nacimiento hasta el momento actual en el que se dedica a organizar sus ideas, esto es, a hacer referencia a la familia, a los hechos y acontecimientos más importantes y a la par de esta remembranza, reconstruir los acontecimientos históricos, sociales, políticos y culturales en la localidad, el país o el mundo.

La elaboración y recolección de los datos en la historia de vida siempre están definidas por los objetivos de la investigación y para ello es necesario estructurar guías que permitan recolectar la información y después elaborar el informe de investigación. Por eso existe una gran diversidad de guías según las diferentes necesidades de las investigaciones.

A manera de ejemplo presentaremos algunas guías útiles para orientar en la elaboración y posterior recolección de los datos. La guía es siempre

[46] Zapata, Oscar A. (2012), *Metodología de la investigación para elaborar tesis e investigaciones socioeducativas*, México, Editorial Pax México, pp. 155-159.

una forma estructurada y sistemática para recolectar información y, a la vez, desde luego, depende del campo temático de la investigación.

En los casos que se trabajan con biografías de diferentes sujetos como estudiantes, trabajadores, gerentes de empresas, docentes, investigadores, deportistas reconocidos, artistas, políticos, amas de casa y cualquier otro con características que puedan interesar a la investigación, la siguiente puede ser una guía útil.

Etapa inicial de la historia de vida

Para definir con claridad lo que queremos resaltar de la vida del sujeto cuya historia de vida nos interesa desarrollar, elaboramos un plan de trabajo. Es posible que la historia de vida de un sujeto reconocido en algún área social llene varias páginas o bien, que los hechos de la vida de un ama de casa o un trabajador sean modestos en principio y debamos considerar qué es lo más importante en su desarrollo. Sin embargo, estas modestas vidas pueden enmarcar el contexto de una situación social importante, por ejemplo, la Revolución mexicana, el mayo francés o el octubre mexicano de 1968, y nos permiten entender cómo vivieron tales acontecimientos las personas en esas épocas.

Para el trabajo de campo es necesario contar con un cuaderno adecuado y pluma, aunque lo ideal es una grabadora que sirva para incorporar la voz en un texto de computadora, ahorrando mucho tiempo en la captura de los datos. Asimismo, buscar documentos personales, diarios, cartas, epistolarios, fotografías y todo aquello que sea útil para recoger la información. También se requiere identificar personas clave que suministren datos sobre la historia.

Desarrollo de la historia de vida

El "relato" de la vida del sujeto puede comenzar en un momento importante de la misma, o del contexto social, cultural o político que nos interesa, o bien, en una circunstancia o suceso que el protagonista toma como punto de partida. La narración puede también iniciar desde lo que se recuerde del nacimiento o de lo informado por los padres y de manera secuencial incluir los pasos andados. Sin embargo, el protagonista decide el momento cronológico; a partir de este comienzo (que tendrá la duración que el protagonista decida), el desarrollo temático estará en "sus manos".

Podemos comenzar una historia de este tipo pidiéndole al protagonista que hable de momentos y sucesos importantes en las etapas de vida: infancia, juventud, adultez y vejez (de acuerdo con la edad), así como de su trayectoria profesional, por ejemplo, de ser docente, desde el inicio de su primer trabajo, su primera clase, las características de la escuela, los alumnos, los compañeros de trabajo, etc.

Procedimiento de estructuración de la historia de vida

I. Al hablar de la infancia. Se pueden considerar como puntos clave los siguientes:

- Fecha y lugar de nacimiento
- Descripción de los padres
- Mención de hermanos y hermanas
- Circunstancias del nacimiento: familiares y externas
- Juegos, tradiciones familiares, espacio físico

II. Al hablar de la infancia-adolescencia. Se pueden considerar como puntos clave los siguientes:

- Cambios en el paso de una etapa a otra: cambios físicos, afectivos, cambios externos al protagonista (mudanza, cambio de colegio, cambios en la ciudad o país)
- Intereses: deportes, juegos, gustos literarios, películas, etc.
- Afectos: amores, amistades, rechazo de otras personas, grupos de amigos, pandillas, bandas, etc.

- Desviaciones juveniles: drogas, alcohol, diversión, amores, etc,
- Adultos: padres, hermanos, familia, profesores. Anécdotas

III. Al hablar del comienzo de la adultez

- Trabajo: relaciones laborales, lugar del primer trabajo, trabajo más importante, problemas y aciertos.
- Intereses políticos y culturales, etc.
- Relaciones amorosas: pareja, matrimonio, hijos
- La sociedad: época, cambios políticos, cambios sociales, cambios físicos de las ciudades más importantes para el protagonista

IV. Al hablar de la vida cotidiana

- Acontecimientos más importantes de la vida personal
- Grandes y pequeños logros significativos en la vida
- Logros y fracasos, pérdidas de seres queridos

Situación actual

En literatura, la historia de vida se ha ganado un sitio relevante en las biografías, autobiografías y relatos, y en el periodismo se conformó un género denominado historia de vida periodística.

Por lo que hace al análisis de la novela *La vida está en otra parte*, de Kundera, es una historia de vida de un joven checoslovaco, que en nuestra opinión, cuenta con una enfermedad psicológica característica de la época actual, denominada en los cuadros clínicos como borderline, razón por la que nos interesa desarrollar las diferentes vicisitudes de la vida de Jaromil.

Bibliografía citada

Mintzberg, Henry, Bruce Ahlstrand y Joseph Lampel (2005), *Strategy Bites Back: It is Far More, and Less, Than You Ever Imagined...*, Estados Unidos, FT Press.

Nubiola, J. y F. Zalamea (2006), *Peirce y el mundo hispánico*, Pamplona, Eunsa.

Nubiola, J., "C.S. Peirce y K.R. Popper: Filosofía de la ciencia del siglo xx", número monográfico de *Anuario Filosófico* XXXIV/1, 2001.

Pérez, Gloria (1989), *Investigación cualitativa: retos e interrogantes*, México, UNAM, Cise.

Sartori, Giovanni y Leonardo Morlino (eds.) (1990), *La comparación en ciencias sociales*, Madrid, Alianza.

Schwartzman, Helen B. (2000), "Ethnography in Organizations. Qualitative research methods", A Sage University paper.

Stake, R. E. (1999), *Investigación con estudios de casos*, Madrid, Morata.

Strauss, Anselm y Juliet Corbin (2002), *Bases de la investigación cualitativa. Técnicas y procedimientos para desarrollar la teoría fundamentada*, Colombia, Universidad de Antioquia.

Yin, R. K. (1994), *Case Study: Research, Design and Methods*, Estados Unidos, Sage.

Zapata, Oscar A. (2012), *Metodología de la investigación para elaborar tesis e investigaciones sociеducativas*, México, Editorial Pax México.

Bibliografía general

Flick, U. (2007), *Introducción a la investigación cualitativa*, Madrid, Morata.

Gallo, Héctor y Mario Elkin Ramírez (2012), *El psicoanálisis y la investigación en la universidad*, Buenos Aires, Editorial Grama.

Joutard, P. y de F. Bédarida, "Archivo Oral. Un anteproyecto", www.oocities.org/emuseoros/Docs/historia_oral.htm. Consultado el 16 de marzo de 2013.

Joutard, P., A. Portelli y otros (compilación) (1988), *Historia oral e historias de vida*, Costa Rica, FLACSO.

Nubiola, J., "C.S. Peirce y la abducción", número monográfico de Analogía 12/1, 1998.

Poch, Joaquín y Alejandro Ávila Espada (2000). *Investigación en psicoterapia. La contribución psicoanalítica*, Barcelona, Editorial Paidós.

Rodríguez, María de Lourdes y Patricia Landa (2012), *Modelos de psicología clínica y su aplicación*, México, Editorial Pax México.

Sáez, Hugo Enrique (2008), *Cómo investigar y escribir en ciencias sociales*, México, UAM Xochimilco, México.

Wirth, Uwe (ca. 1998), "El razonamiento abductivo en la interpretación según Peirce y Davidson", artículo, Frankfurt, Universidad J.W. Goethe.

Zapata, Oscar A. (1995), *La aventura de la investigación. Herramientas para la elaboración de investigaciones socio-educativas*, México, Editorial Pax México.

Parte II

La adolescencia y juventud en las sociedades contemporáneas

Capítulo 5.

La adolescencia y juventud en la época de la cultura posmoderna

La adolescencia es una faceta más de autodescubrimiento, de clarificación de la identidad y, lógicamente, de construcción y maduración. Mientras los adolescentes aprenden a conducir y manejar sus diferentes posiciones, es muy posible que se enfrenten a choques, confrontaciones, cambios de comportamiento y, sumado a esto, las pocas oportunidades que en ocasiones les ofrecen no sólo la familia, sino también la sociedad. Por esta razón suelen ser, muchas veces, censurados y sancionados socialmente, así como calificados de improductivos, dependientes y desadaptados al medio.

Su nueva situación social, además del conjunto de transformaciones internas y externas al que están sometidos, suelen enfrentarlos a múltiples retos y desafíos, así como a obstáculos y escollos generados muchas veces por los propios mayores. Se trata de dificultades que deben vencer para arribar a una adultez responsable y feliz.

Los retos fundamentales que deben enfrentar y resolver los adolescentes para culminar con éxito el crecimiento y maduración a lo largo de estas edades, se refieren a tres esferas esenciales de la vida:

- La profesional y laboral
- La ideológica, ética y social
- La de pareja y familiar

En condiciones educativas óptimas, desde los puntos de vista psicológico, biológico y social, tanto chicas como chicos acceden gradualmente a diversas adquisiciones que los capacitan para este salto cualitativo en su existencia.

En el orden físico, en breve tiempo adquieren la constitución y amplias capacidades y habilidades que los hacen aptos para asumir un desempeño más efectivo en su desenvolvimiento, en una variedad muy amplia y compleja de tareas y acciones que requieren nuevas aptitudes corporales.

Desde el punto de vista intelectual, el pensamiento se hace cada vez más lógico y abstracto, reflexivo, lo que les posibilita explorar lo más profundo de su intimidad psicológica, desarrollar su autoconciencia y autovaloración, arribar a un conocimiento cada vez más objetivo de quienes les rodean y penetrar de manera progresiva en la esencia de su realidad circundante.

Así, paulatinamente conforman una cosmovisión, un conjunto de saberes, valores y actitudes hacia sí mismos y su mundo que propician su autorregulación más eficaz. Estos procesos estarán favorecidos por la riqueza afectiva y volitiva que consiguen poco a poco en su vida psíquica. Ninguna de estas adquisiciones es ajena a la vida social y educativa en particular; son consecuencia y causa, a la vez, de los logros a que, en esta esfera, arriban los y las adolescentes.

El sentimiento y la necesidad de independencia y autodeterminación que caracteriza el desarrollo de los y las adolescentes, los motivan a buscar la satisfacción de estas necesidades, fundamentalmente en el grupo de sus iguales, y a poner ciertas "distancias" con respecto a la autoridad adulta. Son mecanismos indispensables para la maduración psicológica y social. Sólo en la medida en que logren, poco a poco (bajo la guía de los mayores, pero, cada vez más por sí solos) dar los pasos existenciales que les permitan hacerse de los conocimientos, las capacidades y las habilidades que los preparen para la vida autónoma, podrán acceder a la adultez.

Este sendero está colmado de vivencias muy enriquecedoras pero, también, suele estar minado de angustias, conflictos y contradicciones, algunos intrínsecos, generados por el propio desarrollo. Sin embargo, muchas de estas afectaciones están motivadas por las incomprensiones y el mal manejo de las personas encargadas de su educación. Estas personas suelen desconocer e ignorar las transformaciones y posibilidades esenciales de la etapa; existen tabúes, temores e inseguridades en relación con ese "niño con apariencia y ansias de adulto" (así tienden a interpretar sus demandas), que los conducen a imponer regulaciones represivas, a cubrirlos con un manto protector que no se ajusta a sus nuevas necesidades y posibilidades y se convierte en un freno que engendra, no pocas veces, trastornos en su desarrollo.

Los estilos educativos autoritarios, el proteccionismo, la ignorancia o la negación de las naturales ansias de libertad y autonomía de estos chicos y chicas, les impiden desplegar sus alas y emprender el necesario vuelo que los conducirá a vencer los retos y dificultades para alcanzar las mayores alturas en el crecimiento de su vida futura.

Los padres y los educadores tenemos que convertirnos en la guía que los ayude a alcanzar la madurez indispensable para que, finalmente, sean capaces de determinar por sí solos sus destinos existenciales, de trazar planes para el porvenir y convertirse en parte indispensable de las fuerzas transformadoras de éste en su vida personal y social.

La adolescencia constituye una fase sin duda difícil, de gran vulnerabilidad, que requiere atención especial. Pero, de ninguna manera, debe considerarse, por sí misma, como una etapa de crisis, rebeldía y rompimiento social; por el contrario, la propia historia del género humano demuestra que no han sido pocos los logros y triunfos, los aportes que las o los adolecentes han brindado al crecimiento de la sociedad a lo largo de los siglos.

Los adolescentes y jóvenes en la sociedad actual

La sociedad actual es denominada de muchas formas: sociedad de la modernidad tardía, sociedad red, sociedad global, sociedad digital, sociedad de la información o sociedad del conocimiento, y de todas estas diferentes denominaciones se considera que la cultura actual es la posmodernidad. Según muchos investigadores, de la sociedad posindustrial, programada y tecnocrática se transitó a la sociedad posmoderna. Un tipo de sociedad caracterizado por complejos y múltiples factores, como la pérdida de fe en la racionalidad y el progreso, el desencanto y la indiferencia, la autonomía, la diversidad, la descentralización y la valoración de la estética sobre la ética, el resurgimiento de los fundamentalismos, nacionalismos y localismos.

Como bien dice David Harvey, en el curso de las últimas décadas el concepto de "posmodernismo" se ha convertido en el campo de batalla de un enfrentamiento entre opiniones y fuerzas políticas antagónicas, que ya no es posible ignorar. "La cultura de las sociedades capitalistas avanzadas", anuncian los redactores de Precis 6 (1987), "ha sufrido una profunda transformación en la 'estructura del sentimiento'." Creo que la mayoría estaría de acuerdo hoy con la afirmación más cautelosa de Huyssens (1984): "Aquello que aparece en un plano como la última moda, el lanzamiento publicitario y el espectáculo vacío, forma parte de una lenta transformación en la sensibilidad para la cual el término 'posmoderno' resulta, al menos por ahora, totalmente adecuado. La naturaleza y profundidad de este cambio son materia de debate, pero la transformación existe. No quiero que se me interprete mal: no me refiero a una transformación en gran escala del paradigma del orden cultural, social o económico; no hay duda de que una afirmación semejante podría ser destruida. Pero en un sector importante de nuestra cultura se ha producido un desplazamiento notable en la sensibilidad, en las prácticas y formaciones discursivas, que distingue a un conjunto de supuestos, experiencias y proposiciones posmodernas del que corresponden a un periodo anterior." El posmodernismo es una ruptura con el modernismo; el primero acepta lo efímero, la fragmentación, de la discontinuidad y lo caótico que formaba una parte de la concepción de la modernidad. Hay filósofos como Lyotard y Foucault que enfrentan y niegan cualquier noción que suponga que las cosas pueden conectarse o representarse a través de un metalenguaje, metarrelato o metateoría. Las verdades universales y eternas sí existen, no pueden especificarse. Al condenar los metarrelatos importantes teorías y sistemas interpretativos de los sujetos o de la realidad, como los de Freud o Marx, de alguna forma son cuestionados y los posmodernos se asumen con incredulidad hacia estos metarrelatos (Harvey, 2008).

David Lyon comenta: "La posmodernidad, por lo tanto, se refiere sobre todo al agotamiento de la modernidad. Como paso preliminar para facilitar el análisis conviene distinguir entre posmodernismo que acentúa el aspecto cultural, y posmodernidad, donde el énfasis se pone en lo social". No obstante, asume la imposibilidad de separar lo cultural de lo social. El posmodernismo cuestiona todos los principios fundamentales de la Ilustración, rechaza la jerarquía del conocimiento, el gusto y la opinión, y el interés por lo local más que por lo universal. Sustituye el libro impreso por la pantalla de televisión o Internet en la actualidad, el paso de la palabra a la imagen, del discurso a la figura, asume supuestos cambios sociales, considera que un nuevo tipo de sociedad está en formación y, por consiguiente, se inaugura un nuevo tipo de capitalismo. Por ello se pone en tela de juicio los modelos del pasado del análisis social y el tipo de práctica política. En todo esto tienen mucho peso las nuevas tecnologías de la información y la comunicación, que han generado y facilitado los procesos de la globalización y el consumismo, que están modificando la posición central de la producción.

Es notorio que el posmodernismo no cuenta con un sistema de ideas homogéneas sino que, por el contrario, es complejo y contradictorio. En la década de 1970 surgió el término como los conceptos centrales en la arquitectura y posteriormente, se extendió a otros campos.

Quienes contestaron a estos planteamientos fueron Rorty, Gadamer y otros intelectuales. En particular, Jürgen Habermas de la Escuela de Frankfurt desarrolló su análisis de la crisis de legitimación de las sociedades del capitalismo tardío y puso en marcha una teoría de acción comunicativa, con el intento de lograr una práctica comunicativa en la que la verdad está íntimamente ligada a la libertad y la justicia. En consecuencia, Habermas desarrolló una lucha teórica contra la irracionalidad instrumental de Lyotard y las teorías de la posmodernidad, que niegan de manera rotunda todo tipo de universalismo. Frente a ellas, Habermas (1988) sostiene que la modernidad es un "proyecto inacabado, demandando por lo tanto una radicalización de la modernidad, esto es de la razón, con la intención de demostrar, que frente a los planteamientos de fin de las metanarrativas o grandes discursos por su imposibilidad explicativa, es posible una ciencia social que genere un conocimiento de la vida social y su desarrollo".

Otro intelectual que contesta a los posmodernistas es Giddens (1994:153), quien desarrolla un planteamiento similar a Habermas, no rechaza el término posmoderno y habla desde una visión de la historia como procesos discontinuos de radicalización de la modernidad. Giddens (1994:17) comenta: "En vez de entrar en un periodo de posmodernidad, nos estamos trasladando a uno en que las consecuencias de la modernidad se están radicalizando y universalizando como nunca". Y remarca: "No hemos ido 'más allá' de la modernidad, sino que, precisamente, estamos viviendo la fase de su radicalización" (Giddens, 1994:17; Lyon, 1977).

Según Giddens, puede hablarse de la "segunda modernidad o de la gran modernidad", una etapa en la que es posible superar la escasez, la desmilitarización de la sociedad, la humanización de la tecnología y la participación democrática de los pueblos. Pero también puede suceder todo lo contrario: las discontinuidades pueden generar la desintegración social, el desastre ecológico, el crecimiento del poder totalitario y conflictos nucleares y guerras generalizadas. Considera que a la posmodernidad se le puede llamar "mundialización", por cuanto la modernidad es fundamentalmente "globalización" y esta última cuenta con dimensiones como son la economía capitalista mundial y el orden militar mundial, conjuntamente con la división internacional del trabajo y un sistema de Estados nacionales.

También hay autores, como Francis Fukuyama, que hablaron del "fin de la historia" o la muerte de los grandes metarrelatos, con la finalidad de que sólo opere uno: el neoliberalismo o el pensamiento único. Pero en general todos los autores hablan de "globalización" para considerar la presente situación mundial, tanto se le llame o no posmoderna.

Por lo anterior, la globalización es una teoría económica y proyecto político que aboga por el mercado y las empresas transnacionales mundiales, que favorece una economía especulativa más que productiva, que consiste en profundizar las grandes desigualdades mundiales entre los seres humanos y generar grandes problemas ecológicos. Contra todo esto lucha la juventud del mundo, como sucedió en Seattle, en Praga, en Davos –con la resistencia callejera que arrastró a miles de jóvenes contrarios a las deliberaciones de Davos a realizar actividades de propaganda antiDavos a través de los nuevos medios de comunicación–, movimientos que ocultan una enorme fuerza tras su aparente desorganización y en otros muchos lugares del mundo.

En nuestra opinión, no hay duda de que la realidad ha cambiado, pero los grandes metarrelatos y las propuestas de los clásicos de la sociología y de las ciencias sociales siguen teniendo vigencia. Por lo menos, son las herramientas con que contamos para enfrentar todas estas novedades. Sin duda, existen grandes transformaciones y cambios muy acelerados socialmente, pero instrumentos como la razón y la ciencia, son fundamentales para pensarlos, analizarlos e intervenir.

Esto no quiere decir que los grandes planteamientos teóricos o metarrelatos no tengan que ser actualizados y hacerlos trabajar en estas nuevas realidades, para comprender las cuales la teoría freudiana o el marxismo son desarrollos importantes que, además, nos permiten conocer, por un lado, estos nuevos contextos sociales y por el otro, a los seres humanos. Estas teorías nos brindan una gran riqueza para el análisis del pasaje de la modernidad a la modernidad tardía o a la posmodernidad y nos permiten entender tanto las transformaciones sociales y culturales como las modificaciones del psiquismo y sus nuevos tipos de enfermedades. Las líneas siguientes pretenden fundamentar estas razones.

Los jóvenes y la juventud en la sociedad actual

Desde estas nuevas realidades sociales y culturales resulta importante considerar referencialmente las distintas miradas, posiciones o argumentaciones que se dan en torno a los conceptos de jóvenes y juventud, sobre todo porque existen divergencias entre las posiciones que adoptan instituciones como la UNESCO, otros organismos mundiales y algunos especialistas que concuerdan con ellos, así como otros expertos dedicados al tema. Uno de esos puntos de desacuerdo importantes tiene que ver preponderantemente con la posición social que ocupa el joven, y en que por lo regular se tiende a homogeneizar al sector juventud.

A lo largo del ciclo de la vida humana, la juventud ha sido identificada como una fase etárea intermedia, la transición de la adolescencia a la vida adulta. Esta fase etárea también es identificada, por lo general, como la de dependencia económica y relacionada con la educación y la formación, próxima a la constitución de una vida familiar y profesional propia. También en ocasiones, la juventud es vista como un estado del espíritu, del cuerpo, como un signo de salud y disposición; pero a la vez, es también un consumidor, una franja del mercado que todos quieren incluir.

La juventud podría entonces emparentarse con todo el periodo de la adolescencia hasta la entrada en la vida adulta. Sin embargo, la adolescencia es más que una etapa o un estadio del desarrollo cognitivo o biológico, es el momento más importante de la constitución de subjetividad desde la pubertad; esta etapa está marcada también por la irrupción de la sexualidad, en su vertiente de la genitalidad.

Esta etapa es acompañada por importantes cambios corporales, tanto en el hombre como en la mujer y es la etapa cuando los adolescentes/jóvenes comienzan a identificarse con tal o cual gusto (sexual, musical, artístico, etc.) que los lleva a vestir nuevas prendas, lucir nuevos peinados, tatuar o perforar partes de su cuerpo. Hábitos que proponen distintas y cambiantes identificaciones –"soy esto" o "soy lo otro"– donde cada una supone modos de relación con los otros, conductas, códigos de lenguaje, gustos musicales, de los que el joven se apropia.

Desde una mirada institucional, la UNESCO define a la juventud como "un periodo que se da entre la infancia y la edad adulta". El marco cronológico de juventud es definido por la UNESCO como "el periodo de la vida que va desde los 15 años a los 25 años incompletos", o sea, al completar los 25 años la persona deja de ser joven.

Ahora veamos qué opinan los especialistas. Según Cecilia Braslavsky, "...la etapa juvenil es considerada, habitualmente, como el periodo que va desde la adolescencia (cambios corporales, relativa madurez sexual, etc.) hasta la independencia de la familia, la formación de un nuevo hogar, la autonomía económica; éstos serían los elementos que definen la condición de adulto. Un periodo que combina una considerable madurez biológica con una relativa inmadurez social. La juventud se convertiría como en una especie de transición hacia la edad adulta...".[47]

Sin embargo, en la misma obra esta autora sostiene que "existe en la sociedad el mito de identificar a los jóvenes con algunos de ellos, una especie de juventud homogénea" o también "el mito de la igualdad de oportunidades con que cierto discurso intenta unificar la condición para todo aspirante a participar plenamente de la vida colectiva, aunque provengan de mundos sociales extremadamente diversos. Así, todo joven se encontraría en igualdad de oportunidades para recibir los conocimientos e incorporar las aptitudes que lo transformarán en productor y lo formarán como ciudadano...".

[47] Braslavsky, C. (1987), *La juventud argentina: informe de situación*, Buenos Aires, CEAL.

Para Mario Margulis,[48] el tema de la juventud se complica cuando "...ésta no se refiere sólo a un estado, una condición social o una etapa de la vida, sino que es vista como un producto...", y agrega que "...la juventud aparece entonces como un valor simbólico asociado con rasgos apreciados –sobre todo por la estética dominante–, lo que permite comercializar sus atributos (o sus signos exteriores), multiplicando la variedad de mercancías –bienes y servicios– que impactan directa o indirectamente sobre los discursos sociales que la aluden y la identifican".

En ocasiones, se suele hablar de juventud y hacer referencia a lo generacional, como que los jóvenes son "generacionalmente iguales" según la edad de nacimiento. Margulis hace el siguiente aporte con respecto a este punto: "La generación, más que la coincidencia en la época de nacimiento, remite a la historia, al momento histórico en que se ha sido socializado. La generación no es una simple coincidencia en la fecha de nacimiento, sino una verdadera hermandad frente a los estímulos de una época, una simultaneidad en proceso que implica una cadena de acontecimientos de los que se puede dar cuenta en primera persona, como actor directo...".[49]

En relación con esta última perspectiva, es importante el análisis del psicólogo Sergio Balardini:[50] "...jóvenes hubo siempre, pero juventud no, aunque parezca extraño, la idea de juventud está íntimamente ligada a los roles históricos de los distintos grupos etáreos y sociales...", y agrega que "...la juventud como tal (no los jóvenes) es un producto histórico resultado de relaciones sociales, relaciones de poder, relaciones de producción que generan este nuevo actor social. La juventud es un producto de la sociedad burguesa, de la sociedad capitalista. Antes la juventud no existía; uno podía decir que jóvenes hubo siempre mientras que juventud no, la juventud como fenómeno social en los términos occidentales que hoy la comprendemos, es un producto histórico que

---

48 Margulis, Mario, "La juventud es más que una palabra", http://perio.unlp.edu.ar/teorias/index_archivos/margulis_la_ Consultado el 9 de abril de 2012.

49 Margulis, Mario, ob. cit.

50 Balardini, Sergio (2011), "Las nuevas militancias. Entre la plaza y las redes sociales", *Revista El Monitor de la Educación* del Ministerio de Educación de la Nación, Buenos Aires, marzo.

deviene de las revoluciones burguesas y del nacimiento y desarrollo del capitalismo".

En las sociedades del siglo XXI, los jóvenes se ven atrapados en una gran contradicción producto del sistema capitalista imperante y es que los pertenecientes a sectores medios y altos suelen tener la oportunidad de estudiar, de postergar su ingreso a las responsabilidades de la vida adulta: se casan y tienen hijos más tardíamente, gozan de un periodo de menor exigencia, de un contexto social protector que hace posible la emisión, durante periodos más amplios, de los signos sociales de lo que suele llamarse juventud. En cambio, los jóvenes integrantes de las clases trabajadoras y de menor condición económica tienen acotadas sus posibilidades de acceder a instituciones educativas para prepararse mejor para la vida, por lo que no pueden vivir su condición de juventud; no está a su alcance el lograr ser joven de las formas normales: deben ingresar al mercado de trabajo tempranamente y a trabajos más duros y menos atractivos, acostumbran contraer obligaciones familiares (casamiento o unión temprana, consolidada por los hijos) a menor edad. Carecen del tiempo y del dinero (moratoria social) para vivir un periodo más o menos prolongado con relativa despreocupación y ligereza.

SOCIEDADES SIN TRABAJO Y AUMENTO DEL DESEMPLEO, EN ESPECIAL EN LOS JÓVENES

Diversos sociólogos e investigadores han trabajado este nuevo fenómeno actual producto de la globalización. Por ejemplo, el sociólogo alemán Ulrich Beck, en *Un nuevo mundo feliz. La precariedad del trabajo en la era de la globalización*,[51] así como Jeremy Rifkin, en *El fin del trabajo. Nuevas tecnologías contra puestos de trabajo: el nacimiento de una nueva era*,[52] y muchas otras referencias bibliográficas al respecto.

Quizá lo más interesante del trabajo de Beck es que la sociedad sin trabajo no es una sociedad contra la cual se ha de combatir o se ha de

[51] Beck, Ulrich (2000), *Un nuevo mundo feliz. La precariedad del trabajo en la era de la globalización*, Madrid, Editorial Paidós.

[52] Rifkin, Jeremy (1996), *El fin del trabajo. Nuevas tecnologías contra puestos de trabajo: el nacimiento de una nueva era,* Barcelona, Editorial Paidós.

defender. La sociedad sin trabajo es un hecho, es verdad que aún en formación, pero un hecho seguro. La pregunta es, pues, qué sobrevivirá a ese enorme cambio en el que los países subdesarrollados son ahora el modelo. A partir de ciertas cifras demuestra que desde esa visión resulta incontestable el hecho de que en unos años menos de la mitad de la población activa (cerca de un tercio de los ciudadanos) gozará de un trabajo clásico, y que, aunque desde luego la marea arrastrará primero a los trabajos de menor productividad, este nuevo mundo inundará también a los empleos más cualificados y mejor pagados. Parece indiscutible que el futuro se presenta sin que el trabajo sea el centro de la sociedad, un trabajo que –por otra parte– ha resultado ser el ethos central de la sociedad llamada moderna.

El desempleo es histórico a escala global: 200 millones. Según la Organización Internacional del Trabajo (OIT), la crisis 2007-2008 elevó el número de desempleados a 200 millones en el mundo.

Las cifras del desempleo en el mundo en miles de millones son las siguientes:

- 1991: 2.3 miles de millones
- 2001: 2.7 miles de millones
- 2011: 3.7 miles de millones

El Fondo Monetario Internacional (FMI) informó que entre finales de 2010 y principios de 2011 la economía mundial crecía a un ritmo que generaba un incremento en el empleo de 1% anual, similar al aumento en la demanda global de puestos de trabajo. Aun así, hasta mediados de 2011 el desempleo afectaba a 3.7 miles de millones de personas en el mundo, el nivel más alto registrado.

Para incluir un ejemplo de la situación que vivimos con las políticas neoliberales globalizadoras en el caso de México, en julio de 2010 el Consejo Nacional de Evaluación de la Política Social (Coneval) dio a conocer los resultados que arroja el Indicador de la Tendencia Laboral de la Pobreza, mediante el cual se da seguimiento trimestral a la cantidad de personas que no pueden adquirir la canasta básica. En el último trimestre de 2009, la pobreza alimentaria se incrementó 6.8%, lo que significa que de 2008 a 2009 el número de personas que viven en algún grado de inseguridad alimentaria aumentó en 3.2 millones de personas, lo que da un total a la fecha de 52 millones. Conclusión: 50% de la población no cuenta con ingresos suficientes para alimentarse. La crisis económica ha golpeado de manera brutal los derechos laborales y ha profundizado la tendencia a la precarización del empleo, al grado de que, aun contando con un trabajo, no se deja de ser pobre. "Si a estas cifras le agregamos que sólo en el sexenio del Presidente Felipe Calderón Hinojosa se agregaron 12 millones más de pobres, tendremos a la vista la magnitud de la tragedia que vive el pueblo de México, a lo que hay que aumentar la cantidad de muertos producto de la guerra contra los narcos. El Semanario *Zeta* informa de 83 mil muertos solamente en el sexenio de Felipe Calderón".[53]

Situación de los adolescentes y jóvenes en el mundo y en América Latina

"Nueva York, 25 de julio de 2011. La recesión económica provocó el aumento de 11.9% a 13% de la tasa de desempleo entre los jóvenes del mundo, para sumar 81 millones en 2009, el mayor ajuste anual registrado en la historia, informó hoy la Organización de Naciones Unidas (ONU).

"Durante la Reunión de Alto Nivel sobre la Juventud, que termina este martes, la ONU indicó que, incluso cuando tienen empleo, los jóvenes tienden a trabajar más horas que los adultos, a cambio de menores sueldos y en esquemas informales y sin seguridad social.

"El desempleo y la falta de educación son los mayores retos que enfrentan los jóvenes en el mundo. Debemos cerrar la brecha entre de-

[53] 83 mil muertos del narco en sexenio de Calderón: Semanario Zeta... , http://www.animalpolitico.com/2012/11/83-mil-muertos-por-el-narco-en-sexenio-de-calderon-s... Consultado el 27 de noviembre de 2012... 83 mil muertos del narco en sexenio de Calderón: Semanario Zeta... de vista Calderón ni se "equivocó" ni "falló" en su guerra contra el narco. Consultado el 22 de junio de 2013. Leer más: http://www.animalpolitico.com/2012/11/83-mil-muertos-por-el-narco-en-sexenio-de-calderon-semanario-zeta/#ixzz2dUnXhdgr. Consultado el 22 de junio de 2013. Follow us: @pajaropolitico on Twitter | pajaropolitico on Facebook

manda y oferta de empleo. Necesitamos nuevas estrategias, afirmó Jean-Francis Zinsou, embajador de Benin ante la ONU, en rueda de prensa.

"El diplomático expresó que la incapacidad de los gobiernos de ofrecer educación y empleo a la juventud equivale a marginarla, lo que aumenta el riesgo de que ese sector de la población se radicalice políticamente o de que se limite su función como agente de cambio social.

"Al enfrentar las varias crisis mundiales que se sobreponen, llamo a la comunidad internacional a que apoye a los jóvenes como socios y agentes del cambio y el desarrollo, dijo a su vez el secretario general de la ONU, Ban Ki-Moon, al inicio de la reunión especializada.

"Subrayó la capacidad de los jóvenes del mundo, y apremió a los gobiernos a invertir más en ellos, con el fin de que disfruten de mayores oportunidades y, sobre todo, puedan encontrar empleos dignos.

"Manifestó que la generación de Facebook, como caracterizó a la juventud actual, ha mostrado una creciente voluntad para cambiar el mundo y superar a sus mayores cuando se trata de luchar por la justicia y la tolerancia.

"Por otro lado, resaltan las declaraciones de Diego Palacios en el 'Día Mundial de la Población',[54] del Fondo de Población de las Naciones Unidas, sobre la importancia que la juventud está tomando en términos demográficos: vivimos el momento con mayor número de jóvenes en la historia. Del total de 7 mil millones de habitantes que habrá en el orbe el próximo 31 de octubre, hay mil 800 millones de jóvenes, 87% de los cuales viven en países pobres, los llamados en vías de desarrollo por la ONU.

"La Organización de Estados Americanos (OEA), Washington, informó que América Latina tiene 38 millones de jóvenes que no estudian ni trabajan; se trata de la cuarta parte de los jóvenes entre 15 y 29 años de la región y están en grave riesgo de ser afectados por el crimen, ya sea perpetrándolo o como víctimas, advirtió este martes el secretario general de la Organización de Estados Americanos (OEA), José Miguel Insulza. De los 150 millones de personas en esa franja de edad en la región, cerca de 38 millones, la cuarta parte, 'no van a la es-

---

[54] Periódico *La Jornada*, 15 de julio de 2011.

cuela ni tienen trabajos estables', señaló Insulza durante un foro sobre juventud y seguridad en la sede de la OEA en Washington. 'Ése es el tamaño de la juventud en riesgo en la región', dijo Insulza en julio de 2011."[55][56]

Situación de los adolescentes y jóvenes en México

Para muchos jóvenes la educación no tiene sentido, pues no les garantiza acceder a mínimos de bienestar. Siete millones de ellos, conocidos como "ninis" porque "ni estudian ni trabajan", son blanco potencial de la ilegalidad. Ante ese panorama, se ha gestado entre la juventud un fenómeno de desesperanza y frustración, pero también de malestar social que, de acuerdo con expertos, ya deja sentir sus efectos. La ex directora del Instituto Mexicano de la Juventud (Imjuve), Priscila Vera, expresa que la falta de certidumbre sobre el futuro se ha traducido en deserción escolar, depresión y angustia. Incluso, resalta, se vincula con la problemática del suicidio.

De hecho, en el estudio "Suicidio en jóvenes: hallazgos básicos",[57] se advierte que existe una "fuerte asociación entre la situación del desempleo y la falta de estudios con la conducta suicida no sólo en jóvenes, pero éstos resultan ser los más expuestos a la problemática suicida".

Según el análisis, realizado por los especialistas Christiane Oueda, Sergio Ramos, Ricardo Orozco, Ghilherme Borges, Jorge Villatoro y María Elena Medina Mora –ex directora del Instituto Nacional de Psiquiatría Ramón de la Fuente Muñiz–, 349 987 jóvenes de entre 12 y 29 años intentaron suicidarse en 2008; casi la mitad de ellos habían cursado la secundaria. De dicha cifra, siete de cada 10 estaban desempleados.

La investigación resalta que seis de cada 10 de los jóvenes que planearon suicidarse no estudiaban, principalmente aquellos entre los 18 y

---

[55] Periódico *La Jornada*, 15 de julio de 2011.

[56] Karina Avilés/II y última. Periódico *La Jornada*, 12 de enero de 2010, p. 33.

[57] Estudio "Suicidio en jóvenes: hallazgos básicos" en la Encuesta Nacional de Adicciones 2008 del Instituto Nacional de Psiquiatría.

los 29 años, y nueve de cada 10 entre los 18 y los 24 años no trabajaban. La mayoría tenía una escolaridad máxima de secundaria; en segundo lugar, bachillerato. En el país, cerca de 3 321 762 jóvenes de 12 a 29 años de edad manifestaron tener al menos una idea suicida. Fue el Estado de México donde se informó del mayor número de personas con ese problema.

De acuerdo con datos de la Secretaría de Educación Pública (SEP), en el país hay 2.4 millones de jóvenes en edad de cursar el bachillerato pero no lo hacen, y 7.5 millones no siguen estudios profesionales. Datos de la Subsecretaría de Educación Superior establecen que en 2009 egresaron 430 mil, de los cuales 14%, esto es, más de 60 mil, están sin empleo.

En el nivel medio superior, subrayó por su parte el entonces subsecretario del ramo Miguel Székely, hay 900 mil egresados al año, de los cuales sólo 50% continúan la enseñanza superior. Otro 25% ingresan al mercado laboral, y el restante 25% no estudian ni trabajan.

Frente a ello, dice Aurora Loyo Brambila, del Instituto de Investigaciones Sociales de la Universidad Nacional Autónoma de México, las perspectivas de los jóvenes han cambiado necesariamente. Muchos "saben que van a vivir con precariedad, que no van a tener empleo fijo, una fuente de trabajo con garantías sociales y, por ello, estabilidad y recursos para acceder a ciertos satisfactores".

Desde la perspectiva empresarial, el desempleo entre los jóvenes es visto con "terror", porque "el adolescente es fogoso, irreflexivo y protesta", señala Hugo Ítalo Morales, asesor laboral de la Cámara Nacional de la Industria de la Transformación.

Ante esa falta de sentido en los aspectos educativo, laboral y de proyecto de vida, advierte Alfredo Nateras, investigador de la Universidad Autónoma Metropolitana, para muchos jóvenes ha resultado más atractivo "acercarse a los terrenos de lo no legal y de la paralegalidad".

En México, donde actualmente hay 20.1 millones de jóvenes entre 15 y 24 años, y continuarán siendo mayoría por otros 10 o 15 años, la situación de desempleo, subempleo y falta de acceso a la educación superior es grave.

De ahí que cuando a algunos se les pregunta qué quieren ser, responden: "narco". La causa es que el crimen organizado "cumple funciones sociales y simbólicas que el Estado no ofrece, como dar empleo, arreglar una escuela o hacerse cargo de la educación de jóvenes que coopta para que sirvan a sus intereses".

Por supuesto, el repaso del mundo sin trabajo resulta de lo más vertiginoso: prácticamente todas las instituciones y valores de nuestra sociedad dependen de dicha institución ya obsoleta: no sólo nuestra idea de la democracia viene ligada a una sociedad basada en el pacto entre capital y trabajo, sino también nuestra idea de legalidad trata con seres humanos establecidos económicamente y responsables en los aspectos civil y penal. La desaparición del trabajo es la desaparición del Estado tal cual lo conocemos; a partir de ahí tendremos que inventar nuevas categorías políticas para administrar la indudable capacidad de construir una nueva democracia de la combinación de riesgo, ocio y libertad.

Por ejemplo, en el caso de un país como España, los comentaristas políticos informan: "La sola convocatoria de asambleas de barrio y pueblos en cientos de ciudades de España, era algo impensable hace menos de 15 días al decir de varios articulistas. Hay mucho camino que andar. Aprobar propuestas por consenso obliga a dialogar, extenderse y ejercer la crítica. Sin duda retrasa las decisiones, pero es un verdadero ejercicio democrático.

"En esta lógica, las asambleas de barrio y pueblos permitirán dar continuidad a un proyecto nacido desde abajo y en pro de recuperar el espacio público cuando las acampadas lleguen a su fin. Se trata de hacer visible la protesta. El llamamiento ha sido un éxito. Jóvenes, estudiantes, desempleados, amas de casa, trabajadores jubilados y profesionales han secundado la convocatoria. Ha sido una catarsis donde los ciudadanos se reconocen en su dignidad y en su lucha contra la injusticia, la corrupción y la desigualdad.

"Sin embargo, nada se cambia de la noche a la mañana. Hay que ir paso a paso. Sumar voluntades y fortalecer el movimiento. Unos aportando experiencia y aprendiendo nuevas prácticas con humildad y sin protagonismos mediáticos. Una generación de jóvenes pisa fuerte y pide ser protagonista de su futuro como en el norte de África.

"Entre todos debemos rescatar la política de quienes la han secuestrado en el mundo haciendo de ella un oficio espurio, alejado del bien común y dependiente de los poderes empresariales y financieros. Esperemos que pronto este movimiento se extienda a México. El esfuerzo vale la pena."

Como señala Sánchez Rebolledo:[58] "No sabemos hoy hasta dónde llegarán los efectos de la revueltas en los países árabes ni el recorrido que tendrá la indignación concentrada en la Puerta del Sol, pero es un hecho que estamos ante las señales de que el siglo no se parecerá en muchas cosas al anterior. Tampoco podemos estar seguros de que vaya a ser mejor o que al impulso libertario de hoy (anclado en las tecnologías de la comunicación instantánea) no suceda la contrautopía global del nuevo autoritarismo, pero ésas son, justamente, algunas de las cuestiones que nos plantea la realidad de hoy, erosionando las certezas derivadas del arreglo que tras la caída del mundo bipolar se impuso como la única alternativa.

"Cito, para no repetirme, lo que dije hace unos días en el Correo del Sur, de *La Jornada Morelos*: 'Detrás de las movilizaciones subyace el sentimiento colectivo de que estamos llegando a un límite donde la vida pierde valor y la dignidad humana se transmuta en un simple objeto de cambio. Es un ¡ya basta! a un orden injusto e inmoral guiado por el cálculo egoísta y la desnaturalización de la vida humana. La indignación se origina en la crisis no resuelta o, mejor dicho, en el engaño que traslada a la gente común las consecuencias de la dilapidación de la riqueza, el desastre ecológico o el delirio del narcotráfico. La incapacidad de los grupos que gobiernan la economía y las finanzas del orbe para reformar el sistema se traduce en el desapego colectivo hacia formas de vida que ya no garantizan las libertades y los derechos humanos. Reforzar la presencia ciudadana en la vida pública es indispensable para recrear la democracia y convertirla, como pide la Constitución mexicana, en una forma de vida (pero nadie lo hará por nosotros)'."

La crisis de identidad en adolescentes y jóvenes

Desde esta perspectiva teórica, en las sociedades posmodernas hay una desaparición de las instituciones y organizaciones tradicionales, que im-

[58] Sánchez Rebolledo, Adolfo, Periódico *La Jornada*, 26 de mayo de 2011.

primían un carácter homogeneizador a la sociedad mediante la continuidad de modelos de significación instituidos en los sujetos.

Estas categorías teóricas las encontramos en la postura de la reflexividad del sujeto, que autores como Giddens (1991), Luhmann (1991) y Beck (1993) ubican en lo que llaman sociedad de riesgo. Al respecto, Giddens señala que cuando él se refiere a la cultura del riesgo en las sociedades contemporáneas no se debe entender que actualmente la vida social implique más riesgos que en épocas pasadas, sino más bien, que se introducen nuevos parámetros de riesgo desconocidos en etapas anteriores. La teoría de la sociedad del riesgo propuesta por Beck (1993) nos indica que precisamente lo que no puede preverse es lo que produce situaciones previamente desconocidas. El riesgo está vinculado a marcos de incertidumbre, incertidumbre fabricada o construida por los propios individuos al enfrentarse a situaciones que demandan nuevos contextos de acción y que obligan al individuo a redefinir sus acciones en condiciones de inseguridad construida.

Este nuevo orden institucional que, como señala Giddens, es lo que ha llevado a la destradicionalización de las sociedades contemporáneas, se caracteriza por su dinamismo, por la subyugación de los usos y costumbres fuertemente impactados por la comunicación de masas y la reorganización del tiempo y el espacio. Estas transformaciones no pueden analizarse sólo como modificaciones a la estructura de la sociedad, ya que han alterado la cotidianeidad social y personal de los individuos. "Uno de los rasgos distintivos de la modernidad es, de hecho una creciente interconexión entre los dos 'extremos' de la extensionalidad y la intencionalidad: las influencias universalizadoras, por un lado, y las disposiciones personales, por otro."[59]

Giddens[60] centra su atención en la autoidentidad y su conformación en las sociedades modernas. Argumenta que en las condiciones de globalización la "identidad del yo" es un proyecto reflejo, consistente en el mantenimiento de una crónica biográfica coherente, que se lleva a cabo en el contexto de la elección múltiple filtrada por los sistemas abstractos,

---

[59] Giddens, Anthony (2000), *Un mundo desbocado. Los efectos de la globalización en nuestras vidas*, España, Editorial Taurus, p. 49.

[60] *Ibíd.*, p. 65.

es decir, en el orden postradicional de la modernidad tardía la tradición pierde su espacio consolidado y la vida cotidiana se reinstaura en función del proceso dialéctico entre lo local y lo universal, en el cual el individuo se ve forzado a elegir estilos de vida dentro de una gran diversidad de opciones, lo que lo hace un sujeto reflexivo y calculador.

En este contexto surge la transformación de la intimidad. La intimidad tiene su propia reflexividad y sus formas particulares de orden referencial interno; aquí aparece la relación pura como algo usual de los nuevos ámbitos de la vida personal. La relación pura es aquella en donde no aparecen los criterios externos y sólo existe la satisfacción que produce por ella misma.

A raíz de la destradicionalización de las sociedades modernas no podemos hablar más de identidades colectivas, éstas tienden a desaparecer y la identidad es construida bajo condiciones de reflexividad del yo. Es decir, el individuo se construye sobre sus propios fundamentos; las instituciones sociales y la interacción con otros sujetos constituyen ámbitos de articulación y conformación de identidades colectivas.

Por consiguiente, estas propuestas nos llevan a incursionar en los debates sobre la identidad ante los procesos de globalización. Estos procesos han trastocado el orden institucional tradicional ocasionando un debilitamiento de lo social que se pronunciaba en acciones colectivas compactas, identidades estables expresadas en organizaciones, grupos e instituciones que hasta tiempos anteriores parecían inalterables, como la familia, la escuela, el trabajo, el partido, el sindicato.

Ante estas circunstancias muchos autores consideran innecesario estudiar la problemática de la identidad, por no corresponder a las características de las sociedades posmodernas. Por el contrario, nosotros consideramos que es parte ineludible de los estudios sociales. Lo cierto es que plantea nuevos desafíos tanto teóricos como analíticos para su estudio. Hay estudios en la línea que centran su atención en el análisis de la globalización y la modernidad. Un primer posicionamiento considera la claudicación de la colectividad en una situación en la cual los individuos constantemente eligen un estilo de vida, es la idea del "sujeto racional y calculador".

No obstante, como señalan diferentes autores, lo que tenemos son actores sociales fragmentados, sin proyectos de largo plazo, que viven únicamente el presente en comunidades evanescentes que funcionan como redes afectivas. Esto ocasiona una cierta pérdida de realidad, lo cual hace que la identidad deje de ser un hecho dado de manera subjetiva y objetiva para convertirse tan sólo en un proceso de elaboración interior. En ausencia de criterios externos válidos, el individuo se vuelca sobre sí mismo.

Por ello, una de las características de las sociedades posmodernas es arrasar con la identidad de los sujetos producto de la desaparición de las instituciones y organizaciones tradicionales, que permitían dar continuidad e historia a las culturas y a la vez, brindaban una cultura generalizadora en usos y costumbres que posibilitaban la continuidad de modelos de significación socializados en los sujetos.

Adolescencia y juventud en la era digital

De acuerdo con Carles Feixa, la transformación de la juventud reflejaba una serie de cambios que se amplificarían en los países occidentales a lo largo de la década de 1960, producto de la transformación de una sociedad de cultura rural o agraria en una industrial y posindustrial, que habría de modificar profundamente las condiciones sociales y las imágenes culturales de los jóvenes.

Este investigador habla de cinco factores de cambio que son fundamentales:

- La emergencia del Estado de Bienestar generó las condiciones económicas para un crecimiento económico sostenido y para la protección social de los grupos dependientes. Con un contexto económico de plena ocupación y creciente capacidad adquisitiva, los jóvenes se convierten en uno de los sectores más beneficiados por las políticas del bienestar.
- La crisis de la autoridad patriarcal conllevó una rápida ampliación de las esferas de libertad juvenil. En esa época, la revuelta contra el padre era una revuelta contra todas las formas de autoritarismo.

- La sociedad de consumo y su estrategia mercantil por sectores ofreció por primera vez un espacio de consumo específicamente destinado a los jóvenes, que se habían convertido en un grupo de creciente capacidad adquisitiva: moda, adornos, locales de ocio, música, revistas, diversiones, etc.
- La emergencia de los medios de comunicación de masas permitió la creación de una verdadera cultura juvenil internacional popular, que iba articulando un lenguaje universal a través de los medios masivos de comunicación como la radio, el disco, el cine y en la actualidad Internet y todo lo que conlleva: Facebook, Twitter, etc.
- El proceso de modernización en usos y costumbres erosionó la moral puritana, dominante desde el inicio del capitalismo, siendo sustituida progresivamente por una moral consumista mucho más laxa y menos monolítica, cuyos portadores fueron esencialmente los jóvenes. Uno de sus resultados fue la llamada "revolución sexual" posibilitada por la difusión de los anticonceptivos.

Más adelante, a mediados de la década de 1970, la imagen cultural de la juventud volvería a estar marcada por el conformismo social, la desmovilización política, el puritanismo, las drogodependencias y las nuevas formas de violencia juvenil producto del crecimiento galopante de la desocupación y el paro, con la consiguiente demora de los jóvenes en la inserción social. La generación de los años 1980 tendría que aguardar con paciencia para entrar en la vida adulta. El alargamiento de la dependencia familiar, la ampliación de las formas de cohabitación previas al matrimonio, los largos y discontinuos procesos de inserción laboral, etc. son factores que marcan un postergamiento de la juventud. Se generaba una situación de posadolescencia, que equivalía a contar con carta de naturalización como nueva etapa de la vida.

La década de 1990 presenció tendencias contradictorias, que se podrían resumir en la "generación X". Una de las principales influencias en este nuevo modelo de juventud es la importancia y la influencia cada vez mayor de las nuevas tecnologías de la información y la comunicación: televisión, vídeo, radio, fax, telefonía digital, informática, Internet. Varios autores plantean que está surgiendo una "cultura juvenil posmoderna" producto del impacto de los nuevos medios de comunicación en un capitalismo cada vez más transnacional. Este proceso puede recluir a los jóvenes en un nuevo tipo de individualismo, pero también permite conectarse con jóvenes de todo el mundo, permitiendo generar una comunidad universal. Las instituciones como la familia, la escuela y el trabajo socializan, pero cada vez más los medios masivos juegan un papel primario como mediadores para cada una de ellas.

Posadolescencia o juventud en la era digital

Gracias a la red virtual, los adolescentes y jóvenes en la actualidad cuentan con un acceso privilegiado al mundo de la información y el conocimiento, lo que permite una democratización mundial, aunque parcial por la desigual distribución de las posibilidades de la tecnología virtual. Ésta es la primera vez en la historia de la humanidad que los hijos son más expertos que los padres en lo que se refiere a una innovación central y fundamental para la sociedad, esto es, los medios digitales.

Los adolescentes y jóvenes que son protagonistas de los recursos electrónicos asumen el poderío que la manipulación de estas nuevas tecnologías les brinda, dada la ampliación de las redes de relaciones sociales y del acceso a la multiplicidad de informaciones y conocimientos. Sin embargo, por las nefastas políticas neoliberales que se aplican mundialmente, estos jóvenes no tienen posibilidades de trabajar y sus posibilidades en su futuro están sumamente limitadas. A tal grado que, como bien dijo el nuevo Papa argentino Francisco en Brasil, "asistimos a una eutanasia cultural con los jóvenes y los adultos". El día 25 de julio de 2013 en Brasil el Papa: "... denunció que la actual civilización mundial ha ido más allá, se pasó de rosca en el culto al dios del dinero, excluyendo los dos polos de la vida de las personas: las personas mayores y los jóvenes. Ante 40 mil jóvenes argentinos, en la catedral de Río de Janeiro, el Papa denunció una especie de eutanasia cultural de los viejos y de los jóvenes. El porcentaje de jóvenes que no tienen trabajo, ningún trabajo, es demasiado alto y es una generación que no tiene la experiencia de la dignidad del trabajo. Esta civilización nos está llevando a excluir estas dos puntas que son nuestro futuro, expresó en un improvisado mensaje".[61]

Éstas son las razones por las que los jóvenes se rebelan ante esta realidad que no les permite vivir, y ya en 1999, en Seattle, los jóvenes antiglobalización utilizaron por primera vez medios de comunicación y formas de organización por medio de Internet para generar un movimiento de resistencia global contra una reunión de los poderes económicos mundiales. Desde aquel momento hasta ahora esto ha ocurrido año tras año. Los últimos resultados de estos movimientos son la caída de regímenes autoritarios en los países árabes, la lucha de los jóvenes "indignados" en España[62] y los jóvenes que desarrollaron el movimiento "Ocupa Wall Street" en Estados Unidos:[63]

"En esta ocasión el movimiento de protesta ha enfocado sus reclamos a la élite financiera que maneja verdaderamente el destino de un país. Más allá del gobernador, el legislador, incluso el presidente o primer ministro de un país, un pequeño grupo de personas dicta las reglas de este perverso juego en el que las mayorías terminan pagando las decisiones equivocadas, dejando las ganancias a esa minoría económicamente poderosa.

"Ése es justamente el enemigo a quien los protagonistas de 'Ocupa Wall Street' tienen en el blanco. La élite financiera que, en el caso de Estados Unidos, agrupa al 1% de la población total. Un 1% rebosante de lujos, exenciones fiscales, perversas artimañas para aumentar las ganancias y un sinfín de privilegios logrados a costa del 99% restante de la población.

---

61 Barranco, Bernardo, "El llamado al evangelio social del Papa Francisco", Periódico *La Jornada*, 26 de julio de 2013, p. 31, V.

62 Buena noticia de la semana: Jóvenes Indignados - Taringa! http://www.taringa.net/posts/noticias/10754043/Buena-noticia-de-la-semana-Jovenes-Indignad... A lo largo de la semana (entre el 15 y el 22 de mayo), miles de jóvenes se manifestaron en la Puerta del Sol de Madrid y otros lugares emblemáticos. Consultado el 25 de mayo de 2012.

63 ¿Contra quién lucha Ocupa Wall Street? 5 datos esenciales sobre la ..., http://pijamasurf.com/2011/10/%C2%BFcontra-quien-lucha-ocupa-wall-street-5-datos-esenciale..., 7 de octubre de 2011. ... Más allá de las consignas y las protestas, datos duros sobre la minoría voraz que concentra buena parte de la riqueza de Estados Unidos y...

"Y no se trata de consignas sin sustento. Personas de incuestionable probidad como el Premio Nobel en Economía Joseph Stiglitz y otros académicos de importantes universidades y centros de investigación han documentado la increíble desproporción entre uno y otros sectores, entre la minoría acaudalada e insaciable y la mayoría al parecer cansada y dispuesta ya a solucionar esta inequidad.

"Por otra parte, recordemos que, si bien los datos que se presentan a continuación han sido extraídos de las estadísticas estadounidenses, el modelo económico-político antes descrito ha sido exportado o impuesto en tantos países como lo han permitido los gobiernos y las poblaciones locales, un poco porque buena parte de las corporaciones implicadas llevan sus intereses más allá de las fronteras de Estados Unidos."

Además, hay muchas otras formas de lucha en el mundo que se han organizado por medio de Internet.

Los jóvenes de hoy son el producto de un modelo ambivalente; por un lado, una creciente infantilización social, traducida en dependencia económica y falta de autonomía, y, por lo mismo, con rasgos de apatía política y cultural, y por el otro, una creciente precocidad tecnológica e intelectual. Sin trabajo o con un retraso permanente en el acceso al mundo laboral pero con un modelo de inserción "virtual o digital " en una sociedad posmoderna.

De acuerdo con el investigador Carles Feixa,[64] esto ha generado tres tendencias de cambio:

- Primero, el acceso universal, aunque no general, a las nuevas tecnologías de la información y la comunicación.
- Segundo, la erosión de las fronteras tradicionales entre los sexos y los géneros.
- Tercero, el proceso de globalización cultural que conlleva necesariamente nuevas formas de exclusión social a escala mundial.

Este investigador se pregunta si no asistiremos quizás al fin de la juventud, cuando las etapas de transición se convierten en etapas intransitivas,

[64] Feixa, Carles (2006), *De jóvenes, bandas y tribus*, Barcelona, Editorial Ariel.

cuando los jóvenes siguen en casa de sus padres después de los 30 años de edad, se incorporan al trabajo a ritmos discontinuos, están obligados a reciclarse toda la vida, retrasan la edad de la fecundidad e inventan nuevas culturas juveniles que comienzan a ser transgeneracionales.

Impacto de las nuevas tecnologías en los adolescentes y jóvenes

Los cambios sociales, culturales, económicos y políticos ocurridos en el mundo en estas últimas décadas, producto del llamado proceso de globalización y acompañados por el desarrollo de las nuevas tecnologías, en particular Internet, generan cambios de conducta en los adolescentes y jóvenes. Estos cambios en los hábitos y costumbres cotidianos de las diferentes poblaciones, particularmente aquellas que cuentan con los desarrollos tecnológicos o las TIC producen ciertos procesos socioculturales amplios y complejos, conformando la "llamada individualización de los modos de vida" al decir de Lipovetsky.[65]

Con una mirada crítica frente a los cambios actuales, este autor describe los efectos del incremento de la sociedad de consumo (para los que la pueden vivir) en este último siglo. Se trata de una realidad social pautada por un ideario volcado a las realizaciones de cada individuo en detrimento de todas las relaciones sociales, como la comunidad, el bien público o sencillamente los demás seres, en razón de la predominancia de la cultura del dinero y el confort. Esto corta de tajo las mismas posibilidades de exploración que el sujeto contemporáneo tiene frente a su experiencia de vida. Pero algo mucho más lamentable es que este proceso sólo se genera en las clases altas, mientras que cada vez son más los desposeídos por el neoliberalismo. Asimismo, esta realidad impide toda posibilidad de vida a los jóvenes y adultos al no permitirles acceder a fuentes de trabajo, y por tanto, a derechos humanos mínimos.

Todo esto sucede en un contexto de desarrollo y predominancia de imágenes de imperativo, de goce y de urgencia inmediatista de logros, no

[65] Lipovetsky, G. (2007), *Felicidad paradojal: ensayo sobre la sociedad de hiperconsumo*, Sao Paulo, Companhia das Letras, p. 219.

importa en qué forma, difundido en los medios de comunicación formales e informales. Frente a tantas ofertas de imágenes idílicas las cuales son adoptadas como respuesta rápidas y suficientes al enigma del deseo, el trabajo psiquico en búsqueda de la construcción de sentido se hace mucho más corto e inmediato.

Dentro de esta temporalidad vacía, en la que no se construye ningún sentido más que la aspiración al goce y ante la imposibilidad de conferir valor a lo vivido, se configura y desarrolla una patología depresiva, síndrome muy presente en la actualidad en todas las edades y poblaciones del mundo.

De acuerdo con la OMS,[66] desde el inicio de estas últimas décadas hasta el año 2030 por lo menos, la depresión tiende a ser la principal causa de la pérdida de vidas. Es paradójico que el exceso de imágenes, información, conocimientos y bienes físicos o culturales que los medios masivos de comunicación presentan como oferta de sentido, produce, por el contrario, una parálisis subjetiva por la cual el sujeto se asume vaciado y destituido de sentido.

Por ello, las nuevas tecnologías, así como las nuevas realidades que vivimos, generan y son factores de nuevos comportamientos de sujetos adolescentes y jóvenes; si bien el nuestro es un mundo cada vez más comunicado a nivel individual, genera experiencias de soledad, de no pertenencia y de exclusión en los jóvenes.

Encontramos que los adolescentes y jóvenes cuentan con una serie de síntomas como los siguientes:

- Búsqueda de lo individual y personal en contraposición a lo colectivo y familiar.
- Evolución sexual manifiesta que va desde el autoerotismo hasta el ejercicio activo de la sexualidad genital adulta a edades cada vez más tempranas.
- Constantes fluctuaciones del estado de ánimo y del humor.
- Excesos desmedidos de conducta.

[66] Organización Mundial para la Salud (OMS), *Informe sobre la Salud 2008*.

- Contradicciones sucesivas de la conducta, por lo común dominada por la acción.
- Actitud de permanente confrontación con los adultos, especialmente sus padres.
- Actitud social reivindicatoria con tendencias antisociales.
- Tendencia a diferentes adicciones (alcohol, drogas, etcétera).
- Crisis de valores.
- Necesidad de fantasear.

Podemos decir que el eje central de la adolescencia es la contradicción de la soledad, exacerbada por estas nuevas realidades que vivimos. Es la situación paradojal de la soledad del adolescente actual: esa necesidad de otros y, al mismo tiempo, encontrarse aislado.

Investigaciones recientes desarrolladas por psicoanalistas encuentran que desde hace unos años los jóvenes consultan por diversos malestares y sufrimientos, pero al preguntarles sobre sus males, contestan "no sé", "me gustaría saberlo", "no entiendo" y otras cosas que en realidad solicitan una respuesta que les explique qué es lo que les pasa. La escucha clínica permitió detectar un modo de relato en el que la vida de los adolescentes y jóvenes parecía desplegarse en un presente inmediato, frecuentemente asumido como abrumador, que no permitía hacer proyecciones de futuro. También se descubrió que estas formas de respuesta estaban acompañadas por cuerpos abatidos, rasgos de aburrimiento, apatía, tristeza y aislamiento relacional.

Por ejemplo, la psicoanalista Ana María Fernández informa que encontró jóvenes para los que "...lo más importante parecía ser vivir con lo dado, 'hacer lo que se hace', responder a, o cumplir con, las expectativas o demandas que imaginaban que sus otros significativos –o los otros, en general– tendrían respecto de ellos o ellas. Daba la impresión de que este imperativo de no salir de lo que todos hacen –diferente del de cumplir con su deber– desplazaba o no daba lugar a las preguntas 'qué prefiero', "qué elijo", "qué me gusta más", aun en las cuestiones más cotidianas".[67]

[67] Fernández, Ana María (2013), *Jóvenes de vidas grises. Psicoanálisis y Biopolíticas,* Buenos Aires, Editorial Nueva Visión, p. 6.

Posteriormente, trabajando con otros colegas, esta misma psicóloga encontró que ellos también percibían situaciones similares. Por tanto, al profundizar en sus análisis concluyó que: "Desde las interrogaciones iniciales se fueron realizando unas primeras puntuaciones. Puede pensarse que estas subjetivaciones –que en principio he denominado 'en plusconformidad'– operan en tensión con modalidades existenciales que accionan con abusos y excesos de diverso orden: desde violencias, crueldades, trastornos alimentarios, adicciones, hasta situaciones que puedan considerarse delictivas. Me refiero a diferentes formas de desbordes de lo pulsional salido de cauce. Si bien ambas modalidades presentan rasgos aparentemente tan opuestos, tienen en común particulares extranjerías de la experiencia de sí, condición de posibilidad para que la pregunta por el deseo advenga. En la plusconformidad, la urgencia por el responder a la demanda imaginaria de los otros crea condiciones para la clausura de la pregunta por el deseo. En las situaciones de pulsiones salidas de cauce, la urgencia de satisfacción puede arrasarla."[68]

Por otra parte, según datos del INEGI de 2012, se calcula que en México cerca de 20% de la población son adolescentes, son sujetos que se desarrollan en la era del conocimiento y en la sociedad de la información, viven en contexto con una gran multiplicidad de estimulaciones, y actúan hacen gran cantidad de cosas a la vez: pueden ver la televisión y hablar por teléfono, se comunican con su celular u oyen música, trabajan o leen alguna publicación, pueden caminar, trasladarse en metro o colectivo, pero una cosa es segura, están totalmente ajenos a lo que pasa a su alrededor.

Como bien dice García Calderón: "Este tiempo, que entre tanto es el nuestro, pareciera que trastoca la disipación del mismo. Es decir, nuestra temporalidad se colapsa entre el juego de la identidad y de la disolución. Las formas y los discursos establecidos, los referentes (sociopolíticos-culturales) que se sostenían desde un imaginario explicado por los acontecimientos que configuraban a la sociedad, sucesos y patologías explicadas por las ciencias tanto naturales como sociales; saberes que de alguna manera producían una moralidad que tenían el efecto de consolidar, por llamarlo de alguna manera, a un ciudadano. ... el tinglado que la misma cultura producía y configuraba; por así decirlo, un ciudadano neurótico que se mantenía en tensión con el Estado.

---

[68] Fernández, Ana María, ob. cit., pp. 7 y 8.

"Los referentes culturales se trastornan y precisamente por los efectos que produce el mercado y las desquiciantes lógicas de consumo; sean estos objetos como: antidepresivos, productos maravilla, reductores de peso, la cirugía plástica heredada por el trasvestismo, el exceso del psicologismo, los terribles libros de autoestima, el café-descafeinado, la cerveza sin alcohol, las metanfetaminas, el Canal de las Estrellas y todas las empresas que apelan al discurso de los valores, mientras siguen explotando al empleado que antes solíamos denominar trabajador."[69]

Plantea que hace algunos años desde el imaginario colectivo la identidad se apoyaba en la Modernidad y en su binomio la razón y la racionalidad, pero actualmente, se puede deducir que la identidad está colapsada, por lo que, "...habitamos culturalmente en una dulce esquizofrenia contemporánea, entonces también seríamos herederos de una sin-razón que deviene en locura, es decir, estamos habitados por la locura y por la ruptura porosa que causa la indiferencia".[70]

En su interesante artículo concluye que "La configuración del sujeto contemporáneo se fragua desde los asideros que produce la identidad avalada por el capitalismo y por la nostalgia de aquello que se ha perdido".[71]

Dentro de toda esta problemática tenemos que investigaciones realizadas desde la Universidad de Buenos Aires (UBA) con jóvenes vulnerabilizados de sectores marginales ponían en visibilidad "modalidades existenciales muy similares de apatía, aburrimiento, falta de sentido de futuro".[72] Las primeras conclusiones consideraban que esto era producto de la pobreza, el desempleo y la falta de oportunidades, pero, lo sorprendente resultó que estilos de vida muy similares también se producían en jóvenes con alta escolaridad, con buenas posibilidades laborales y con buena calidad de vida.

[69] García Calderón, Carlos Alberto (2012), "Identidad y disolución", en María Guadalupe Reyes Olvera (coord.), *Adolescencia y posmodernidad. Malestares, vacilaciones y objetos*, México, Editorial Fontamara, p. 179.

[70] *Ibíd.*, p. 180.

[71] *Ibíd.*, p. 184.

[72] Citado por Fernández, Ana María, ob. cit., p. 7.

Estas nuevas patologías que presentamos han llevado a muchos pensadores a considerar que las estrategias de dominación política pasan por el control de los deseos y su orientación hacia el vaciamiento por medio del consumo del sistema capitalista. Como correctamente plantea Ana María Fernández: "...hoy las estrategias biopolíticas de sujeción centran su accionar en el control de la potencia de las intensidades de los deseos; si el aislamiento, los abatimientos existenciales y la fragilización de los lazos sociales y afectivos se constituyen como sus dispositivos más eficaces para la configuración de las vidas grises, se vuelve imprescindible repensar la noción de deseo de modo tal que los dispositivos psicoanalíticos puedan no formar parte del 'control de los deseos', cuestión lúcidamente advertida por Lacan en muchos tramos de su obra, pero en particular en *L'envers de la Psychanalyse*,[73] cuando establece las relaciones y diferencias entre el discurso del amo y el discurso del psicoanálisis".[74]

Para concluir, reflexionemos: poder pensar como una de sus dimensiones posibles el "deseo como potencia" es recuperar el linaje de Spinoza, Nietzsche y Deleuze para el psicoanálisis y, a su vez, proporcionar a la teoría política y las ciencias sociales una imprescindible herramienta psicoanalítica que les permita abordar las dimensiones de la subjetividad y sus corporalidades en las acciones colectivas. Para que esto sea posible, es necesario ampliar la mirada desde los criterios de territorialización unidisciplinarios clásicos hacia el establecimiento metodológico de un Campo de Problemas de la Subjetividad, necesariamente transdisciplinario, en el cual el psicoanálisis provee y aporta conocimientos insustituibles, indispensables, pero no necesariamente hegemónicos.

Bibliografía citada

Balardini, Sergio (2011), "Las nuevas militancias. Entre la plaza y las redes sociales", *Revista El Monitor de la Educación* del Ministerio de Educación de la Nación, Buenos Aires, marzo.

Barranco, Bernardo, "El llamado al evangelio social del Papa Francisco", Periódico *La Jornada*, 26 de julio de 2013.

[73] Lacan, J. (1991), *Le séminaire, libro XVII: L 'envers de la Psychanlyse*, París, Seuil.

[74] Fernández, Ana María, ob. cit., p. 102.

Beck, Ulrich (2000), *Un nuevo mundo feliz. La precariedad del trabajo en la era de la globalización*, Madrid, Editorial Paidós.

Braslavsky, C. (1987), *La juventud argentina: informe de situación*, Buenos Aires, Editorial CEAL.

Feixa, Carles (2006), *De jóvenes, bandas y tribus*, Barcelona, Editorial Ariel.

Fernández, Ana María (2013), *Jóvenes de vidas grises. Psicoanálisis y Biopolíticas*, Buenos Aires, Editorial Nueva Visión.

García Calderón, Carlos Alberto (2012), "Identidad y disolución", en María Guadalupe Reyes Olvera (coord.), *Adolescencia y posmodernidad. Malestares, vacilaciones y objetos*, México, Editorial Fontamara.

Giddens, Anthony (2000), *Un mundo desbocado. Los efectos de la globalización en nuestras vidas*, España, Editorial Taurus.

Lacan, J. (1991), *Le séminaire, libro XVII: L´envers de la Psychanlyse*, París, Seuil.

Lipovetsky, G. (2007), *Felicidad paradojal: ensayo sobre la sociedad de hiperconsumo*, Sao Paulo, Companhia das Letras.

Margulis, Mario (2012), "La juventud es más que una palabra", http://perio.unlp.edu.ar/teorias/index_archivos/margulis_la_ Consultado el 9 de abril de 2012.

Organización Mundial para la Salud (OMS), *Informe sobre la Salud 2008*.

Rifkin, Jeremy (1996), *El fin del trabajo. Nuevas tecnologías contra puestos de trabajo: el nacimiento de una nueva era*, Barcelona, Editorial Paidós.

Bibliografía general

Barker, Chris (2003), *Televisión, globalización e identidades culturales*, Barcelona, Editorial Paidós.

Bauman, Zygmut (2005), *Amor líquido. Acerca de la fragilidad de los vínculos humanos*, Argentina, FCE.

Beck, Ulrich (1988), *La sociedad del riesgo: hacia una nueva modernidad*, Barcelona, Editorial Paidós.

Harvey, David (2008), *La condición de la posmodernidad. Investigaciones sobre los orígenes del cambio cultural*, Buenos Aires, Amorrortu Editores.

Luhmann, Niklas (2008), *Sociología del riesgo*, México, Universidad Iberoamericana.

Lyotard, Jean-Francois (1995), *La condición postmoderna. Informe sobre el saber*, Barcelona, Editorial Planeta-Agostini.

Revista Actualidad Psicológica, "Adolescencia actual", Buenos Aires, año XXXVIII, núm. 419, junio de 2013.

Revista Actualidad Psicológica, "Vínculos Apasionados", Buenos Aires, año XXX, núm. 339, 2010.

Revista Actualidad Psicológica, "Psicoterapia y psicoanálisis", Buenos Aires, año XXX, núm. 332, 2009.

Capítulo 6.

Psicoanálisis y literatura

A la teoría psicoanalítica siempre le interesó el arte y en particular la literatura en cuanto manifestación artística de la vida cotidiana y del accionar de las diferentes subjetividades humanas. A su vez, desde su inicio, el psicoanálisis ejerce una importante influencia en las diferentes formas de expresión artística. Por otro lado, la teoría psicoanalítica siempre demostró una vocación muy acentuada por llevar sus investigaciones científicas y aplicarlas en otros ámbitos de la vida y en actividades de los seres humanos en las que no intervengan la enfermedad y la cura; no obstante, muchas posiciones desde el ángulo estético o filosófico plantean el riesgo de psicologizar o psicoanalizar el arte. En nuestra opinión, utilizar las diferentes formas que tiene el pensamiento humano de acceder a las obras de arte o cualquier manifestación de la actividad humana es una posibilidad de enriquecer el conocimiento de la misma obra y a la vez, una manera de incrementar la cultura.

En la productiva vida del creador del psicoanálisis nunca se le otorgó el premio Nobel por sus importantes descubrimientos al servicio de la salud de los seres humanos, pero en 1930 fue galardonado por la ciudad de Frankfurt con el premio Goethe, cuya comunicación firmada por el alcalde de la ciudad dice: "El psicoanálisis no sólo conmovió y enriqueció la ciencia médica, sino también el mundo mental del artista y del sacerdote, del historiador y del educador" (Peter Gay, 1989).[75]

La presencia de lo artístico, por ejemplo, Goethe y la literatura en general, siempre tuvo una importante influencia en Freud. Esto se refleja en la gran cantidad de citas literarias de su amplia obra, citas que fungen como validación de las premisas teóricas del psicoanálisis. Así lo expresa

[75] Freud: a life for our time - Peter Gay - Google Books, http://books.google.com/books/about/Freud.html?id=iC8QAQAAIAAJ. Acerca del autor (1989). Peter Gay es autor de más de 25 libros, incluido *The Enlightenment*, y ganador del National Book Award. Consultado el 25 de julio de 2013.

García de la Hoz en su libro *El universo simbólico de Freud: Goethe*:[76] "Los temas sobre arte y cultura van a ser recurrentes en los trabajos de Freud, lo mismo que en su amplia correspondencia desarrollada a lo largo de su vida con discípulos y amigos".

El metodo psicoanalítico aplicado al arte y la literatura

De los temas de Freud dedicados al arte y a la literatura es posible deducir la aplicación del método psicoanalítico implementado para la exploración del arte, a través de reconstruir la fantasía del artista y su contexto con el objeto de otorgarle sentido a la historia individual como a su propia obra de arte en relación con el inconsciente. Tal es el caso del análisis de Freud de *Lo siniestro* (1919b),[77] trabajado desde el cuento "El hombre de la arena" de Ernst Theodor Amadeus Hoffmann. Podemos encontrar una amplia cantidad de ejemplos en toda la obra de Freud. Otro de ellos es su trabajo *El delirio y los sueños en la "Gradiva" de W. Jensen* (Freud, 1907),[78] que para muchos estudiosos de los trabajos psicoanalíticos fundamenta los escritos sobre la psicología aplicada de esta disciplina.

En este trabajo Freud expone cómo surgió en él la curiosidad de examinar los sueños que nunca han sido soñados; en una palabra, los sueños que el artista atribuye a los personajes de su obra y son una invención literaria. Así genera la posibilidad de aplicar el método psicoanalítico a la producción literaria o artística en general. Freud considera

---

[76] http://perso.wanadoo.es/quipuinstituto/quipu_instituto/curriculums/a_garcia_hoz.htm. Consultado el 14 de julio de 2013… (1997a) El universo simbólico de Freud: Goethe, Madrid... Antonio García de la Hoz - Libros (Revista de la Sociedad Española de Crítica de…). Consultado el 20 de junio de 2013.

[77] Freud, S.CIX.LO SINIESTRO(*F)-elartedepreguntar, http://elartedepreguntar.files.wordpress.com/2009/12/freud__sigmund_-_siniestro__lo.pdf. Sigmund Freud, CIX. LO SINIESTRO (*) 1919. Consultado el 25 de junio de 2013.

[78] Delirio y los sueños en la "Gradiva" de W. Jensen (el) - Diccionario..., http://www.tuanalista.com/Diccionario-Psicoanalisis/4633/Delirio-y-los-suenos-en-la--Gradi... Obra de Sigmund Freud publicada en 1907 con el título de Der Wahn und die Träume in W. Jensens "Gradiva". Traducida por primera vez al francés en 1931.

que el arte permite que aflore lo reprimido, de ahí el alto valor que tiene para la teoría psicoanalítica.

En otra obra de 1908, *El poeta y los sueños diurnos*, Freud[79] se pregunta por el origen de los temas de la poesía, analizando las emociones que nos hacen vivir. Más adelante, explica que gracias a la técnica artística el poeta logra, desde la fantasía, convertir aquello que en la realidad provoca displacer en algo placentero. Dice Freud "...el poeta hace lo mismo que el niño que juega: crea un mundo fantástico y lo toma muy en serio; esto es, se siente íntimamente ligado a él aunque sin dejar de diferenciarlo resueltamente de la realidad. Pero de esta irrealidad del mundo poético nacen consecuencias muy importantes para la técnica artística, pues mucho de lo que, siendo real, no podría procurar placer ninguno puede procurarlo como juego de la fantasía, y muchas emociones penosas en sí mismas pueden convertirse en una fuente de placer para el auditorio del poeta".

Otra obra importante de la aplicación del psicoanálisis a otros campos fuera de la cura y la enfermedad es *Totem y tabú* (1912).[80] De acuerdo con Freud, "es la primera tentativa de mi parte de aplicar el punto de vista y los hallazgos del psicoanálisis a los problemas no resueltos de la psicología social". No obstante, no trabaja explícitamente el arte sino la psicología social, desarrolla el análisis de las relaciones entre las motivaciones estéticas y las mágicas en los seres humanos. En relación con el arte dice: "El arte es el único dominio en el que la 'omnipotencia de las ideas' se ha mantenido hasta nuestros días. Sólo en el arte sucede aún que el hombre atormentado por los deseos cree algo semejante a una satisfacción y que este juego provoque –merced a ilusión artística– efectos afectivos, como si se tratase de algo real. Con razón se habla de la magia en el arte y se compara al artista a un hechicero".

---

[79] XXXV El POETA Y LOS SUEÑOS DIURNOS 1907 [1908] http://www.elalmanaque.com/psicologia/freud/35.htm Los profanos sentimos desde siempre vivísima curiosidad por saber de dónde el poeta, personalidad... Consultado el 13 de julio de 2013.

[80] Freud, S. (1973), *Obras Completas*, Tomo II, Madrid, Biblioteca Nueva, pp. LXXIV.1745.

Su trabajo *El Moisés de Miguel Ángel* (1914)[81] es un escrito importante por cuanto Freud desarrolla de forma explícita su método de análisis del arte, demostrando y resaltando la idea del impacto de la obra de arte sobre el espectador y la posibilidad de comprender dicho efecto interpretando el contenido de la misma.

Desde este punto de vista, un autor que genera una teoría de la lectura apoyado por la teoría y la práctica psicoanalíticas es Norman Holland, de ahí la importancia de sus trabajos para nuestro ensayo. Cabe aclarar que se trata de un investigador sumamente audaz y novedoso, una especie de detective, mago, crítico y psicoanalista, como él mismo se describe.

Norman Holland es doctor en filosofía, recientemente jubilado de la Universidad de Florida, donde comenzó a enseñar y a escribir en 1956, siendo también miembro de la facultad del Instituto McKnight Cerebral. Recibió su doctorado en filosofía en literatura inglesa de Harvard y comenta: "Toda mi vida me ha fascinado el modo como la gente se relaciona con la literatura y las artes. Por consiguiente, he enseñado y escrito sobre la psicología psicoanalítica y la ciencia cognoscitiva, y lo que éstas nos dicen sobre las respuestas de los lectores a textos literarios. Consecuentemente, enseño y escribo sobre ciencia cognoscitiva y psicología psicoanalítica buscando las respuestas de los lectores a los textos literarios, a las películas y a otras manifestaciones del arte", y agrega: "Recientemente me he interesado sobremanera en lo que la neuropsicología tiene que decir sobre el proceso literario. Mi libro más reciente, *Literatura y el cerebro,* habla de cómo nuestro cerebro funciona de modos especiales cuando somos transportados por una historia, un poema, un juego".

Escribió más de una docena de libros, entre ensayos y novelas, y más de 200 artículos presentados en congresos en Estados Unidos y en otros países; investigó y profundizó en la obra de Shakespeare, y fue profesor para graduados en seminarios sobre Freud en temas referentes a la psicología psicoanalítica y la crítica psicoanalítica. Obtuvo la beca Guggenheim, dio conferencias en Londres, París, Roma, Berlín, etc. Su obra se tradujo a muchos idiomas.

---

[81] Freud, S. (1973), *Obras completas,* Tomo II, *ob. cit.*, pp. LXXVII.1876.

La teoría de la lectura de Norman Holland indaga y prueba por qué no puede haber una lectura "objetiva" en el sentido en que puede asumirla el positivismo. El modelo interpretativo de la respuesta lectora hace de la literatura una posibilidad de transformación: esto es, un lector, mientras lee y reconstruye un texto literario, a su vez, transforma de acuerdo con su propia subjetividad y sus fantasías los significados sociales, morales, estéticos o intelectuales con los que operan sus esquemas mentales.

Las preguntas de investigación con las que Norman Holland desarrolla sus indagaciones sobre el sujeto y la lectura son:

- ¿Cuál es el papel del lector cuando entra en relación con el texto literario?
- ¿Cómo nos identificamos con los personajes?
- ¿Qué entra en juego de nuestra personalidad en la respuesta que construimos al leer?
- ¿Qué efecto tiene el afecto puesto en acción cuando interpretamos una novela o un cuento?
- ¿Cuál es nuestra respuesta emocional en un trabajo literario? ¿Qué nos despierta? ¿De qué nos impregna? ¿Cómo es que la literatura, mostrando cosas dolorosas, puede dar placer?
- ¿Cómo afecta la literatura a nuestra personalidad?
- ¿Por qué respondemos a los trabajos literarios como lo hacemos?
- ¿Qué debe hacer una "teoría de la respuesta literaria"?

Lo que este investigador demuestra es que la manera en que una historia causa determinados efectos en el lector deriva de los patrones y de la estructura psíquica del sujeto que lee y de lo que lee el sujeto en cualquier situación. Un lector responde al trabajo de interpretación literaria utilizando para reconstruir el sentido del texto, sus procesos psicológicos característicos, es decir, la forma como siempre responde en la vida. En una palabra, Holland parte de la tesis de que cualquier lector, cuando responde a una lectura, recrea, a partir de la ficción del texto, las estrategias y mecanismos de defensa que utilizamos y con los que nos enfrentamos en la vida cotidiana a las situaciones de la realidad.

Literatura y psicoanálisis de acuerdo con Norman Holland

Todos los lectores somos intérpretes, traducimos las letras que armaron las escenas ficcionales de la novela o del cuento, del poema o del drama a una lengua propia. En cada una de estas reconstrucciones, el texto se articula con el molde personal y adquiere sentido: esto es la interpretación.

Los lectores comunes que utilizan la literatura como espacio de placer y de conocimiento, así como los lectores profesionales, los críticos literarios o los psicoanalistas escuchas del relato del paciente, naturalmente traducen e interpretan.

Tanto la literatura como el psicoanálisis despliegan la dimensión simbólica y construyen un espacio "transferencial" de la lectura o del análisis. Holland dice: "Texto y paciente sufren la metamorfosis de la subjetividad que se genera en esa búsqueda imposible de la palabra perdida, del objeto sin nombre, de lo innombrable –la vida, la muerte, la angustia, el goce o lo amado–, apenas unos pocos de los escenarios privilegiados en las construcciones ficcionales.

Para Holland el psicoanálisis es la única ciencia de la subjetividad y se puede decir que toda su obra se centró sobre la naturaleza humana y su relación con el arte. De ahí la importancia para él de la herramienta que le brinda la teoría y el método psicoanalítico para abordar su objeto de estudio.

El método de investigación desarrollado por Holland

En un trabajo titulado *5 Readers Reading*,[82] realizado en 1975, Holland expone su método. Según este autor, "El trabajo literario, según como

[82] Holland, Norman, (1975), *5 Readers Reading*. New Haven y Londres, Yale University.

cada persona lo experimenta, genera un núcleo de la fantasía transformado por los procesos psicológicos de la defensa y la adaptación".

La pregunta que cabe hacerse es: ¿cómo logra la personalidad del lector darle forma a esta experiencia? Holland encontró la respuesta en una experiencia testimonial que realizó con cinco lectores sobre lo que leyeron de una misma lectura, en este caso el cuento de Faulkner "Una rosa para Emily".[83] Señala que eligió este texto de 1931 por múltiples razones, pero la principal estriba en que esa historia es de las más populares en Estados Unidos; forma parte de una gran cantidad de antologías, libros de textos y cursos de literatura, en razón de su riqueza en temas sociales, morales y estéticos. Por ello, partir de un grupo de lectores y algunos materiales literarios, sobre todo historias cortas, son los ingredientes básicos. Holland comenzó de manera exploratoria con un grupo pequeño de estudiantes graduados en inglés de su propia universidad y luego se extendió a un grupo algo mayor de estudiantes jóvenes, todos de cerca de veinte años de edad, que se ofrecieron como voluntarios. De este esfuerzo surgió el estudio final de "la lectura de cinco lectores".

Holland hizo circular un cuestionario que pedía proporcionar nombre, dirección y edad, y también, los nombres de algunos escritores preferidos. Eligió a los voluntarios que mencionaron a autores que iban más allá de las listas normales de un plan de estudios de literatura.

La expectativa que guió la selección es que esperaba del grupo sinceridad y franqueza en sus respuestas, y que expresaran sus reacciones libremente, fueran favorables o desfavorables, convencionales o poco convencionales. Por otro lado, en esta etapa preliminar no tenía interés estadístico alguno, por lo que no era necesario considerar el aspecto de la edad, sexo, ocupación, etc.

Seleccionados los participantes y el texto, invitó a su grupo experimental a leer y comentar el cuento.

Asombrosamente, el texto como tal casi desaparece en la variabilidad inmensa con que cada uno de los lectores lo reconstruye. Esta impre-

[83] Holland, Norman (1990), *Holland's Guide to Psychoanalytic Psychology and Literature-and-Psychology*, Nueva York y Londres, Oxford University Press.

sión, dice el analista, no debe sorprender: si ni siquiera los estudiosos de la obra de Faulkner coinciden en sus interpretaciones, ¿qué razón hay, por lo tanto, para pedir que haya coincidencia en la lectura del grupo?

En forma natural cada participante, de acuerdo con su propio carácter, imprimió su sello en la historia y en sus diversos elementos. Por ello, cada uno de los lectores tenía una versión distinta de Emily y de su padre.

Posteriormente, Holland les comunicó la importancia de la interacción texto-persona y la necesidad de relatar cualquier aspecto personal que creyeran en relación con la lectura: esto también era material a considerar como parte de la respuesta.

Les pidió también que tras la lectura complementaran el relato de la experiencia con las motivaciones, temas y tópicos que creyeran importantes para su síntesis personal de la historia.

Para registrar los comentarios, grabó a cada lector en entrevistas, tanto con preguntas fijas como puntuales a cada uno, según sus características interpretativas.

En la experiencia, solicitaba a cada lector que relatara la historia en sus propias palabras. Las asociaciones libres funcionaban como los relatos de un sueño que intenta recordarse al despertar. Como en una sesión de psicoanálisis, las palabras del lector iban hilvanando las respuestas. Casi los llevó a la lectura como una práctica de transacción.

Al recabar la información del grupo el investigador tomó en cuenta la necesidad de observar los temas y comentarios sobre diversos efectos del texto, género y sexualidad, las actitudes hacia la agresión, los modos sensoriales, las defensas puestas en acción, las configuraciones que se repetían y las imágenes de toda clase que surgían.

Holland conjuntó todos estos comentarios y las conclusiones a las que llegó con las entrevistas al grupo de estudiantes y con el diagnóstico de personalidad de cada uno. Al contrastar este material con los patrones de defensa e impulsos de sus sujetos de estudio y a su vez, los patrones de defensa e impulsos que son más comunes en nuestra cultura, realizó sus desarrollos teóricos sobre el yo y las fantasías que produce la lectura de un texto.

Este investigador considera que las historias se estructuran por medio de una serie de elementos que los lectores les imprimen, a saber: unidad, acción, identidad, transacción y estilo. De acuerdo con él, las historias no cuentan con su "unidad" por la continuidad en las páginas del texto, sino que son los lectores quienes construyen la unidad a partir de mecanismos básicos analizados por la teoría y la práctica psicoanalíticas, y especialmente en el trabajo de Freud, por la teoría de los sueños, cuando postula que en el proceso onírico el sujeto trabaja el sueño buscando combinar todas las fuentes que han actuado como estímulos en él de modo de otorgarle unidad al sueño mismo.

En la misma forma y, desde luego, en diferente proporción, cada lector, según su propia estructura psíquica, le otorga al texto un sentido, un centro, algún tipo de significado; en caso contrario, si no apareciera este sentido en forma de anclaje, se sentiría insatisfecho y no le encontraría sentido al texto. Por ello, la unidad orgánica en los trabajos literarios se vincula directamente con el trabajo que los lectores realizan con su pensamiento y que opera como defensa. El sentido del texto funge como defensa contra una cierta fuente de ansiedad.

En cada situación de lectura el lector buscará organizar una cierta idea de unidad que funcione de acuerdo con sus necesidades particulares de sentido y de lógica, de acuerdo con sus ideas sobre lo social, lo moral, lo ideológico, lo filosófico, lo estético, lo religioso y todos aquellos ideales importantes para la vida del lector. Cada sujeto alcanza la comprensión del mundo por medio de sus estructuras defensivas que le permiten adaptarse a la realidad social, proyectando sus deseos y fantasías, y transformándolas en acción para actuar sobre las demandas del mundo, tanto externo, real y objetivo, como interno, psíquico y también real, aunque en un nivel psíquico.

En lo que respecta a la "acción", el lector utiliza el trabajo literario para crear en sí mismo un proceso psicológico dinámico que transforma los materiales de la fantasía literaria en una significación consciente. Este proceso opera con dos elementos básicos de transformación: por un lado, el tema o significado, que opera en una transformación similar a la sublimación o simbolización en la vida cotidiana, y por el otro, el agente de transformación que consiste en el repertorio de nociones estéticas, especialmente, la forma y la estructura, en cuanto que los dispositivos formales se convierten en parte de la experiencia de la lectura.

En lo referente a la "identidad", al analizar a los diferentes sujetos de estudio, Holland apuntó las diferentes declaraciones de los lectores e indagó en el sistema de generalizaciones un patrón central que se repetía con respecto a los impulsos y la defensa, presentando la "identidad" de cada uno en la gran variedad de preocupaciones individuales. El individuo constantemente opera e intenta alcanzar el equilibrio.

Encontramos ese mecanismo en funcionamiento en los patrones de repetición, contraste, modulación y en todos los innumerables detalles del comportamiento individual del sujeto. De acuerdo con la demandas del Yo al cambio y a la adaptación encontramos las diferentes soluciones o intentos de solución, así como un patrón nuclear que tiene gran semejanza con el proceso de abstracción sucesiva que un lector utiliza para determinar la unidad en un trabajo literario.

Al trabajar estas estructuras psíquicas de la identidad del Yo se advierte la acción de los rasgos de personalidad que funcionan en la construcción de la interpretación y que el investigador Holland denominó "la transacción de la lectura".

En cada situación de lectura el lector opera con su estilo particular para dejar actuar el mecanismo de defensa y adaptación que normalmente utiliza su personalidad en su vida diaria. Aquí se incluyen sus gustos y preferencias según su grado de cultura literaria y de experiencias bibliográficas, y también sus miedos más profundos y sus deseos inconscientes.

En la lectura, el sujeto relaciona su yo con las fantasías que lee. La operación de la lectura se empareja con los actos del deseo del sujeto.

Por ello, un principio de la lectura transactiva sostiene que la fantasía proyecta fantasía, esto es, el lector proyecta en el trabajo de lectura miedos y deseos, y para ello funciona libremente con todas sus defensas que desde luego ha utilizado en toda su historia personal.

Por último, de acuerdo con Holland, en relación con el estilo, así como cada uno crea su propia manera de caminar, correr, dormir, comer, luchar, trabajar, hablar o sonreír, también genera la propia manera de leer un ensayo, una novela, una poesía, ver cine o contemplar una obra artística. Esto presupone que lo que se pone en juego en cada situación de lectura es la identidad del sujeto, que es lo que da unidad y coherencia a los actos y elecciones. Por cierto, tal como propone Holland, la identidad implica que el sujeto resuelve y crea realidad externa con las mismas estrategias con que guía su realidad interna.

Análisis literario del psicoanálisis en Norman Holland

Como observamos, para Holland el psicoanálisis supone la única ciencia de la subjetividad y en este sentido, la pregunta central de las reflexiones que nuestro autor se hace es: ¿de qué se ocupa el psicoanálisis? Por lo que su respuesta es: De entender o de oír al inconsciente, y alrededor de ese planteamiento gira toda su obra crítica y de ficción.

Por consiguiente, más allá de la clínica existe un psicoanálisis trasplantado que trabaja con el inconsciente pero en otros campos. Holland desarrolla el inicio de una disciplina nueva: el estudio sistemático de la subjetividad a la que ha nombrado como la ciencia del Yo y la articulación entre la subjetividad y el efecto de lectura que produce el sujeto en interacción con la literatura.

Holland expresa que existe un amplio campo que es la inagotable superficie de la subjetividad y el impacto de la novela, la poesía y la ficción en la mente de los lectores. Desarrolla una teoría de la respuesta literaria cuyo dato básico es la unidad orgánica y subjetiva del trabajo sobre la literatura. Afirma que como lectores, siempre armamos una red de sentidos en cuyo centro una lectura psicoanalítica revela la fantasía nuclear del sujeto que lee.

En razón de su postura y su teoría polemiza con los pretendidos análisis objetivos de un texto con que diferentes corrientes, por cierto de larga tradición en los sistemas escolares, se empeñan en conseguir que los alumnos descubran "el sentido del texto" y "la intención del autor".

Por el contrario, para Holland la historia de la ficción sólo se revela tal como fue reconstruida en la mente del lector, con todas sus fantasías, preocupaciones, deseos y defensas conscientes e inconscientes.

La literatura transforma esas fantasías nucleares significativas de tal forma que permite eludir la censura y no ofrece una satisfacción oblicua en la que por alguna razón inconsciente nos reconocemos en lo leído. Por tal tazón, Holland considera que un texto literario tiene implícitas dos dimensiones: por un lado, comunica un mundo de cuestiones sociales, intelectuales, morales, culturales o religiosas; por otro, enlaza al sujeto que lee con cierta zona primitiva, inconsciente de nuestra vida mental.

En dos trabajos Holland desarrolla su modelo psicoanalítico para explicar los mecanismos con los que la personalidad particular del lector responde al texto: *Poems in Persons: An Introduction to the Psychoanalysis of Literature*, y *Poems in Persons: A Psychology of the Literary Process.*

Por lo tanto, su posición teórica plantea la presencia activa en la interpretación de los afectos e intereses personales del lector, en especial su mundo emocional, y pone un énfasis particular en las experiencias lectoras subjetivas e individuales.

Dado que no existen dos personalidades iguales, cada respuesta lectora será nueva y única, distinta de otras, rechazando así la posibilidad de una lectura "objetiva" del texto.

Su tesis básica consiste en que la lectura permite al lector recrear su identidad, proyectar su personalidad en la obra y transformar sus deseos de placer y sus miedos por medio de la transacción que mantiene con el texto.

En relación con la lectura Holland plantea que, como todo comportamiento humano, leer es una función de la personalidad total. Cuando leemos tanto novela como poesía, cuento o teatro, percibimos el mundo verbal selectivamente, de acuerdo con nuestras necesidades, metas, defensas y valores.

En la lectura entran en juego la identificación, la proyección y la introyección, la transferencia de la emoción y de las experiencias tempranas a los símbolos actuales que la ficción propone, y la catarsis necesaria para aliviar el dolor y el temor.

Por otra parte, hace notar que, sin embargo, el lector abstrae de la obra de arte sólo aquello que él puede percibir y organizar, que él experimenta y siente intrínseco a la naturaleza de sus opiniones y al significado que lo conmociona.

En Holland el arte en general y la literatura en particular es un alucinante conjunto de metáforas con las cuales se puede interpretar al sujeto a través de sus mecanismos de lectura y la manera como las personas recrean los textos y a su vez, como los textos recrean a las personas.

Esta teoría le permite a Holland comprender plenamente los actos de leer, escuchar y hablar; por eso, cuando otros hablan de texto, él prefiere hablar de las subjetividades en transacción.

Este autor sostiene desde la perspectiva psicoanalítica que "vemos lo que deseamos ver" y agrega: "y lo que podemos ver". La razón psicoanalítica es que esto se produce por la fuerza de nuestro inconsciente y de nuestros deseos sobre los que no tenemos control alguno, y sólo nos damos cuenta o podemos conocer cuando emergen por medio de lapsus, sueños, chistes y actos fallidos.

Con fundamento en estos planteamientos centrales de Freud, Holland trabaja para develar los mecanismos de los procesos que intervienen en la interpretación lectora. Por un lado, descubre algo muy normal, que diferentes personas pueden leer una misma historia pero sacan distintas conclusiones, y por lo tanto, las respuestas son de lo más diferenciadas; y por otro, que un mismo lector en diferentes momentos y situaciones de su vida interpreta cosas diferentes al leer y releer una misma obra. De aquí surge el núcleo de la postura de la imposibilidad de plantear el concepto de "lectura objetiva", ya que nuestros deseos nos afectan más de lo que creemos. Además, ninguna interpretación puede llegar a tomar en cuenta al todo; cada interpretación siempre deja algo afuera y ese algo se convierte en un punto ciego o punto oculto que revela la más genuina subjetividad.

El proceso de la lectura ficción es para Holland como mirar una ilusión óptica: por alguna razón vemos lo que vemos cuando es igualmente posible ver otras cosas. Lo interesante de esta postura es que en el campo científico el epistemólogo Khun va a probar lo mismo. Los científicos siempre ven a través de un paradigma o modelo que también les impide ver otra cosa que no esté representada en su modelo. Esta propuesta se convierte en uno de los principios que Holland trabaja en su teoría de la lectura transactiva, en la que afirma un espacio único y personal de libertad y predominio de la biografía.

Como analizamos antes, en la línea de la crítica literaria psicoanalítica, distintos pensadores generaron planteamientos y modelos para la crítica psicoanalítica. Al principio se trabajó la relación entre la ficción y el creador o artista, en la que se consideraba que el texto literario reflejaba las fantasías inconscientes del autor. Esta visión psicobiográfica fue perdiendo peso en razón de lo esquemático que resulta subordinar la creación a la neurosis del sujeto creador.

Por el contrario, la nueva crítica desde las posturas psicoanalíticas trabajó con las herramientas que brindan la teoría como la metáfora, el personaje, la materia narrativa o el efecto lector, la proyección, el narcisismo, la condensación, la dislocación, el simbolismo, etc.

En consecuencia, toda una caja de herramientas se ponen en juego en la relación entre crítica literaria y psicoanálisis: conceptos de la teoría como inconsciente, consciente, mecanismos de defensa, proyección, sublimación, entre otros, abren un amplio campo de trabajo para entender los procesos de las respuestas literarias. Literatura y psicoanálisis configuran la dimensión simbólica y construyen un espacio transferencial: lectura y análisis.

Bibliografía citada

Freud, S. (1973), *Obras completas*, Tomo II, Madrid, Biblioteca Nueva.

Holland, Norman (1975), *5 Readers Reading*, New Haven y Londres, Yale University.

Holland, Norman (1990), *Holland's Guide to Psychoanalytic Psychology and Literature-and-Psychology*, Nueva York y Londres, Oxford University Press.

Bibliografía general

Anzieu, Didier (1993), *El cuerpo de la obra. Ensayos psicoanalíticos sobre el trabajo creador*, Madrid, Editorial Siglo XXI.

Clancier, Anne (1979), *Psicoanálisis y literatura crítica*, Madrid, Editorial Cátedra.

Freud, S. (1900), La interpretación de los sueños, en *Obras completas*, Tomo 2, Madrid, Biblioteca Nueva, 1997.

Freud, S. (1907), El delirio y los sueños en la "Gradiva" de W. Jensen, en *Obras completas*, Tomo 4, Madrid, Biblioteca Nueva, 1997.

Freud, S. (1908), El poeta y los sueños diurnos, en *Obras completas*, Tomo 4, Madrid, Biblioteca Nueva, 1997.

Freud, S. (1910), Un recuerdo infantil de Leonardo da Vinci, en *Obras completas*, Tomo 5, Madrid, Biblioteca Nueva, 1997.

Freud, S. (1912), Tótem y tabú, en *Obras completas*, Tomo 5, Madrid, Biblioteca Nueva, 1997.

Freud, S. (1913), Múltiple interés del psicoanálisis, en *Obras completas*, Tomo 5, Madrid, Biblioteca Nueva, 1997.

Freud, S. (1914), El "Moisés" de Miguel Ángel, en *Obras completas*, Tomo 5, Madrid, Biblioteca Nueva, 1997.

Freud, S. (1919a), La editorial psicoanalítica internacional y los premios para trabajos psicoanalíticos, en *Obras completas*, Tomo 7, Madrid, Biblioteca Nueva, 1997.

Freud, S. (1919b), Lo siniestro, en *Obras completas*, Tomo 7, Madrid, Biblioteca Nueva, 1997.

Freud, S. (1920), Más allá del principio del placer, en *Obras completas*, Tomo 7, Madrid, Biblioteca Nueva, 1997.

Freud, S. (1930), El malestar en la cultura, en *Obras completas*, Tomo 8, Madrid, Biblioteca Nueva, 1997.

Holland, Norman (1975), *Poems in Persons: An Introduction to the Psychoanalysis of Literature*, Nueva York, Norton.

Capítulo 7.

El adolescente fronterizo o borderline

La adolescencia se configura en nuestras sociedades occidentales como una etapa de crisis, transición y de nuevos ajustes y adaptaciones, procesos que, como hemos visto, se agudizan en esta época posmoderna. Resulta un momento crucial en la evolución humana de la niñez a la vida adulta, por ser la etapa en la que se estructura la identidad personal, y por lo tanto, en el joven se configura su identidad sexual y su identidad ocupacional o laboral. Es por esta razón que la problemática más fuerte que vivirá el adolescente es su "crisis de identidad".

Es importante considerar que la problemática del adolescente o del joven sólo puede estudiarse en su interrelación con la realidad familiar y su medio social.

En relación con lo primero, encontramos que hoy día la estructura típica de la familia se ha modificado radicalmente y tiende cada vez más a desestructurarse, por razones laborales, emocionales, migración, separación de los padres o fallecimiento de algunos de ellos, entre muchas otras, con lo que aumenta el número de niños y jóvenes que viven el drama de no poder desarrollarse junto a sus padres.

En relación con lo segundo, es decir, el medio social, es necesario considerar que en la actualidad los adolescentes enfrentan una realidad donde no existen ideales, se vive en un mundo pragmático en el que la razón de vivir es el dinero o el disfrute material. Al respecto, nos parecen muy apropiadas las palabras del escritor Eduardo Galeano: "Los sueños y las pesadillas están hechos de los mismos materiales, pero esta pesadilla dice ser nuestro único sueño permitido: un modelo de desarrollo que desprecia la vida y adora las cosas".[84]

El joven de nuestros días enfrenta un mundo que nada le ofrece, o lo que es peor, lo que le brinda es destructividad, violencia, corrupción,

[84] Periódico *La Jornada*, 13 de octubre de 1991.

carencia de ideales por los cuales luchar, falsos dioses, y por doquier lo que se presenta es un exhibicionismo narcisista, un consumo masivo de drogas, soledad y aislamiento, omnipotencia, depresión, vacío y aburrimiento. Como hemos visto, estos procesos característicos de nuestras sociedades contemporáneas son muy similares a los que se producen en el psiquismo de los jóvenes y adultos. Diríamos que la enfermedad de nuestro tiempo es el fenómeno borderline o fronterizo en los jóvenes.

"Aunque las estructuras psíquicas freudianas, neurosis, perversión y psicosis, modos de posicionamiento del sujeto frente a la castración, siguen guiando la compresión lógica de nuestros casos clínicos, su presentación y sintomatología han variado en nuestra época."[85]

Como consecuencia de todas estas múltiples y variadas situaciones, no resulta extraño el acelerado incremento en los últimos años de la patología borderline o fronteriza. El vocablo *borderline* proviene del inglés y puede traducirse como frontera, límite o zona marginal, por lo cual se utiliza para nominar los casos lindantes con la neurosis y la psicosis. En el glosario de términos y conceptos psicoanalíticos, la Asociación Psicoanalítica Estadounidense definió como *borderline state* "un término descriptivo que se refiere a un grupo de condiciones que manifiestan tanto fenómenos psicóticos como neuróticos, sin caer inequívocamente en ninguna de dichas categorías diagnósticas"

El término borderline, organización fronteriza o patología límite no surge históricamente con las investigaciones de Freud; en la época del creador del psicoanálisis esta patología no se conocía y seguramente no se había desarrollado. En fecha reciente, a partir de la década de 1930, se comenzó a investigar y generó una ampliación del desarrollo teórico y clínico de la teoría y la práctica psicoanalíticas. Este cuadro clínico amplió las fronteras del psicoanálisis.

En la clínica psiquiátrica estos términos definen un tipo específico de personalidad; son pacientes que ocupan una zona limítrofe entre la neurosis y la psicosis. Hoy es muy estudiado todo este grupo de trastornos de personalidad. El psicoanálisis considera que el denominador común es el llamado "síndrome de difusión de personalidad", que abarca per-

[85] Wechsler, Elina (2008), *Arrebatos femeninos, obsesiones masculinas. Clínica psicoanalítica hoy*, Buenos Aires, Editorial Letra Viva, p. 13.

sonalidades esquizoides, narcisistas, infantiles, antisociales (psicópatas), borderline o fronterizas.

Con el término "organización fronteriza de la personalidad" o "síndrome borderline" se engloba a todos los casos mencionados. Muchos educadores, trabajadores sociales, psicólogos y profesionales que trabajan con adolescentes y jóvenes tienen que enfrentarse cotidianamente con estos trastornos de la personalidad sin contar con un diagnóstico de la problemática ni, por Io tanto, con una forma de orientarlos posibilitando un abordaje terapéutico de la conducta.

En 1968, en su *Diccionario crítico del psicoanálisis*, Charles Rycroft[86] caracterizó al fronterizo como: "un paciente que está en el límite entre neurosis y psicosis, tanto como aquel cuya psicopatología desafía la categorización o aquel cuyos mecanismos son psicóticos, pero cuya conducta no justifica que sea tratado como psicótico. Este uso surge del hecho de que los sistemas diagnósticos asumen que la neurosis y la psicosis son mutuamente excluyentes, en tanto que la observación empírica nos muestra que no lo son". En el DSM-III este desorden correspondería al Desorden Esquizotípico de la personalidad, en la Clasificación Internacional de la Organización Mundial de la Salud (en sus revisiones octava y novena de 1974 y 1978).

El desorden de la personalidad de la frontera, trastorno borderline o personalidad fronteriza, es una de las diagnosis más polémicas en psicología en la actualidad. Desde que se introdujo en el DSM, los psicólogos y los psiquiatras han intentado dar a los conceptos polisémicos una forma concreta. El estudio que hace Otto Kernberg de lo que él llama organización de la personalidad de la frontera es uno de los más completos y, por lo tanto, de gran importancia científica.

Por todas estas razones, existe una gran variedad de descripciones del cuadro con denominaciones distintas, por ejemplo: personalidades esquizoides (Fairbairn, 1940), personalidades "como si" (Deutsch, 1942), trastornos de la identidad (Erikson, 1959), déficit específico del

---

[86] http://www.monografias.com/trabajos91/borderline/borderline.shtml.
Charles Rycroft, en su *Diccionario crítico del psicoanálisis*, en 1968 caracterizó al fronterizo como "un paciente que está en el límite entre neurosis y psicosis,..." Consultado el 15 de diciembre de 2012.

Yo (Guitelson, 1958), pseudo-Self (Winnicott, 1956), carencia fundamental (Balint, (196l), o estructuras pregenitales (Bouvet, 1956), personalidades narcisistas, desórdenes fronterizos, organizacionales, borderline (Kemberg, 1970 y Kohut, 1971). Todas estas denominaciones que caracterizan cuadros muy similares se integran en el llamado cuadro borderline.

Se habla de síndrome porque en el proceso de la enfermedad pueden presentarse, asociados o aislados, múltiples síntomas, por ejemplo: sensación de vacío, sexualidad difusa o con características perverso-polimorfas, sensación de gran vacío, adicciones, trastornos del carácter narcisista, personalidades esquizoides o hipomaniacas, neurosis polisintomáticas, como fobias, obsesiones, conversiones, disociaciones, hipocondria, ideaciones paranoides y muchos más. Estos trastornos se encuadran dentro del espectro que abarca desde el neurótico más grave hasta el que se asemeja al psicótico más evidente. Todo esto implica graves alteraciones en las funciones del Yo. Se reconoce la existencia de una relación etiológica entre estos cuadros y una relación madre-hijo seriamente alterada. Por lo tanto, es posible considerar que el origen del síndrome borderline es producto de alteraciones en la fase del desarrollo correspondiente a la etapa descrita por M. Mahler (1968), como "separación-individuación". Asimismo, su etiología puede ubicarse como detenciones del desarrollo, pero por ser un síndrome con un cuadro clínico no específico, resulta más fácil de comprender desde el diagnóstico de los mecanismos que influyeron en su detención. Al describir el nacimiento psicológico del individuo, M. Mahler[87] señaló las siguientes etapas:

- Fase autista normal, que se desarrolla en el primer mes de vida.
- Simbiosis (madre-hijo), que va del segundo o tercero al sexto mes.
- Proceso de separación-individuación, con cuatro subfases:

---

[87] MAHLER'S CONCEPTS OF "SYMBIOSIS" AND SEPARATION... http://www.apsa.org/portals/1/docs/japa/522/pine-511-533.pdf.
Let me summarize two points that on the one hand seriously modify Mahler's original position, but on the other make the essential argument stronger and more (Déjenme resumir dos puntos que por un lado modifican seriamente la postura original de Mahler, pero que, por otro lado, fortalecen el argumento esencial y más) Consultado el 10 de noviembre de 2012.

- Subfase de diferenciación: se inicia alrededor de los cuatro o cinco meses y dura hasta el décimo mes. La atención que se dirigía hacia adentro, o sea, hacia la simbiosis madre-hijo, ahora se dirige hacia el exterior por parte del niño. Mahler denomina este proceso como "ruptura del cascarón".
- Subfase práctica: de los 10 a los 16 o 18 meses. Al comenzar el periodo de locomoción vertical libre, el niño puede alejarse y luego retornar a su madre. Los aparatos autónomos del "self" y las funciones del "yo", locomoción, percepción y aprendizaje, son cargados con las catexias que estaban colocadas en la órbita simbiótica. Estos logros motores son acompañados intrapsíquicamente por el proceso de separación-individuación.
- Subfase de acercamiento: de los 18 meses a los tres años. La autonomía adquirida lo lleva a acercarse activamente a su madre para que comparta con él (el infante), las nuevas adquisiciones y destrezas logradas.
- Subfase de constancia objetal: a los tres años. Se conforma la posibilidad de alcanzar una individualidad definida que depende de la internalización de una imagen de la madre caracterizada positivamente y de lograr una "constancia objetal afectiva".

Alcanzada esta integración, la madre real puede ser reemplazada por una imagen interna confiable cuando se ausenta físicamente. (Más adelante ampliaremos estos datos.)

El vínculo simbiótico es el resultado de una relación muy condensada entre la madre y el hijo, de elementos muy complejos y contradictorios que necesitan ser reintroyectados y reelaborados posteriormente.

La madre interviene cumpliendo numerosas funciones que el Yo del niño adquiriría más tarde. En el caso del niño borderline esto no es posible porque por lo común la madre tiene dificultades para aceptar la separación e intenta impedirla inconscientemente, se aferra al niño, no se produce estimulación alguna para que el niño pueda concretar su individuación. La detención del desarrollo normal provoca un incremento del narcisismo y que ciertas funciones del "yo", como la percepción y la ejecución, estén disminuidas.

Por lo general el niño recurre a fantasías omnipotentes para protegerse de los sentimientos de abandono y con mecanismos de defensa como formación reactiva, negación, proyección, aislamiento, procesos obsesivo-compulsivos, etc., que resultan insuficientes para enfrentar la vida adulta.

Grinker, Werble y Drye (1968),[88] quienes han realizado una de las investigaciones más rigurosas y sistemáticas sobre esta patología, resumen las características esenciales del síndrome borderline en la presencia de:

1. Rabia o ira, como el principal o único afecto.
2. Trastorno en las relaciones afectivas, que son: anaclíticas,[89] dependientes, complementarias y raramente recíprocas.
3. Identidad inconsistente, lo que parece estar conectado con la falta de relaciones afectivas y con la rabia, en la intimidad.
4. Depresión, con sentimiento de soledad depresiva y aislamiento. No es una depresión culposa, autoacusatoria o con remordimientos.

Para estos autores "el borderline no es un proceso regresivo sino un defecto en el desarrollo sobre el cual se extiende una amplia variedad de conductas adaptativas y defensivas neuróticas; el defecto sería fundamentalmente una deformidad o distorsión de las funciones del yo cuya etiología es desconocida."

Otto Kernberg (1967) considera que en los borderline existe una ausencia constitucional de autonomía, con mucha ansiedad e intensas pulsiones agresivas.

En la pubertad aparece una segunda fase del desarrollo que viene marcada por una importante maduración del yo, y así como en el primer momento resulta fundamental el proceso de separación-individua-

---

[88] Citado en Lerner, H. y S. Sternbach (2007), *Organizaciones fronterizas. Fronteras del psicoanálisis*, Buenos Aires, Lugar Editorial, p. 22.

[89] La elección objetal anaclítica está determinada por la dependencia primitiva del lactante con respecto a la persona que lo alimenta, protege y cuida. El borderline, debido a la pobreza de su identidad personal, no posee una percepción de sí mismo, de su papel social y se identifica con otros en virtud de un mimetismo desmedido. Esto hace que muchas veces se adapte como camaleón al ambiente del momento (personalidad "como si").

ción, ahora ocurrirá un segundo momento tan importante como el anterior. En el primero, se logrará la delimitación mundo interno-mundo externo en conjunto con la internalización de los objetos internos de los que depende el niño. En esta segunda etapa de la adolescencia se va a producir el abandono de los objetos infantiles internalizados. En este segundo momento o segunda individualización, el proceso consistirá en la maduración pulsional y en la estabilidad de la estructura yoica. Bleger[90] habla de la adolescencia como una "crisis de des-imbiotización" en la cual estaría implícita esta segunda fase de separación-individuación.

Aberastury (1971),[91] al considerar los duelos que el adolescente sufre por abandonar el cuerpo del niño, la identidad infantil y la relación con los padres de la infancia, dice que una mala elaboración, en especial del duelo por los padres, producirá dificultades en el desprendimiento; también informa que la problemática adolescente no es independiente de la problemática de los padres que han trabado ese desprendimiento o individuación.

Podemos decir, de manera muy sintética, que las diferencias entre el niño autista, el psicótico y el borderline consisten en que este último ha evolucionado superando el estado simbiótico y su separación posterior de la madre no es total sino parcial, o se ha realizado con muy intensas vivencias de abandono, con altos niveles de miedo y depresión, utilizando los mecanismos de defensa de negación y *splitting*, sinónimo de "disociación". De acuerdo con M. Klein,[92] en la posición esquizoparanoide, acontece originalmente que el yo y el objeto se separan en una parte buena y una parte mala en los seis primeros meses de vida, por ejemplo, el objeto parcial pecho se escinde en un pecho bueno y uno malo, para superar estas emociones. En la adolescencia se reactivan las dificultades del proceso de separación-individuación.

Por lo tanto, los adolescentes borderline que intentan defenderse de sus sentimientos de abandono a veces utilizan la agresividad, otros

---

[90] Bleger, José (1979), *Simbiosis y ambigüedad*, Buenos Aires, Editorial Paidós, p. 10.

[91] Aberastury, A. (1971), *El síndrome de la adolescencia normal. Un enfoque psicoanalítico*, Buenos Aires, Editorial Paidós, p. 10.

[92] Segal, Hanna (2012), *Introducción a la obra de Melanie Klein*, Buenos Aires, Editorial Paidós, capítulo II, pp. 27 a 42.

vínculos de tipo obsesivo-compulsivo o defensas de tipo esquizoide, aislamiento, desafectivización y proyección.

El trastorno borderline puede describirse como un desorden de la personalidad caracterizado por una inestabilidad emocional que afecta a los pacientes en muchas áreas de su vida. Despliegan grandes oscilaciones de humor en respuesta a las vivencias cotidianas. Los desórdenes fronterizos pueden complicarse con episodios psicopáticos breves, así como con tentativas reiteradas de suicidio luego de una decepción o una pelea.

A pesar de haber daños graves en las funciones del yo, la adaptación del paciente a las demandas del medio le permiten mantener una conducta convencional, esto es, adecuada, las relaciones superficiales con los objetos están intactas y los logros habituales no resultan dañados. Aun cuando pueden ocurrir episodios psicóticos pasajeros en los sujetos fronterizos, bajo tensión intensa y con síntomas como depresión, huida y adaptación esquizoide, el borderline no es un esquizofrénico incipiente.

Lo que caracteriza a los pacientes borderline es su resistencia a la psicosis. Las descompensaciones agudas por lo general surgen cuando la realidad los decepciona, en un estado de no preparación para soportar rupturas vinculares, pérdidas o "cambios" bruscos en sus relaciones ambientales.

Clasificación de los cuadros

La Asociación Psiquiátrica Estadounidense publicó el *Manual diagnóstico y estadístico DSM-IV*, el cual define que para el caso borderline se requieren cinco de los siguientes síntomas:

1. Impulsividad o impredecibilidad al menos en dos de estas áreas: gastos, juego, sexo, drogas, robo, comer en exceso y autoagresión.
2. Relaciones interpersonales inestables e intensas: cambios marcados de actitud, idealización, devaluación, manipulación.
3. Rabia inapropiada o falta de control (manifestaciones frecuentes de intemperancia, rabia constante).

4. Disturbio de la identidad: incertidumbre acerca de la autoimagen, identidad sexual, objetivos, elección de carrera, pautas de amistad, valores, lealtades.
5. Inestabilidad afectiva: cambios marcados de estados de ánimo de normal a depresión, irritabilidad o ansiedad.
6. Intolerancia a la soledad: esfuerzo frenético para evitar sentirse solo. Depresión cuando está solo.
7. Automutilación, gestos suicidas, accidentes recurrentes.
8. Sentimientos crónicos de vacío y aburrimiento.

Este conjunto de criterios diagnósticos es aceptado actualmente por los analistas para caracterizar a los pacientes borderline, si el sujeto cuenta con por lo menos cinco de estos síntomas.

A partir de la sintomatología, Grinker (1968)[93] divide a los borderline en cuatro subcategorías:

- **Grupo I o "el border psicótico", o "Paciente fronterizo psicótico"**, caracterizado por:
  - La conducta inapropiada, no adaptada y negativista de la conducta y los afectos hacia los demás pacientes y hacia el personal del hospital.
  - Deficiente sentido de realidad e identidad.
  - Trastornos en el sueño y la alimentación.
  - Conducta negativa y expresión abierta de enojo.
- **Grupo II o "síndrome fronterizo central"**, caracterizado por un penetrante afecto negativo. Sus rasgos esenciales son:
  - Compromiso vacilante con los otros.
  - Expresiones de rabia abiertas o actuadas.
  - Depresión.

---

[93] Lerner, Hugo, ob. cit., p. 22.

- Ausencia de indicadores de una identidad consistente.
- Sentimientos caóticos con actitudes contradictorias y gran propensión a la actuación.
- Actuación de enojo.

• **Grupo III o "personalidad como si"**, con tendencia a adaptarse y suprimir afectos con fines defensivos, caracterizado por un endeble ajuste de tipo personalidad "como si" de Helen Deutsch:[94]
    - Tendencia a copiar la identidad de otros.
    - Falta de afecto: no muestran amor a nada ni a nadie.
    - Interacciones puestas al servicio de una adaptación superficial, pero afectivamente deficientes.
    - No presentan indicios de una identidad bien establecida y utilizan la intelectualización y la desconexión como defensas.

• **Grupo IV o "límite neurótico"**, caracterizado por la presencia de:
    - Afectos depresivos con tendencia al aferramiento de tipo infantil.
    - Ansiedad.
    - Rasgos neuróticos y narcisistas.

En estas investigaciones dirigidas por Grinker se detectaron características comunes en los cuatro tipos de pacientes fronterizos o borderline, como son:

1. El enojo como el afecto predominante.
2. Dificultades para mantener una identidad cohesiva.
3. Trastornos en los vínculos interpersonales.
4. Predominio de la depresión.

Por su parte, Otto Kernberg[95] propone tres organizaciones estructurales que corresponden a la neurótica, la fronteriza y la psicótica. Si

---

[94] Lerner, Hugo, ob. cit., p. 22.

[95] Kernberg, O. (1975), *Borderline Conditions and Pathological Narcisism*, Nueva York, Janson Aronson.

bien el borderline está cerca de cada una de estas patologías, no por ello las asume. Consecuentemente, éstas se convierten en la matriz subyacente de la que se desarrollan los síntomas del comportamiento.

La personalidad borderline es para Kernberg una organización patológica específica, estable y crónica. No es un estado transitorio que fluctúe entre neurosis y psicosis, y está caracterizada por:

1. Constelaciones sintomáticas típicas.
2. Una constelación típica de maniobras defensivas del yo.
3. Una patología típica de las relaciones objetales internalizadas.
4. Rasgos genético-dinámicos típicos.

Según el mismo autor, el diagnóstico de la personalidad borderline se basa en tres categorías de criterios.

- La primera y más importante, la neurótica, abarca dos niveles:
  - Ausencia de psicosis (es decir, la capacidad de percibir adecuadamente la realidad).
  - Integración deteriorada del ego: un concepto difuso e internamente contradictorio de uno mismo. Dice Otto Kernberg: "Los fronterizos pueden describirse por cinco horas sin conseguir un cuadro realista de cómo son".
- La segunda categoría, la fronteriza o también denominada "no específicos", incluye aspectos como baja tolerancia a la ansiedad, pobre control de los impulsos y una capacidad subdesarrollada o pobre de gozar el trabajo o las relaciones de una manera significativa.
- La última, denominada psicótica, sostiene que los fronterizos se distinguen de los neuróticos por la presencia de "defensas primitivas". Las personalidades de frontera tienen problemas con la constancia del objeto, vivencian cada acción de la gente en su vida como si no existiera un contexto anterior; no tienen un sentido coherente de la continuidad y el estado de la gente y las cosas en su vida.

Situación estadística y casuística

Los desórdenes de la personalidad afectan al 10% de la población mundial en general. Este grupo de desórdenes mentales es definido por características de mala adaptación de la personalidad que tienen un efecto constante y serio en el trabajo y en los vínculos interpersonales.

El DSM-IV define diez categorías del desorden de la personalidad. De éstos, el desorden de la personalidad de la frontera es el más frecuente en la práctica clínica. Dicho desorden de la frontera es también uno de los problemas de la psiquiatría más difíciles y preocupantes. Constituye un desafío permanente acerca del cual con frecuencia los profesionales más experimentados no concuerdan, hecho que afecta a la ubicación estadística y, por ende, a la casuística.

Desde un punto de vista estadístico, diferentes investigaciones que estudiaron sobre la casuística borderline, descubrieron que los hombres presentan más comportamientos inaceptables que las mujeres, pero en cambio muestran menor sintomatología depresiva que ellas.

En las mujeres se observa una frecuencia mucho mayor de trastornos en la alimentación que en los hombres (45% vs. 6%) y también mayor cantidad de episodios minipsicóticos transitorios que los que presentan ellos.

La historia psiquiátrica previa es semejante en ambos sexos y tampoco se observan diferencias en el trazado electroencefalográfico.

El hecho de que haya mayor cantidad de hijos adoptados entre la población de borderline estudiados, en comparación con el grupo testigo de esquizofrénicos, constituye un indicio de la importancia del vínculo materno en el desarrollo inicial del yo, su relación con la enfermedad borderline y la etapa de separación-individuación.

Según datos de Guala, S. (2004),[96] se encontró que:

- A uno de cada cien de los pacientes le corresponde el diagnóstico de fronterizo.

---

[96] Guala, S. (2004), "Aspectos neurobiológicos y clínicos en el tratamiento de pacientes fronterizos o borderline", en *Psicofarmacología psicodinámica IV*, Buenos Aires, Moizeszowicz editor.

- La prevalencia de este cuadro en la población en general oscila entre el 1.8 % y el 4%.
- Constituyen el 10% de los pacientes en tratamiento ambulatorio y el 20% de los internados.
- El riesgo de suicidio es entre ellos 50 veces mayor que en la población en general.
- El abuso de sustancias tóxicas es nueve veces mayor que en el resto de los sujetos que consultan.
- La coexistencia de trastornos alimentarios es mayor que en la población general de pacientes psiquiátricos.

Situación traumática

Está fundada en los procesos de separación e individuación, lo cual ha generado al sujeto intensos sentimientos de abandono. Los datos clínicos sugieren que en la mitad de los pacientes borderline hubo un trauma etiológicamente significativo en la niñez. Por lo tanto, la cólera y los comportamientos manipuladores del paciente, que crean tantos problemas en la contratransferencia para el terapeuta, pueden entenderse como adaptativos y comprensibles ante la presencia del trauma temprano.

Ansiedades básicas

Las ansiedades predominantes son de fusión (intrusión, atrapamiento, engolfamiento) o pérdida (aniquilamiento, abandono). Como ambos mecanismos atacan el pensamiento imposibilitando la capacidad de crear representaciones, llevando al vacío o la sensación de la muerte psíquica, es necesario establecer una organización externa relativamente estable, que pueda ser continente, "yo auxiliar", creando un espacio seguro, básico para estructurar el "yo".

Las crisis de ansiedad y la angustia constante y flotante que aparecen en el borderline ante las más pequeñas amenazas, pueden plantear problemas en la relación terapéutica, al igual que la agresión, que a menudo acompaña a la ansiedad. Si se toma en cuenta la psicopatogénesis de las mismas, desde la segunda teoría freudiana de la angustia, los borderline no tienen mecanismo de angustia como señal de alarma psíquica y por eso, el modelo de angustia traumática del Ello amenaza de continuo con invadir al "yo".

Mecanismos de defensa

Los mecanismos de defensa primitivos del fronterizo estarían puestos al servicio de los conflictos intrapsíquicos del paciente liberándolo, pero al costo del debilitamiento del funcionamiento de su "yo", su adaptabilidad y funcionalidad en la vida cotidiana. Este debilitamiento traerá como consecuencia la dependencia no consciente y labilidad en el sostenimiento de sus relaciones con los demás en tanto las mismas se caracterizan por ser caóticas y huecas.

Los intensos sentimientos de abandono deben ser reprimidos. La represión es reforzada por el *acting–out*, término utilizado en psicoanálisis para designar acciones que presentan casi siempre un carácter impulsivo, accidentes, formación reactiva, mecanismos obsesivo-compulsivos, proyección, negación y aislamiento.

Dichas defensas intentarían evitar el registro de emociones y la capacidad de poder pensar en éstas. En este proceso se construyen objetos externos bizarros (alucinaciones y delirios) que condensan el mundo interno del paciente, la expresión de sus deseos y la ausencia de frustración.

Otras defensas primitivas incluyen el pensamiento mágico (la creencia de que los pensamientos pueden causar acontecimientos), la omnipotencia, la proyección (de características desagradables de uno mismo sobre otros) y la identificación proyectiva, mecanismo por el cual el fronterizo intenta poner en otros las sensaciones que experimenta.

Para Kernberg (1979),[97] la "escisión" es una operación de defensa esencial en la personalidad fronteriza que subyace a todas las que siguen.

---

[97] Kernberg, Otto (1975), *Desórdenes fronterizos y narcisismo patológico,* Buenos Aires, Editorial Paidós.

Este autor la define como el proceso activo por el cual se mantienen separadas las introyecciones e identificaciones de calidad opuesta. La integración o síntesis de las introyecciones e identificaciones de signo opuesto es quizás el factor más importante de neutralización de la agresión (ya que como parte de dicha integración se produce la fusión y organización de los derivados de instintos libidinales y agresivos); una de las consecuencias de los estados patológicos caracterizados por un exceso de escisión es que no se logra un grado suficiente de neutralización, haciendo fracasar así una fuente de energía esencial para el crecimiento.

La escisión es, por lo tanto, una causa fundamental de labilidad yoica y, puesto que no requiere tanta contracarga como la represión, "yo" débil es proclive a la utilización de este mecanismo, lo que crea un círculo vicioso en el cual la labilidad yoica y la escisión se refuerzan mutuamente.

En la experiencia clínica, una de las manifestaciones directas de este mecanismo es la expresión alternada de las facetas complementarias de un conflicto, ligada con una débil negación y falta de preocupación por la contradicción, reflejada en el comportamiento. Puede manifestarse en una "falta de control de impulsos" selectiva, que se externa en episódicas irrupciones de impulsos primitivos (Kernberg recuerda que la escisión es un mecanismo predominante en las neurosis impulsivas y las adicciones).

Quizá la más conocida manifestación de la escisión es la división de los objetos externos en "totalmente buenos" y "totalmente malos" en la vivencia interna del paciente, lo cual trae aparejada la posibilidad de que los sentimientos acerca de un objeto y del mismo sí mismo, oscilen de manera radical y abrupta de un extremo al otro.

En la clínica, el infante que tiene tendencias a ser paciente fronterizo vive de momento a momento cortando activamente las conexiones emocionales entre experiencias afectivas con objetos significativos de su entorno inmediato que, de no ser disociadas, resultarían caóticas y contradictorias provocándole gran frustración y temor.

De acuerdo con Kernberg, la escisión suele aparecer ligada con uno o varios de los mecanismos de defensa siguientes:

- Idealización primitiva: es la tendencia a ver a los objetos externos como totalmente buenos para poder contar con su protección contra los objetos "malos", y para asegurarse de que no habrán de ser contaminados, dañados o destruidos por la agresión propia o la proyectada en otros objetos. Esta idealización primitiva refleja la omnipotencia subyacente –otra de las defensas fronterizas– y también es la precursora de las ulteriores formas de idealización.

- Formas tempranas de proyección, en especial identificación proyectiva: los pacientes de personalidad fronteriza suelen exhibir fuertes tendencias a la proyección.
- Negación: en especial manifestaciones primitivas de la negación como la "negación mutua" de dos áreas emocionalmente independientes de la conciencia (o sea que la negación refuerza la escisión). El paciente está consciente de que en determinado momento sus percepciones, pensamientos y sentimientos acerca de sí mismo y de los demás son por completo opuestos a los que tuvo en otros momentos; sin embargo, este recuerdo carece de repercusión emocional y no puede modificar la manera de sentir del paciente. Es posible que éste regrese más tarde a su anterior estado yoico y niegue el actual, pero al recordarlo, será otra vez por completo incapaz de ligar emocionalmente ambos estados.

También la negación puede manifestarse como una simple desestimación de un sector de su experiencia subjetiva o del mundo externo. Cuando hay circunstancias que lo presionan, el paciente reconoce intelectualmente el sector negado, pero no logra integrarlo con el resto de su experiencia emocional. Todo esto difiere de la forma más sutil de este mecanismo, descrita por Freud, y caracterizada por la presencia de un contenido mental "con signo negativo"; en este caso la resonancia emocional de lo negado nunca ha tenido acceso a la conciencia y permanece reprimida. Este tipo de negación corresponde a los niveles más elaborados de este mecanismo y está relativamente cerca del aislamiento, en tanto que su nivel inferior está vinculado con la escisión.

- Omnipotencia y desvalorización: ambos mecanismos están estrechamente conectados con la escisión y son al mismo tiempo manifestaciones directas del empleo defensivo de las introyecciones e identificaciones primitivas. Los pacientes suelen alternar entre

> la necesidad de establecer una relación que refleja su aferramiento y sus exigencias a un objeto "mágico" idealizado, en determinados momentos, y en otros, fantasías y actitudes que revelan el profundo sentimiento de su propia omnipotencia mágica. Ambos estados representan su identificación con un objeto "totalmente bueno", idealizado y poderoso, a modo de protección contra los malos objetos "persecutorios". No existe verdadera "dependencia" en el sentido de amor y preocupación por el objeto ideal.

En un plano más profundo, la persona idealizada es tratada de manera despiadada y posesiva, como una extensión del propio paciente. Dicha desvalorización es en parte un corolario de la omnipotencia y como mecanismo tiene efectos muy perjudiciales sobre las relaciones objetales internalizadas, en especial sobre las estructuras que intervienen en la formación e integración del superyó.

Kernberg también incluye como muestras de personalidad fronteriza a sujetos que viven situaciones caóticas, lazos extremos con otros, inhabilidad para conservar la memoria calmante de amor a sí mismo, episodios psicopáticos transitorios, negación y amnesia emocional.

Estructura yoica

Los adolescentes borderline tienen un "yo" débil y, por lo tanto, las funciones de la represión normal, disminuidas, con permanencia de los mecanismos de defensa primitivos (sobre todo disociación y proyección); falta de confianza básica; persistencia de la disociación del objeto, con el consecuente deterioro de las relaciones objetales; regresión y negación; deterioro de las funciones sintéticas del yo; fracaso de la sublimación de los impulsos instintivos, y serias dificultades con la identidad preedípica y sexual.

Para Kernberg,[98] estos pacientes exhiben "distorsión yoica" y "labilidad yoica"; la distorsión yoica se refiere a los patrones de carácter rígidos y patológicos, mientras que la labilidad yoica traduce la inadecuación o

---

[98] Kernberg, Otto, *Desórdenes fronterizos y narcisismo patológico*, ob. cit., p. 34.

la ausencia de ciertas funciones yoicas normales. Los aspectos específicos de la labilidad yoica son el predominio de primitivos mecanismos de defensa característicos y los rasgos patológicos y contradictorios del carácter de la personalidad fronteriza.

Estas primitivas operaciones de defensa destinadas a proteger al "yo" de los conflictos intolerables y la concomitante patología de las relaciones objetales internalizadas, tienen consecuencias estructurales muy significativas.

En primer lugar, el concepto de "sí mismo" no llega a integrarse, dando lugar al síndrome de difusión de la identidad y surge una crónica tendencia a depender en exceso de objetos externos, con el fin de lograr cierta continuidad de acción, pensamiento y sentimiento en la relación con ellos.

En segundo lugar, se desarrollan rasgos caracterológicos contradictorios que representan imágenes contradictorias de sí mismo y de los objetos, lo cual aumenta el caos de los vínculos interpersonales del futuro paciente fronterizo.

En tercer lugar, la integración del superyó sufre los efectos de la ausencia de la función orientadora que cumple una identidad yoica integrada, viéndose obstaculizada por las contraindicaciones existentes entre imágenes objetales totalmente buenas y excesivamente idealizadas y precursores superyoicos totalmente malos y sádicos en extremo.

En cuarto lugar, la carencia de representaciones objetales integradas impide la profundización de la empatía hacia los demás como individuos por derecho propio; la falta de integración del concepto de sí mismo obstaculiza también la plena comprensión emocional de los otros seres humanos, interfiriendo con el desarrollo de la constancia objetal y de la capacidad de formar relaciones objetales totales.

En quinto lugar, los aspectos inespecíficos de la fortaleza yoica (tolerancia a la ansiedad, control sobre los impulsos, capacidad de sublimación) sufren los efectos de la precaria integración del "yo" y del superyó. La fortaleza yoica depende de la neutralización de la energía instintiva, que tiene lugar esencialmente en el contexto de la integración de las imágenes de sí mismo y de los objetos, de origen libidinal y agresivo.

Los aspectos inespecíficos de labilidad yoica comprenden:

1. Falta de tolerancia a la ansiedad: una ansiedad mayor que la habitual provoca en el paciente la formación de nuevos síntomas, actitudes aloplásticas o regresión yoica.
2. Falta de control sobre los impulsos que queda demostrada por:
    - Los impulsos que se expresan en los episodios de comportamiento impulsivo son sintónicos con el "yo".
    - Se repiten los mismos tipos de falta de control.
    - No hay contacto emocional entre el sector involucrado de la personalidad del paciente y el resto de su vivencia de sí mismo.
    - Se observa una débil negación que secundariamente defiende a esta "irrupción" disociada.
3. Falta de capacidad de sublimación: los logros y el goce creativos son los aspectos fundamentales de la capacidad de sublimación. Suelen ser los mejores indicadores de la extensión del área libre de conflictos del "yo"; por lo tanto, su ausencia es una señal importante de labilidad yoica.
4. Presencia en el pensamiento del proceso primario.

Contexto social actual y juventud

Si comparamos los problemas que enfrentan los adolescentes y jóvenes en la vida social y cultural contemporánea con estos síntomas de personalidad, de inmediato surge la hipótesis de que el incremento de la enfermedad está íntimamente relacionado con el contexto social. En nuestras escuelas secundarias y preparatorias los educadores constantemente se enfrentan a jóvenes con una organización de personalidad con sentimientos crónicos de vacío, aburrimiento y soledad, una gran rabia constante e inapropiada que se traduce en actos antisociales, impredecibilidad de conductas, grandes excesos y gran descontrol de impulsos. Para ningún analista es nuevo que los padres traigan a consulta a adolescentes con actitudes suicidas o de automutilación y una gran inestabilidad afectiva, traducidas en irritabilidad, ansiedad y grandes depresiones. Adolescentes con relaciones interpersonales de escaso compromiso emocional, relaciones en las que operan la manipulación, la omnipotencia, la devaluación, la idealización y la dependencia, relaciones de tremenda exigencia. "La liberación sexual ha generado complicaciones específicas. El placer sexual, hasta ayer confinado al matrimonio o a la clandestinidad, hoy se vuelve natural y hasta obligatorio. Se impone, sobre todo en adolescentes y adultos jóvenes, la otra cara del amor cortés, que idealizaba el amor sin sexo. La apuesta por la supuesta naturalidad y simplicidad del placer sexual enmascara la complejidad de su conjunción con el amor, acontecimiento problemático especialmente para el hombre...",[99] lo cual veremos, posteriormente en las situaciones que enfrenta Jaromil en la novela.

En la actualidad nos encontramos con adolescentes y jóvenes con personalidades con grandes disturbios de identidad, con incertidumbre acerca de la autoimagen, con trastornos de identidad sexual o con desviaciones sexuales. Por último, sujetos que han vivido situaciones de trastornos disociativos de conciencia, desrealización y despersonalización que cuentan con una personalidad fronteriza o borderline.

De todo esto surge la necesidad de analizar qué ocurre con la familia contemporánea, con nuestras instituciones educativas y sociales, y con ese mundo simbólico que conforman los grandes medios de comunicación.

Decidimos utilizar la novela de Milan Kundera para graficar esta patología porque consideramos muy interesante su capacidad para relatar los estados anímicos de sus personajes, la actualidad y las características de los temas que aborda. Resulta importante la visión que tiene Kundera del ser humano y cómo entiende a sus personajes y el papel que juega la novela en toda esta problemática.

En *Los testamentos traicionados* comenta: "¿Qué es un individuo? ¿En qué consiste su identidad? Todas las novelas buscan una respuesta a estas preguntas. En efecto, ¿mediante qué se define un yo? ¿Por lo que hace un personaje, por sus actos? Pero la acción escapa a su autor, se vuelve casi siempre contra él. ¿Por su vida interior, pues, por los pensamientos,

---

99 Wechesler, Elina, ob. cit., p. 14.

por los sentimientos ocultos? Pero ¿es capaz un hombre de comprenderse a sí mismo? ¿Pueden sus pensamientos ocultos servir de clave para su identidad? ¿O es que el hombre se define por su visión del mundo, por sus ideas, por su Weltanschauung?"[100] Un autor con estas propuestas es ideal para un trabajo como el nuestro.

Por otra parte, en relación con el eje de la novela, si trasladamos el deseo de la madre de hacer de su hijo Jaromil un poeta famoso a nuestra realidad, podemos constatar en nuestro país la gran cantidad de familias que exigen a sus hijos la riqueza, la fama y Io que consideran el éxito en la vida, para compensar Io que ellos mismos no pudieron realizar.

Es notorio que los trastornos de personalidad no son diferentes de los grandes problemas sociales que enfrentamos en la sociedad contemporánea: omnipotencia, exhibicionismo, grandiosidad, problemas de identidad personal y sexual, destructividad, violencia, corrupción, perversiones, promiscuidad, depresión, aburrimiento, vacío y consumo masivo de estimulantes y drogas. Creo que sobre estos problemas los educadores y pedagogos tienen mucho que hablar y mucho por hacer.

La problemática de la que hablamos es una enfermedad que marcha con la época y resulta cada vez más frecuente en nuestros adolescentes. Es necesario ligar los grandes cambios ocurridos en nuestra sociedad con los cambios en las parejas, la crianza y la educación.

La sociedad contemporánea exige una manera cada vez más narcisista de vivir. Tanto en el socialismo real estalinista como en el estado burocratizado, o en el capitalismo neoliberal, han demostrado su incapacidad para formar sujetos equilibrados y felices; sin embargo, conservamos la esperanza de seguir luchando por una realidad mejor y más humana, que permita formar personalidades más sanas e integradas.

Bibliografía citada

Aberastury, A. (1971), *El síndrome de la adolescencia normal. Un enfoque psicoanalítico*, Buenos Aires, Editorial Paidós.

---

[100] Kundera, Milan (1994), *Los testamentos traicionados*, Barcelona, Editorial Tusquets, p. 19.

Bleger, José (1979), *Simbiosis y ambigüedad*, Buenos Aires, Editorial Paidós.

Guala, S. (2004), "Aspectos neurobiológicos y clínicos en el tratamiento de pacientes fronterizos o borderline", en *Psicofarmacología psicodinámica IV*, Buenos Aires, Moizeszowicz editor.

Kernberg, O. (1975), *Borderline Conditions and Pathological Narcisism*, Nueva York, Janson Aronson.

Kernberg, Otto (1975), *Desórdenes fronterizos y narcisismo patológico*, Buenos Aires, Editorial Paidós.

Kundera, Milan (1994), *Los testamentos traicionados*, Barcelona, Tusquets Editores.

Lerner, Hugo (2007), *La clínica psicoanalítica convulsionada*, Buenos Aires, Lugar Editorial.

Lerner, H. y S. Sternbach (comps.) (2007). *Organizaciones fronterizas. Fronteras del psicoanálisis*, Buenos Aires, Lugar Editorial.

Segal, Hanna (2012), *Introducción a la obra de Melanie Klein*, Buenos Aires, Editorial Paidós.

Wechsler, Elina (2008), *Arrebatos femeninos, obsesiones masculinas. Clínica psicoanalítica hoy*, Buenos Aires, Editorial Letra Viva.

Bibliografía general

Etchegoyen, Horacio R. (1986), *Los fundamentos de la técnica psicoanalítica*, Buenos Aires, Amorrortu Editores.

Freud, S. (1924), Neurosis y psicosis, en *Obras completas*, vol. 19, Buenos Aires, Amorrortu Editores, 1979.

Giovacchini, Lobel y otros (1989), *Adolescentes borderline*, Buenos Aires, Editorial Nueva Visión.

Kernberg, Otto (1975), *Desórdenes fronterizos y narcisismo patológico*, Buenos Aires, Editorial Paidós.

Mahler, M. (1975), *El nacimiento psicológico del infante humano*, Buenos Aires, Editorial Marymar.

Mahler, M. (1980), *Simbiosis humana: las vicisitudes de la individuación*, México, Editorial Joaquín Mortiz.

Mahler, M. (1984), *Psicosis infantiles y otros trabajos*, Tomos I y II, Buenos Aires, Editorial Paidós.

Masterson, James (1975), *Tratamiento del adolescente fronterizo*, Buenos Aires, Editorial Paidós.

Nicolini, Elvira A. y Jaime P. Schust (1922), *El carácter y sus perturbaciones. Una perspectiva freudiana*, Buenos Aires, Editorial Paidós.

Paz, C., M. Pelento y T. Olmos de Paz (1977), *Estructura y estados fronterizos en niños, adolescentes y adultos. Historia y conceptualización*, Buenos Aires, Editorial Nueva Visión.

Capítulo 8.

MILAN KUNDERA: SU VIDA Y SU OBRA

Milan Kundera, hijo de un conocido pianista checo, nació en la ciudad de Brno, Checoslovaquia, en el año 1929. Durante su época de estudiante, alrededor del año 1947, se afilió y se hizo militante del partido comunista. Él lo comenta así: "Yo también bailé en aquella ronda. Era un tiempo de entusiasmo, la mitad de la población (los más dinámicos, los más inteligentes, los mejores) se enlistó en nombre de la revolución".[101] Poco después, durante los conflictos de 1948 y por su actuación en ellos, se le expulsó del partido comunista y de la Universidad Carolina de Praga; ocho años más tarde, en 1956, año conocido en Checoslovaquia como de la "desestalinización", se le admitió de nuevo en esa casa de estudios. Durante toda su época de universitario desocupado, trabajó como obrero, pintor, crítico de cine, pianista de bar, para concluir como docente en la reconocida escuela de cine de Praga. Durante el florecimiento de la escuela checa de cine, reconocida como "la Nueva Ola Checa", los cineastas de la misma fueron alumnos de Kundera, por ejemplo, Milos Forman.

El escritor mexicano Carlos Fuentes, amigo del autor en cuestión, lo describe físicamente de la siguiente forma: "Milan Kundera reía a carcajadas; un gigantón eslavo con una de esas caras que sólo se dan más allá del río Oder; los pómulos altos y duros, la nariz respingada, el pelo corto abandonando la rubia juventud para entrar a los territorios canos de la cuarentena, mezcla de pugilista y asceta, entre Max Schmelling y el Papa polaco Juan Pablo II, marco físico de leñador escalador de montañas: manos de lo que es escritor, manos de lo que fue su padre pianista. Ojos como todos los eslavos: grises, fluidos, al instante ruiseñor, como ahora que nos ve convertidos en paletas de hielo, al instante sombríos; ese tránsito fulgurante de un sentimiento a otro que es el signo del alma eslava, cruce de pasiones. Lo vi riéndose; lo imaginé como una figura legendaria, un cazador antiguo de los

---

101 *Revista Vuelta*, núm. 6.

montes Tatra, cargando pieles que le arrancó a los osos para parecerse más a ellos".[102]

En 1967 Milan Kundera publicó su primera novela, *La broma*, "que en pocas semanas alcanzó varias ediciones y obtuvo el premio de la Unión de Escritores Checos".[103] Louis Aragón la hizo publicar en Francia, con un prólogo suyo, al tiempo que Kundera veía aparecer en Praga su volumen de cuentos, *Amores risibles*. Pero en ese mismo año, inmediatamente después de la "Primavera de Praga" en 1968, vino la invasión rusa.

Por ello, poco después, Milan perdió su cátedra en la universidad, sus libros fueron terminantemente prohibidos y retirados de librerías y bibliotecas, y el nombre de Kundera fue borrado de los manuales checos de literatura. Kundera dice al respecto: "...siempre lo mismo, un conflicto banal y tus opiniones son consideradas indeseables, caes en desgracia y luego te rehabilitan. No soy un escritor disidente, soy apolítico por naturaleza. La política es para mí un espectáculo, me fascina pero no deseo convertirme en actor. Mis primeros conflictos con el régimen no fueron ideológicos, eran los de un artista que no podía adaptarse a la idea del arte político que se pedía entonces. Pero al defender el derecho a vivir como uno quiere y a hacer el arte que uno desea entra sin quererlo en un conflicto. Cuando eso sucede a los ojos del extranjero uno se vuelve, desgraciadamente, un escritor político".[104]

De aquellos difíciles momentos históricos que marcaron al pueblo checo y desde luego, a Kundera, él relata con su característica ironía, lo siguiente:

"Era en el tercer día de la ocupación. Me encontraba en mi coche entre Praga y Budejovice (ciudad donde Camus situó *El malentendido*).

---

102 Fuentes, Carlos, "El Otro K", Introducción a *La vida está en otra parte*, México, Editorial Seix Barral, 1986, p. lll. Publicada también en la *Revista Vuelta* núm. 28.

103 Su primera novela, *La broma*, fue traducida a doce idiomas y obtuvo el Premio de la Unión de Escritores Checoslovacos en 1968. En ese mismo año, a consecuencia de la invasión soviética a su país, sus obras se prohibieron y quedó desempleado. En 1975 consiguió emigrar a Francia. Entre ese año y 1980, enseñó literatura comparada en la Universidad de Rennes, y más tarde en la École des Hautes Études de París.

104 *Revista Vuelta*, núm. 71.

Por las carreteras, los campos, los bosques, por todas partes acampaban soldados de infantería rusos. Detuvieron mi coche. Tres soldados se pusieron a hurgar en él. Una vez terminada la operación, el oficial que la había ordenado me preguntó en ruso: 'Kak chuvstvuyetyace?', o sea, '¿Cómo se siente? ¿Cuáles son sus sentimientos?' La pregunta no era ni malintencionada ni irónica. Por el contrario, continuó el oficial: 'Todo esto es un gran malentendido. Pero se arreglará. Debe saber que amamos a los checos. ¡Les amamos!'.

"El paisaje devastado por miles de tanques, el porvenir del país comprometido durante siglos, los hombres de Estado checos detenidos y secuestrados; ¡y el oficial del ejército de ocupación me suelta una declaración de amor! Compréndanme bien: no quiso expresar un desacuerdo con la invasión, no, en absoluto. Todos hablaban más o menos como él: su actitud no se cimentaba sobre el placer sádico de los violadores, sino sobre otro arquetipo: el del amor herido: ¿Por qué esos checos (¡a los que tanto amamos!) no quieren vivir con nosotros y de la misma forma que nosotros? ¡Qué pena que haya sido necesario recurrir a los tanques para enseñarles lo que es el amor!"[105]

Continúa diciendo Kundera:

"La sensibilidad le es indispensable al hombre, pero se vuelve temible en cuanto se le considera un valor, un criterio de verdad, la justificación de un comportamiento. Los sentimientos nacionales más notables están a punto para justificar los peores horrores; y, con el pecho inflado de sentimientos líricos, el hombre comete bajezas en el sagrado nombre del amor. La sensibilidad que reemplaza al pensamiento racional pasa a ser el fundamento mismo de la incomprensión y de la intolerancia; pasa a ser, como dijo Carl Gustav Jung, la 'superestructura de la brutalidad'."[106]

Desde 1973 sus libros ya no pueden ser publicados en su país y aparecen primero en francés. En ese año ganó en París el "Prix Medicis" por su segunda novela, *La vida está en otra parte*.

---

[105] *Revista Vuelta*, núm. 71.

[106] Kundera, Milan (1986), *Jacques y su amo. Homenaje a Denis Diderot, Introducción del autor*, Barcelona, Tusquets Editores, pp. 12-14.

A partir del año de 1975 vive en Francia. Su tercera novela, *El vals de los dioses*, obtuvo en Italia el premio "Mondello 1978". En 1981 logró en Estados Unidos el importante reconocimiento "Common Wealth Award" por *El libro de la risa y el olvido.*

En 1982 recibió el "Premio Literario Europeo" por el conjunto de sus libros. En 1983 la Universidad de Michigan lo nombró Doctor Honoris Causa y en 1984 le otorgaron el premio "Jerusalén", además de muchos otros premios y menciones que ha recibido por su obra literaria.

Milan Kundera defiende a la novela como el gran género de la literatura, la suprema síntesis intelectual, el último lugar en donde es posible interrogar al mundo en su conjunto. En mi opinión, la vocación de Kundera, a pesar de lo que él afirma, es la novela político-histórica y por este medio, reúne todos los medios y todas las formas de la experiencia humana y del saber, posibilitando la comprensión de la existencia. Para poder realizar esto es necesario excluir de la novela todo aquello que no es esencial, de tal forma que se logre capturar la complejidad de la vida actual. La interesante obra novelística de Milan Kundera está realizada dentro de estos parámetros. La cronología de las novelas y ensayos que ha escrito este autor no corresponde con las traducciones realizadas por sus editores al español. El orden de las publicaciones originales en su lengua nativa que posteriormente aparecieron en ediciones en español es:

Novelas y cuentos

- *La broma* (1967)
- *El libro de los amores ridículos* (1968)
- *La despedida* (1972)
- *La vida está en otra parte* (1973)
- *El libro de la risa y el olvido* (1978)
- *La insoportable levedad del ser* (1984)
- *La inmortalidad* (1989)
- *La lentitud* (1994)
- *La identidad* (1996)

Teatro

- *Jacques y su amo* (1971)

Ensayos

- *El arte de la novela* (1986)
- *Los testamentos traicionados* (1993)

De estas obras, cuatro son escritas en la Checoslovaquia comunista, dos en el momento histórico en que políticamente se plantea la democratización checa, y otras dos durante la persecución del régimen totalitario contra el autor. Posteriormente, en el exilio en Francia, Kundera produce las demás obras, las que mayor fama le han dado y que lo colocan entre los escritores más leídos y comentados. La mayoría de sus libros fueron publicados en castellano por las editoriales Seix Barral y Tusquets, el último ensayo lo publicó la editorial Vuelta y hay artículos de Kundera en las revistas *Vuelta* 6, *Vuelta* 38, *Vuelta* 71, *Vuelta* 90, *Vuelta* 28, *Vuelta* 104 y *Vuelta* 118.

Premios literarios y galardones obtenidos por Milan Kundera

Su primera novela, *La broma*, fue traducida a doce idiomas y obtuvo el Premio de la Unión de Escritores Checoslovacos en 1968. En ese mismo año, a consecuencia de la invasión soviética a su país, sus obras se prohibieron y quedó desempleado.

La vida está en otra parte obtuvo el Premio Médicis a la mejor novela extranjera publicada en Francia durante el año de su aparición. Su siguiente novela, *La despedida*, fue acreedora al Premio Mondello al mejor libro editado en Italia.

En 1981, el conjunto de la obra de Kundera mereció en Estados Unidos el Commonwealth Award, premio otorgado simultáneamente al conjunto de la obra dramática de Tennessee Williams. Ese año la publicación de *El libro de la risa y el olvido* le valió la revocación de su ciudadanía checa. En 1982 recibió el Premio Europa-Literatura.

En 1984 publicó *La insoportable levedad del ser*, considerada su obra cumbre. Ya en 1985, se le galardonó con el Premio Jerusalén. Tres años más tarde *La insoportable levedad del ser* sería llevada al cine por el director Philip Kaufman, obteniendo un éxito aceptable.

A pesar de su militancia comunista en su juventud, Kundera se convirtió, desde el inicio de su actividad literaria, en un crítico mordaz del socialismo. A su vez, su principal obra, *La insoportable levedad del ser*, se ha convertido en una referencia importante al intentar comprender la disidencia vivida en Europa del Este durante la Guerra Fría.

En 2006 se publicó por primera vez en su país *La insoportable levedad del ser*, 22 años después de que se editara en París. En 2007 recibió el Premio Nacional Checo de Literatura, de cuya entrega se ausentó aduciendo problemas de salud.

En 2010 fue nombrado Duque de Amarcord por el Rey Xavier I (Xavier Marías), convirtiéndose así en el primer escritor checo en obtener un título nobiliario en el ficticio Reino de Redonda.

Bibliografía citada

Fuentes, Carlos (1986), "El Otro K", Introducción a *La vida está en otra parte*, México, Editorial Seix Barral.

Kundera, Milan (1986), *Jacques y su amo. Homenaje a Denis Diderot*, Introducción del autor, Barcelona, Tusquets Editores.

Capítulo 9.

Checoslovaquia: Marco histórico

Con el fin de la Primera Guerra Mundial, en 1918, apareció Checoslovaquia en el mapa de Europa. Producto de la desintegración del imperio austrohúngaro, se formó esta pequeña república conformada por cinco provincias, cada una con una historia y un idioma diferentes. Checoslovaquia fue un pequeño Estado comunista situado en el centro o corazón de Europa, con una población de más de 14 millones de personas. Su estructura económica era de un alto grado de industrialización y más de la mitad de la población era urbana.

La historia de este país estuvo muy condicionada por su situación geográfica. Totalmente alejado de cualquier acceso al mar, sus 128 mil kilómetros cuadrados de superficie territorial estaban circundados por seis países, de los cuales cuatro fueron socialistas: República Democrática Alemana, Polonia, Hungría y la Unión Soviética, y dos capitalistas, Austria y República Federal de Alemania. En la actualidad todos son capitalistas. Tal condición geopolítica reflejaba una constante histórica del territorio, su situación de "país tapón", motivo de constantes diferencias entre el Este y el Oeste.

A esto que hay que agregar la problemática constitución geográfica y humana del Estado. Desde el punto de vista geográfico, constaba de tres regiones con grandes diferencias: Bohemia, Moravia y Eslovaquia; no hay que olvidar la diversidad de los pobladores, en las dos primeras checos y en la tercera eslovacos, lo que sin duda configuraba una gran dualidad lingüística, social y cultural, a pesar de las semejanzas y afinidades de la matriz eslava común.

El conjunto de estas circunstancias: dificultades geográficas, grandes diferencias humanas, físicas y económicas que conforman un Estado binacional, permiten en gran parte, comprender y explicar las vicisitudes y contradicciones, presentes y pasadas del pueblo checoslovaco. Durante el desarrollo de la Primera Guerra Mundial, la mayoría de los representantes políticos eslovacos y checos se integraron y militaron en el movimiento de liberación popular. Estas dos nacionalidades desertaron masivamente de los ejércitos imperiales para combatir por el movimiento de liberación y en 1915 comenzó a operar en París un "Consejo Nacional Checoslovaco", con grandes personalidades como Benes, Masaryk y otros.

La influencia de la revolución rusa contribuyó a debilitar aún más las débiles estructuras del Estado imperial, mismas que en 1918, ante la acción del pueblo checo, se derrumbarían. Por lo tanto, en octubre de ese año se constituyó la República Checoslovaca y su primer presidente fue T. G. Masaryk. Durante todo el periodo histórico entre las dos guerras mundiales se agudizaron los problemas económicos, sociales y políticos del nuevo Estado. Fuente permanente de tensiones e intentos separatistas fue el desequilibrio entre los checos y los eslovacos, a favor de los primeros. Por ejemplo, en 1929 se vivieron situaciones críticas cuando el número de trabajadores desempleados alcanzó la cifra de un millón.

El partido comunista checoslovaco, fundado en 1921, se conformó como una fuerza política de gran magnitud en 1929, bajo la dirección de Klement Gottwald. En 1939, al ser ocupada Checoslovaquia militarmente por la Alemania nazi, el partido comunista luchó con heroísmo contra los nazis, cuando el país fue abandonado por los ingleses y franceses, de tal forma que integró y dirigió al grueso de las masas populares.

La lucha de este pueblo fue muy difícil, pagó un duro tributo durante la ocupación y el terror nazi; muy crueles y penosos fueron la destrucción de la ciudad de Lídice y el fusilamiento de todos los varones del pueblo por los nazis, en represalia por la acción guerrillera realizada por las organizaciones de resistencia popular contra el jerarca nazi Reinhard Heydrich, la cual le costó la vida.

En agosto de 1944 se produjo la insurrección nacional eslovaca y en mayo de 1945 se levantó el pueblo checo, preparando el terreno para la liberación por los ejércitos soviéticos.

En 1946, al quedar liberado todo el territorio, se celebraron elecciones generales y se constituyó un gobierno de frente nacional, en el cual Edvard Benes fue nombrado presidente de la República y el militante comunista Klement Gottwald, primer ministro. La mayoría de los integrantes del frente eran del partido comunista, el cual contaba con el 40 por ciento de los votos y con sus aliados socialistas configuraba la posibilidad de lograr la revolución socialista por vía electoral; pero la agudización de la "guerra fría" hizo que en 1948, al retirarse del gabinete doce ministros anticomunistas, se produjera una crisis gubernamental en el frente. Por consiguiente, Benes encargó a Gottwald la formación de un nuevo gabinete y el partido comunista asumió la dirección de todo el país, aprobando el parlamento una constitución de carácter comunista. Así, Checoslovaquia se convirtió en una República Democrática Popular. Por lo tanto, es importante considerar que, a diferencia de Polonia o Hungría, en Checoslovaquia el socialismo se impuso porque el pueblo así lo deseaba, por amplia preferencia.

La Primavera de Praga

En los principios de la década de 1960, y coincidiendo con una serie de factores en el plano internacional, por ejemplo, la reapertura de los mercados con Occidente o el fin de la "guerra fría", el tipo de desarrollo checoslovaco entró en una profunda crisis. Por otro lado, al morir Gottwald en 1953 se conocieron los excesos estalinistas, lo que provocó el procesamiento y la muerte de muchos probados revolucionarios. En el contexto de esta crisis, el nuevo equipo dirigente de Antonín Novotny pudo superar la situación porque el pueblo apoyaba el sistema socialista.

Si bien años más tarde estallaría la crisis, durante ese tiempo no se produjeron revueltas como las de Polonia y Hungría. Producto de la inflexibilidad y los errores cometidos por la dirección representada por Novotny, a fines de 1967 todo este grupo fue destituido y el ala eslovaca de Gustáv Husák impuso a Alexander Dubcek y a Svobodá como alternativa a los desaciertos realizados. Se produjo un amplio proceso de democratización en diferentes planos; durante ocho meses comenzaron a estabilizarse y reforzarse notablemente una gran cantidad de reformas populares como la libertad de palabra y de prensa, la libertad de elección y el voto secreto para elegir a sus representantes parlamentarios. Se comenzaban a superar los límites aterradores de la burocratización y supercentralización a las violaciones de todo tipo a las libertades civiles, arrestos, torturas, confesiones falsas y masivas, sin participación efectiva alguna del pueblo en la decisión de sus gobernantes; todo esto, acompañado de grandes dificultades económicas, un desempleo disfrazado y una producción de muy mala calidad en términos generales, generaron en el pueblo checo una profunda insatisfacción. Para salir de la crisis, el pueblo comprendió la necesidad de deshacerse del régimen de Novotny con todos sus rasgos represivos; este grupo estaba tan separado del pueblo que fueron retirados del poder con notable facilidad sin que opusiera resistencia.

Con el apoyo que el pueblo le brindó a las reformas de Dubcek, el país comenzó a orientarse hacia un real socialismo democrático. En agosto de ese año el país fue invadido por tropas signatarias del Pacto de Varsovia, con la excepción de Rumania. La justificación rusa fue que en Checoslovaquia estaba en marcha una situación contrarrevolucionaria y que de no intervenir, el país habría caído al capitalismo y pasado al campo imperialista. El ejército checo no recibió en ningún momento la orden de pelear.

Lo cierto es que la invasión rusa fue un desastre para el pueblo checo, para los rusos y para la credibilidad del campo socialista. La intervención produjo la destitución, la cárcel y el éxodo de los responsables de la liberalización y el regreso a las formas autoritarias de los partidos comunistas en todo el bloque de Europa del Este.

Puede deducirse que la invasión se proponía como principal objetivo romper el proceso democratizador, que se veía amenazante para los sistemas autoritarios del bloque. Milan Kundera relató a Carlos Fuentes que en esa época la rabia del pueblo checo se integraba con el humor, y que: "...Las tropas de apoyo que entran desde la Unión Soviética por ferrocarril pitan y pitan, caminan y caminan, dan vueltas en redondo y acaban por regresar al punto fronterizo de donde partieron. La resistencia a la invasión se organiza mediante transmisiones y recepciones radiales; el ejército soviético se enfrenta a una gigantesca broma: los guardagujas desvían los trenes militares, los camiones bélicos obedecen los signos equivocados de las carreteras, las radios de la resistencia checa son ilocalizables".[107]

Kundera quedó profundamente marcado por toda esta situación política de su país, la cual siempre aparecerá como telón de fondo en todas

---

107 Fuentes, Carlos, "El otro K", Introducción a *La vida está en otra parte*, ob. cit.

sus novelas, sin que necesariamente la exponga. El autor considera al socialismo democrático de Checoslovaquia como: "Un intento de crear un socialismo sin una policía secreta omnipotente; con libertad para la palabra dicha y escrita; con una opinión pública cuya existencia es reconocida y tomada en cuenta; con una cultura moderna desarrollándose libremente; y con ciudadanos que han dejado de tener miedo".[108]

Bibliografía citada

Fuentes, Carlos (1986), "El otro K", Introducción a *La vida está en otra parte*, México, Editorial Seix Barral.

Kundera, Milan (1986), *El arte de la novela*, México, Editorial Vuelta.

---

[108] Kundera, Milan, *El arte de la novela*, ob. cit., p. 41.

Capítulo 10.

El arte de la novela kunderiana

El interés y valoración que ha generado la obra de Milan Kundera en tantos lectores en el mundo es, muy probablemente, producto de su gran capacidad de decodificar y expresar vivencias humanas tan universales que de inmediato nos identifican con sus personajes. Por otro lado, su prosa cuenta con la riqueza y expresividad de integrar los factores sociales externos y la historia de sus personajes, los cuales actúan con una gran carga de sentimientos equívocos.

En esencia, Kundera considera al novelista como un explorador de la existencia. Parte del principio de entender la libertad como el medio para lograr la verdad, principio que aparece reflejado en todas sus novelas de una u otra forma; no obstante, en su obra el problema de la libertad no se percibe exclusivamente en relación con los marcos políticos externos, sino, por el contrario, desde las coordenadas de la condicional humana. Podríamos decir que atraviesa la personalidad del sujeto y opera condicionado por su historia personal y sus sentimientos.

Kundera propone que hay que contar con una gran fuerza para aceptar el mundo con toda su ambigüedad, ser capaz de enfrentar no sólo una verdad única, absoluta, sino una gran cantidad de verdades relativas que se contradicen, asumir como única certeza la "sabiduría de lo incierto". Por todas estas razones, para Kundera, "El espíritu de la novela es el espíritu de la complejidad".[109]

El hombre, producto del avance de la ciencia y la técnica, con los altos niveles de especialización disciplinaria que ha logrado paulatinamente, fue perdiendo la comprensión del conjunto del mundo y de sí mismo, pero sobre todo, cayendo en lo que Heidegger denominaba "el olvido del ser". Esta situación le confirma a Kundera que la existencia de la novela es hoy, más necesaria que nunca, porque "...la razón de ser

---

[109] Kundera, Milan, *El arte de la novela*, ob. cit., p. 32.

de la novela es mantener el mundo de la vida permanentemente iluminado y protegernos contra el olvido del ser".[110]

Las novelas de Kundera han podido plasmar todo este enfoque y siempre resultan una invitación a pensar y reflexionar sobre la condición humana y sus circunstancias.

Kundera estructura sus novelas con base en ciertos principios. Al analizar a Broch plantea que lo incumplido en su obra le permite comprender la necesidad de:

a) Un nuevo arte de despojamiento radical (que permita abarcar la complejidad de la existencia en el mundo moderno sin perder la claridad arquitectónica).
b) Un arte nuevo del contrapunto novelesco (capaz de soldar en una única música la filosofía, la narración y el ensueño).
c) Un arte de ensayo específicamente novelesco (es decir, que no pretenda aportar un mensaje apodíctico sino que siga siendo hipotético, lúdico o irónico)."[111]

Es posible afirmar que estos tres puntos iluminan el programa de la estructuración de sus novelas.

En lo que respecta a la forma de tratar la historia por medio de la novela, Kundera expone los siguientes puntos:

- "Primero: trato todas las circunstancias históricas con un máximo de economía. Actúo en relación con la Historia como un escenógrafo que decora una escena abstracta con la ayuda de algunos objetos indispensables para la acción.
- "Segundo principio: entre las circunstancias históricas sólo retengo las que crean para mis personajes una situación existencialmente reveladora.

110 Fuentes, Carlos, "El otro K", Introducción a *La vida está en otra parte*, ob. cit., p. XIX.

111 Kundera, Milan, *El arte de la novela*, ob. cit., p. 32.

- "Tercer principio: la historiografía escribe la historia de la sociedad, no la del nombre. Por esa razón los acontecimientos históricos de los que hablan mis novelas son con frecuencia olvidados por la historiografía.
- "...el cuarto principio es el que va más lejos: no sólo la circunstancia histórica debe crear una situación existencial nueva, sino que la Historia debe en sí misma ser comprendida y analizada como situación existencial."[112]

Con estos elementos que nos informa Kundera, analicemos sus diferentes obras. La primera novela que realizó es *La broma*, la cual terminó el 5 de diciembre de 1965. El autor comenta que la idea de la misma surgió en un viaje a la región minera de su país; en charlas con sus amigos, le relataron la historia de una joven obrera que la policía había apresado por robar flores de un cementerio para regalarlas a su amante. Para el escritor esta joven con sus actos traducía un gran amor que, por otro lado, operaba con grandes manifestaciones de odio; para él esta situación simboliza a la vez una vieja idea que había analizado: el divorcio entre la sexualidad y el amor.

Al publicarse en 1967, la obra obtuvo un gran éxito en su país; las tres primeras ediciones superaron los 121 mil ejemplares, que se vendieron en pocos meses.

Kundera considera a *La broma* como una novela de amor, que trata del amor simple e insatisfecho que siente Ludvik por Lucie, así como del amor-odio que le hace vivir a Helena.

La situación que desencadena la trama de *La broma* es la frase que escribe Ludvik en un papelito que envía a Marketa, impugnando inocentemente principios intocables del dogma político. Al hacerse pública la broma, Ludvik es juzgado y expulsado del partido y de la Unión de Estudiantes, a pesar de que intenta apelar e informar que todo no es más que una simple broma. El autor comenta: "...Ludvik ve a todos sus amigos y condiscípulos levantar la mano para votar con total facilidad su expulsión de la universidad y hacer tambalear así su vida. Está seguro de que hubieran sido capaces, en caso necesario, de mandarlo a la horca con la misma facilidad. De ahí su

---

112 Kundera, Milan, *El arte de la novela*, ob. cit., p. 45.

definición del hombre: un ser capaz en cualquier situación de enviar a su prójimo a la muerte. La experiencia antropológica fundamental de Ludvik tiene sus raíces históricas, pero la descripción de la historia misma (el papel del partido, las raíces políticas del terror, la organización de las instituciones sociales, etc.) no me interesa y no la encontrarán ustedes en la novela".[113] Sin embargo, en la obra se aprecia con claridad cómo el destino individual queda determinado por la realidad política y de qué forma el poder de la burocracia invade los secretos más íntimos de los individuos; la estructura burocrática autoritaria impide la más mínima posibilidad de intimidad. La historia de Ludvik es patética por cuanto aborda el tema de la identidad personal; la intimidad sometida es universal y Kundera ha podido conjugar la relación dialéctica entre el destino individual y el colectivo.

De acuerdo con comentarios de Milan Kundera, durante una etapa muy feliz de su vida, en 1959, escribió *El libro de los amores ridículos*. La obra está constituida por siete relatos aparentemente autónomos pero integrados por un tema: los vínculos y situaciones vitales del amor. Los diferentes relatos se enfocan desde las situaciones paradójicas; trata de la ambigüedad de los sentimientos y las acciones de los distintos personajes en el contexto de la vida cotidiana; salpica con ingredientes risibles e inesperados, entre los que destacan temas como la rutina y lo ilusorio, la mentira, el juego, la ironía, los malentendidos y muchas otras actitudes humanas.

Otra novela importante es *La despedida*, cuyo primer título fue *El vals de los adioses*. Kundera la terminó en Bohemia en 1972, cuando todavía estaba en su país. Es una obra realizada con el enfoque de comedia ligera, en la que abundan los diálogos y en la que impera un humor dramático. En lo que respecta a los personajes, las historias de sus vidas y las circunstancias que los relacionan se entrecruzan; la narración está desarrollada desde la perspectiva particular de cada uno de los ocho personajes que estructuran la obra. En cada uno de ellos es manifiesta la contradicción entre sus sentimientos y los desencuentros o el sentido equívoco que adoptan sus conductas.

En la desesperación y melancolía del final, Milan Kundera parece reflejar la despedida de su patria y su camino al exilio, aparentemente

---

113 Kundera, Milan, *El arte de la novela*, ob. cit., p. 35.

definitivo. Finalizó la obra en 1978, cuando vivía en París y por la misma, el gobierno de su país lo privó de la ciudadanía checa.

En su novela posterior, *El libro de la risa y el olvido*, transita por los caminos del erotismo como prisma de indagación y análisis de las acciones humanas; matiza los diferentes capítulos con un humor irónico y en muchos casos grotesco. La novela, dividida en siete partes, como es común en la obra de Kundera, relata la historia de una hermosa exiliada que lucha intensamente contra el olvido del recuerdo de su marido muerto. Contiene dos experiencias clave para el autor: ciertos momentos históricos y a veces trágicos de Checoslovaquia y la vida en el mundo occidental, bajo una perspectiva escéptica.

"La novela inicia con un relato tremendamente irónico con respecto a las burocracias autoritarias: En febrero de 1946, el líder comunista Klement Gottwald salió al balcón de un palacio barroco de Praga para dirigirse a los cientos de miles de personas que llenaban la plaza de la Ciudad Vieja. Aquél fue un momento crucial de la historia de Bohemia. Uno de esos instantes decisivos que ocurren una o dos veces por milenio. Gottwald estaba rodeado por sus camaradas y justo a su lado estaba Clementis. La nieve revoloteaba, hacía frío y Gottwald tenía la cabeza descubierta. Clementis, siempre tan atento, se quitó su gorro de pieles y se lo colocó en la cabeza a Gottwald.

"El departamento de propaganda difundió en cientos de miles de ejemplares la fotografía del balcón desde el que Gottwald, con el gorro en la cabeza y los camaradas a su lado, habla a la nación.

"En ese balcón comenzó la historia de la Bohemia comunista. Hasta el último niño vio aquella fotografía que aparecía en los carteles de propaganda, en los manuales escolares y en los museos.

"Cuatro años más tarde a Clementis lo acusaron de traición y lo colgaron. El departamento de propaganda lo borró inmediatamente de la historia y, por supuesto, de todas las fotografías.

"Desde entonces Gottwald está solo en el balcón. En el sitio en que estaba Clementis aparece sólo la pared vacía del palacio. Lo único que queda de Clementis fue el gorro en la cabeza de Gottwald."[114]

---

[114] Kundera, M. (2013), *El libro de la risa y el olvido*, España, Tusquets Editores.

Es una obra de juegos de espejos, en la que Kundera retoma su visión lírica y trágica de la vida, por ejemplo, la historia de Tanina es trágica por el doble exilio que vive: la viudez y la marginación política. También aparece la relación contradictoria del mundo de la acción y del mundo del sueño, o del mundo público y del mundo privado.

En su última novela, *La insoportable levedad del ser*, que en un principio denominó *El planeta de la inexperiencia*, Kundera nos relata cómo: "...reflexionando sobre las paradojas terminales, inspirado por mis personajes, que de alguna forma se retiran todos del mundo, pensó en el destino de la famosa expresión de Descartes: el hombre, 'dueño y señor de la naturaleza'. Después de conseguir milagros en la ciencia y la técnica, 'ese dueño y señor' se da cuenta, de pronto, de que nada posee y ni es dueño de la naturaleza (poco a poco ésta abandona el universo), ni de la Historia (que se le escapa) ni de sí mismo (puesto que es guiado por las potencias irracionales de su alma). Pero si Dios no cuenta y el hombre no es ya el dueño, ¿quién es entonces el dueño? El planeta avanza en el vacío sin dueño alguno".[115]

Ahí radica la insoportable levedad del ser. "Ésta es una novela de amor en la que operan los sentimientos humanos siempre ambivalentes, pensamientos reprimidos, conductas inacabadas y acciones frustradas, sentimientos encontrados; constantemente, se juegan situaciones en la conducta de los personajes que manifiestan la ambigüedad, la duda y el error; que nos permiten reflexionar y analizar la naturaleza humana. La vivencia de sus personajes tiene como meta la búsqueda del amor con sus secretos, sus posibilidades e imposibilidades".[116]

En su inicio nos introduce en el mundo de Tomás y de Teresa, al que posteriormente, en una relación triangular, se integrará Sabina, quien mantendrá con Tomás una "amistad erótica".

Kundera señala que cuando reflexionó sobre los personajes de esta novela descubrió que: "Aprehender un yo quiere decir en mis novelas aprehender la esencia de sus problemas existenciales, aprehender su código existencial. Al describir *La insoportable levedad del ser* me di cuenta

115 Kundera, Milan, *El libro de la risa y el olvido*, ob. cit.

116 *Ibíd.*

de que el código de tal o cual personaje se compone de algunas palabras clave. Para Teresa: el cuerpo, el alma, el vértigo, la debilidad, el idilio, el Paraíso. Para Tomás: la levedad, el peso. En la parte titulada 'Palabras incomprendidas', examino el código existencial de Franz y el de Sabina analizando diversos términos: la mujer, la fidelidad, la traición, la música, la oscuridad, la luz, las manifestaciones, la belleza, la patria, el cementerio, la fuerza. Cada una de estas palabras tiene un significado diferente en el código existencial del otro. Por supuesto, este código no estudiado ni abstracto, se va revelando progresivamente en la acción, en las situaciones".[117]

La novela concluye con una reflexión personal de Teresa, que descubre que después de todas las vicisitudes, sinsabores y desencuentros, la vida, a veces, recién adquiere sentido al final: "Sentía ahora la misma extraña felicidad y la misma extraña tristeza que en aquella ocasión. Esa tristeza significaba: hemos llegado a la última estación. Esa felicidad significaba: estamos juntos. La tristeza era la forma y la felicidad, el contenido. La felicidad llenaba el espacio de la tristeza".[118]

En su novela *La inmortalidad*, a partir de observar en la piscina de un club de gimnasia de París el gesto encantador de una mujer de setenta o setenta y cinco años, mientras espera para platicar con el profesor Avenarius, Kundera crea el personaje de Agnes, alrededor de la cual aparecerán su marido Paul, su hermana Laura y otros personajes. En la novela se analiza todo nuestro mundo contemporáneo en el que se rinde culto a la tecnología y la imagen.

En ella plantea que todas las ideologías fueron derrotadas y que sus dogmas fueron finalmente desenmascarados como simples ilusiones, por lo que la gente dejó de tomarlos en serio. Y es que la realidad era más fuerte que la ideología. Por eso surgió la imagología que la superó, porque la imagología es más fuerte que la realidad. ¿Qué es la imagología? Su respuesta es que esta palabra permite unir bajo un mismo techo lo que tiene tantos nombres: las agencias publicitarias, los asesores de imagen de los hombres de Estado, los diseñadores que proyectan las for-

---

[117] Kundera, Milan, *El arte de la novela*, ob. cit., pp. 36 y 37.

[118] Kundera, Milan (1985), *La insoportable levedad del ser*, España, Tusquets Editores.

mas de los coches y de los aparatos de gimnasia, los creadores de moda, los peluqueros y las estrellas del *show bussiness*, que dictan la norma de belleza física a la que obedecen todas las ramas de la imagología.

Puede decirse que el mundo de nuestros días está dirigido por la imagología. Es posible hablar de la gradual, general y planetaria transformación de la ideología en imagología; esta última ha conquistado en las últimas décadas una victoria histórica sobre la ideología.

Los imagólogos crean sistemas de ideales y antiideales, sistemas que tienen corta duración y cada uno de los cuales es rápidamente reemplazado por otro sistema, pero que influyen en nuestro comportamiento, nuestras opiniones políticas y preferencias estéticas... como en otros tiempos eran capaces de dominarnos los sistemas de los ideólogos.

Los sondeos de opinión pública son el instrumento decisivo del poder imagológico, que gracias a ellos vive en total armonía con el pueblo. El imagólogo bombardea a la gente con preguntas: ¿cómo evoluciona la economía?, ¿habrá guerra?, ¿por quién piensa votar?, ¿quién es el hombre más sexy?, etc.

Y como la realidad es para el hombre de hoy un continente cada vez menos visitado y menos amado, para Io cual tiene motivos suficientes, los veredictos de los sondeos se han convertido en una especie de realidad superior; por decirlo de otra manera, se han convertido en la verdad. Los sondeos de opinión pública son un parlamento en sesión continua que tiene la función de crear la verdad, la verdad más democrática que jamás haya existido.

En cierto pasaje de la novela otro personaje, Rubens, se pregunta ¿y si el hombre no fuera sino su imagen?, porque comprueba que sólo le quedan de la más excitante de sus amantes dos o tres fotografías mentales. La forma de esta novela es polifónica en cuanto que las aventuras de los personajes imaginarios se mezclan con la historia de dos candidatos a la "inmortalidad", Goethe, Beethoven y Bettina von Arnim; aquí reflexiona el autor en los dos tipos de inmortalidad: una, la de la fe religiosa en la inmortalidad del alma, y la otra, la de sus personajes, se trata de otra inmortalidad, completamente terrenal, la de quienes permanecerán tras su muerte en la memoria de la posteridad. Cualquiera puede alcanzar una inmortalidad mayor o menor, más corta o de lo más larga. Por último, habla sobre el nacimiento del "homo sentimentalis" en la historia de Europa, alternando con las peripecias parisinas del muy especial y singular profesor Avenarius, para quien el mundo de hoy no sirve sino como objeto de juego.

En 1972, el joven director de teatro francés Georges Werler fue a ver a Milan Kundera a Praga y a su regreso consiguió, pese a los controles de la frontera, introducir en Francia el manuscrito de su obra de teatro *Jacques y su amo*. Kundera la había escrito después de la invasión soviética, cuando toda su obra, pasada y futura, quedara borrada de las letras checoslovacas.

Jacques y su amo relata tres historias de amor que se entrecruzan durante el viaje que emprenden Jacques y su amo: la del amo, la de Jacques y la de Madame de la Pommeraye; tres historias que se entremezclan polifónicamente, donde cada una es, a su vez, variación de la otra, y juntas conforman una comedia sobre los problemas existenciales de la pasión amorosa.

En *La lentitud* la novela se desarrolla a lo largo de una noche, en las afueras de París, en el castillo de Point de Lendemain, adaptado como hotel y que va a servir como sede de un congreso de entomólogos. Kundera se apoya en una novela francesa del siglo XVIII y de una excursión que realiza con su esposa al castillo-hotel, para dar vida a una serie de personajes actuales y del pasado que coinciden en el congreso mencionado.

Construida la novela de una manera libre y caprichosa, junta dos tiempos históricos –el libertino del siglo XVIII y el presente– en un mismo espacio físico, desnuda las verdaderas intenciones que hay detrás de las actitudes de muchos personajes prototípicos del mundo contemporáneo, y ridiculiza sus ademanes y poses. La novela se configura en una sátira de los valores entendidos de la sociedad francesa contemporánea que por medio de la filantropía quiere salvar sus culpas y ocupar su hastío; hoy Somalia, mañana, los niños sidosos franceses, etc., pero detrás de todo esto, el vacío de una civilización falsamente moral que sólo vive pendiente de su imagen –repetida hasta el agotamiento por el ojo de las cámaras– en la mirada de los otros.

La novela también exhibe el pobre concepto del amor de nuestra sociedad actual, reproduce en el mismo escenario el pasaje amoroso de la novela de Vivant Denon, Point de Ledemain, para compararla con una relación en nuestros días. En el siglo XVIII, los espacios de amor privados, la intimidad nunca traicionada, el gusto por la conversación como una forma de la seducción, en una palabra, todo lo que puede posibilitar la lentitud. Hoy en día, en nuestro siglo, el vértigo de la velocidad, el amor como una prueba por lograr para posteriormente poder contarlo confidencialmente al grupo de amigos como un logro; el amor, aun en la intimidad, formalizado con testigos, porque nuestros actos están determinados por la mirada de los otros. La novela se configura en un planteamiento polémico sobre las posibilidades y la capacidad del hombre de nuestros días de ser libre, no tanto por el contexto histórico y social, sino por la obstinada ceguera existencial de los sujetos que cada uno convierte en su propio carcelero.

En textos inéditos pertenecientes al libro de ensayos *El velo de la preinterpretación en llamas* que Tusquets Editores editó, Milan Kundera relata la siguiente historia. En ella informa de la problemática situación de la vida cotidiana de los ex países del socialismo real, pero lo más interesante para nosotros es que nos permite conocer cómo relaciona Kundera la Historia social con la historia individual de sus personajes.

En principio, trabaja a los personajes y los hechos en que se ven envueltos, las sensaciones y lo que dicen unos de otros, para informarnos y mostrarnos la trama. En un segundo momento trabaja el contexto histórico, la situación social, los hechos históricos reales que se intercalan en la trama. En un tercer momento aparece la voz del autor, que por medio de múltiples disgresiones, señalamientos e interrupciones, desarrolla ideas o enuncia principios o tesis que por lo común se relacionan con fundamentos psicológicos o sociohistóricos. Por consiguiente, el eje de las novelas de Kundera siempre recae sobre el ser y sus circunstancias. Pasemos al relato, como ejemplo de Io dicho:

"Durante una de mis primeras estancias en la Bohemia descomunizada, un amigo que ha vivido allí desde siempre me dijo: lo que necesitamos es un Balzac. Porque lo que se ha instaurado aquí es una sociedad capitalista, con todo lo que en ella es vulgar, cruel y estúpido, con advenedizos estafadores y timadores, con la grotesca chabacanería de los nuevos ricos. La crueldad del dinero ha sustituido a la crueldad de la política. La estulticia comercial ha sustituido a la estulticia ideológica. Pero lo que convierte esta nueva experiencia en algo pintoresco es que conserva, intacta en su memoria, la antigua, que ambas experiencias se han ensamblado y que la Historia, al igual que en la época de Balzac, demuestra ser capaz de generar increíbles embrollos.

"Mi amigo me cuenta entonces la historia de un anciano, antiguo alto funcionario del partido, quien hace veinticinco años propició la boda de su hija con el hijo de una gran familia burguesa expropiada, al que en seguida facilitó (como regalo de boda) una brillante carrera profesional. Actualmente este 'apparatchik' vive completamente solo sus últimos días: la familia de su yerno ha recuperado los bienes que habían sido nacionalizados y la hija se avergüenza de ese padre comunista a quien sólo se atreve a ver en secreto. Mi amigo se echó a reír: ¿Te das cuenta? ¡Es, literalmente, la historia de papá Goriot! El hombre, que fue poderoso en la época del terror, logra casar a sus hijas con el 'enemigo de clase' que, tiempo después, en la época de la Restauración, ya no quiere saber nada de él hasta tal punto que el pobre padre no puede verlas nunca en público.

"Mi amigo y yo nos reímos de buena gana. Hoy me paro a analizar esa risa: a fin de cuentas, ¿por qué nos reímos?

"Se impone la célebre idea de Marx: un acontecimiento histórico se repite siempre en forma de farsa. Pero ¿es realmente tan fársica la historia del anciano 'apparatchik'? No: su vejez es tan conmovedora y triste como la de papá Goriot. No es una situación la que, al repetirse (y en nuestro caso es la propia Historia la que se repite) se necesita no tener pudor ni memoria, ni inteligencia.

"El hecho de que un hombre le diga a una mujer 'te quiero' no tiene en sí nada de cómico; pero, si se lo dice por vigésimotercera vez a la vigésimotercera mujer, con el mismo tono sincero, con la misma lágrima a punta de saltársele, querámoslo o no, nos reiremos aunque la vigésimo–tercera mujer sea tan querida como la primera."[119]

---

[119] Kundera, Milan, *El velo de la preinterpretación en llamas*, España, Editorial Tusquets.

En sus últimas novelas Kundera retoma elementos y registros que trasponen los límites de la discusión posmoderna y se inserta en nuevas fronteras de búsqueda; por ejemplo, *La lentitud*, ese divertimento como él mismo lo nombra, se inserta como una obra de clara transición y búsqueda, como un corte con las demás novelas.

En estas últimas obras que hemos comentado se encuentran signos posmodernos, como la disolución de las fronteras entre yo-narrador, yo-personaje o yo-autor; otro elemento es la transgresión de la temporalidad que produce, por lo tanto, una nueva temporalidad virtual. Lo mismo sucede en su última novela.

La identidad es la historia de una pareja que vive en París y cuyo amor es tanto que incluso parece que sus identidades, además de complementarse, se confunden. Se producen muchas situaciones en las que por un momento ninguno de los dos parece reconocerse, en las que la identidad del otro se diluye y, por un fenómeno de espejo, duda de la suya propia.

Tanto en los totalitarismos de todo tipo como en los sistemas capitalistas, la propaganda de los medios masivos de comunicación genera y representa un referente para la personalidad de los adolescentes y jóvenes. Sin embargo, hoy las viejas certidumbres se han evaporado; los valores, la cultura, la ciencia y la tecnología, las instituciones como la familia, el trabajo y la justicia, que ayer existían, se están transformado o desaparecen. Antes de la gran transformación que produjo la globalización, los roles que deberían asumir los individuos, estaban bastante bien identificados y las diferentes fuentes de referencia proporcionaban elementos de identidad y continuidad a los sujetos. En la actualidad todo esto se ha modificado, y en un mundo en constante transformación y cambio resulta fundamental para los adolescentes conocerse a sí mismos, estructurar una identidad y saber qué objetivos personales buscar en la vida.

Sin embargo, encontramos que todo lo privado se pierde por la cosa pública y esto hace perder el mundo de lo íntimo. La cosa pública, que pertenece a todos, queda en manos de unos cuantos, los políticos tecnócratas, el politburó, la burocracia política, expertos, etc. que determinan discrecionalmente en cada sociedad la dirección y el destino de la misma, así como los destinos de miles de personas. Esta perversión de lo público abarca todo el universo social y, por consiguiente, niega todo espacio privado.

Cuando se menciona el espacio público y el privado resulta importante considerar que su construcción está determinada por interacciones que ocurren en situaciones sociales-culturales y en espacios físicos.

Nuestro autor encuentra que gran parte de la tragedia de sus personajes ocurre porque desaparecen estos espacios privados. Los personajes kunderianos tienen una sensación de ser permanentemente observados, evaluados y vigilados. En *La identidad* Kundera vuelve a mostrar este aspecto social y su personaje femenino Chantal reflexiona al respecto: "En este mundo donde cada uno de nuestros pasos está controlado y queda grabado, donde los grandes almacenes disponen cámaras para vigilarnos, donde la gente se pasa la vida dándose codazos, donde los hombres no pueden ni siquiera hacer el amor sin que al día siguiente les interroguen investigadores y encuestadores: '¿Dónde hace usted el amor?', '¿Cuántas veces por semana?', '¿Con o sin preservativo?'. ¿Cómo puede alguien escapar de esa vigilancia y desaparecer sin dejar rastro?".[120]

En *La identidad* los protagonistas de la novela, Chantal y Jean-Marc, viven juntos en un departamento de París. Un buen día, ella descubre que: "Los hombres ya no se vuelven para mirarme".[121] Él no podía cambiar esta tristeza de ella porque: "Por mucho que él le dijera que la quiere y la encuentra guapa, su mirada de enamorado no le serviría de consuelo. Porque la mirada del amor es la mirada del aislamiento. Jean-Marc pensaba en la amorosa soledad de dos viejos seres que han pasado a ser invisibles para los demás: triste soledad que anuncia la muerte. Por ello él reflexiona que: 'No, lo que ella necesita no es la mirada del amor, sino un aluvión de miradas indiscriminadas, desconocidas, groseras, concupiscentes, que se detengan fatal e inevitablemente sobre ella sin simpatía, sin ternura ni cortesía. Esas miradas la mantienen en la sociedad de los humanos. La mirada de amor la arrebata de ella'. Él decide enviarle una carta anónima: '...oculto tras la máscara de un extraño... Soy como un espía, es usted bella, muy bella'.

---

120 Kundera, Milan (1998), *La identidad*, España, Tusquets Editores.

121 *Ibíd.*

"Cuando depositó la primera carta en el buzón, no había pensado siquiera en mandarle otras. No tenía plan alguno, no apuntaba a porvenir alguno, sólo quería halagarla, ahora, enseguida, quitarle aquella deprimente impresión de que los hombres ya no se volvían para mirarla."[122] En este juego de amor, las circunstancias hacen actuar a los dos en forma muy diferente de como desean hacerlo, se producen situaciones en las que no parecen reconocerse, en las que la identidad del otro se disuelve y le hace dudar de la propia.

El que alguna vez ha amado o ama, todo el que convive en pareja, lo ha experimentado alguna vez, porque lo que más teme el que ama es perder de vista al ser amado. En la pareja de Jean-Marc y Chantal esto comienza a suceder poco a poco, pero ¿en qué momento, ante qué circunstancias se produjo este proceso, qué gestos lo iniciaron? La novela lleva al lector a adentrarse en el laberinto que vive la pareja, en el que constantemente se cruza la frontera de lo real y lo irreal, así como en lo que ocurre en el mundo exterior, lo que sucede en solitario y lo que elabora cada uno de los personajes, presos de la inseguridad que les provoca su gran amor por el otro.

La conclusión que podemos rescatar es que Kundera tiene una gran facultad para comentar los pensamientos y acciones de sus personajes, lo mismo que para relacionarlos con el contexto histórico, y cuenta con el don de decir de la forma más adecuada lo que a todo el mundo le resulta muy difícil decir; esto le permite brindar las claves para el análisis del sujeto contemporáneo, su conducta y sus circunstancias.

Bibliografía citada

Fuentes, Carlos (1986), "El otro K", Introducción a *La vida está en otra parte*, México, Editorial Seix Barral.

Kundera, Milan (1985), *La insoportable levedad del ser*, España, Tusquets Editores.

Kundera, Milan (1987), *El arte de la novela*, México, Editorial Vuelta.

---

[122] Kundera, Milan, *La identidad*, ob. cit.

Kundera, Milan (1998), *La identidad*, España, Tusquets Editores.

Kundera, Milan (2006), *El arte de la novela*, España, Tusquets Editores.

Kundera, Milan (2013), *El libro de la risa y el olvido*, España, Tusquets Editores.

Kundera, Milan, *El velo de la preinterpretación en llamas*, España, Editorial Tusquets.

Parte III

Estudio de caso: Análisis psicodinámico de un adolescente

Capítulo 11.

La vida está en otra parte

Kundera terminó de escribir esta novela en junio de 1969. En ella nos relata el destino de un poeta, Jaromil, en el seno de una sociedad burocrática autoritaria.

De acuerdo con Kundera, esta novela se sustenta en las siguientes preguntas: ¿Qué es la actitud lírica?, ¿Qué es la juventud en cuanto edad lírica?, ¿Cuál es el sentido del triple maridaje: lirismo-revolución-juventud?, y ¿Qué es ser poeta? Para desarrollar la respuesta a esta última recurre a una anotación de estricto carácter fenomenológico que guardaba en un viejo cuaderno de notas: "El poeta es un joven a quien su madre lleva a exhibirse frente a un mundo en el cual es incapaz de entrar". En esta frase de *La vida está en otra parte* es posible inferir la esencia de la novela; la contradicción que vive Jaromil, el protagonista de *La vida está en otra parte*: su condición de poeta lo obliga a profundizar en el tiempo para llegar al origen de su vida y su razón de vivir, y al hacerlo lo único que encuentra, sorpresivamente, es el origen de su ser: su madre.

Esta novela está recreada en una atmósfera de ironía kafkiana y este contexto le permite al autor explorar su visión: la vida humana está presa en la trampa en la que se ha convertido el mundo. Kundera se pregunta: "Pero, ¿qué quiere decir trampa? Lo hemos sabido siempre: nacemos sin haberlo pedido, encerrados en un cuerpo que no hemos elegido y destinados a morir. En compensación, el espacio del mundo ofrecía una permanente posibilidad de evasión. Un soldado podía desertar del ejército y comenzar otra vida en un país vecino. En nuestro siglo, de pronto, el mundo se estrecha a nuestro alrededor".[123]

Jaromil transita por las páginas de la novela llevando encima su crisis de adolescente, sus problemas de identidad y sus confusos proyectos de vida. Atrapado por el amor materno, el personaje central de la novela vive intentando encontrar, con inmensa ansia, el amor y la gloria como poeta.

---

[123] Kundera, Milan, *El arte de la novela*, ob. cit., p. 32.

Sin embargo, su conflicto frente a la realidad de la vida es constante y múltiple. Tenía la certidumbre de ser un elegido, pero en realidad es un poeta mediocre que vive bajo la sobreprotección materna. Hace tanto de la poesía como de la revolución valores tan absolutos, que su conciencia termina pactando con el humanismo oficial estalinista, hasta llegar a la colaboración con las actividades policiales. Ésta es una de las tantas trampas en las que queda preso Jaromil.

Como dice Carlos Fuentes, "Los personajes de Kundera giran en torno a este dilema: ¿ser o no ser en el sistema del idilio total, el idilio para todos sin excepciones ni fisura, idilio precisamente porque ya no admite nada ni nadie que ponga en duda el derecho de todos a la felicidad en una Arcadia ubicua, paraíso del origen y paraíso del futuro?"[124]

El personaje central de la novela cae en esta trampa, pasa del lirismo utópico al cinismo recalcitrante, en el cual toda ilusión por el porvenir ha muerto, finalizando en la trágica voltereta, de poeta a delator.

La trama de la novela y el destino de los distintos personajes están contextualizados en el marco político e histórico de Checoslovaquia. Existe en la obra mucho humor corrosivo e ironía, muy al estilo de Kundera. Él entiende que: "La novela no examina la realidad sino la existencia. Y la existencia no es lo que ha ocurrido, la existencia es el campo de las posibilidades humanas, todo lo que el hombre puede llegar a ser, todo aquello de que es capaz. Los novelistas perfilan el mapa de la existencia descubriendo tal o cual posibilidad humana. Pero una vez más: existir quiere decir 'ser en el mundo'. Hay que comprender como posibilidades tanto al personaje como su mundo".[125]

La situación histórica puede entrar en la novela como posibilidad inédita y que permite comprender mejor al mundo humano, pero la fidelidad a la realidad es algo secundario. En relación con la novela, Kundera relata cómo: "...en el momento decisivo de *La vida está en otra parte*, la historia interviene bajo la forma de un calzoncillo poco elegante y feo; no había otros en aquella época; ante la más hermosa ocasión eró-

124 Fuentes, Carlos, "El otro K", Introducción a *La vida está en otra parte*, ob. cit., p. XIX.

125 Kundera, Milan, *El arte de la novela*, ob. cit., p. 45.

tica de su vida, Jaromil, temiendo hacer el ridículo en calzoncillos, no se atreve a desnudarse y huye. ¡La inelegancia! ¡Otra circunstancia histórica olvidada, y sin embargo, cuán importante para quien está obligado a vivir en un régimen comunista!"[126]

Kundera nos informa que en un principio la novela se llamaba *La edad lírica* y que en el último momento, aconsejado por los amigos, cambió el título por el actual, porque ellos consideraban el anterior insípido y poco atractivo. Kundera piensa que se equivocó porque lo más correcto es elegir como título la principal categoría de la novela. Sin embargo, la frase que lleva el actual título es una de las tantas escritas por los universitarios en las paredes de París en 1968, y en nuestra opinión, ilumina a la perfección el destino del personaje central.

Kundera expone que todas sus novelas están construidas sobre la interrogación meditativa o meditación interrogativa, por lo que son una larga interrogación.

Jaromil, este personaje creado por la pluma de Kundera, transita por las páginas de la novela con sus crisis juveniles de identidad y con sus confusos e indefinidos proyectos de vida.

La novela cuenta con siete partes. La primera está desarrollada con narración continua, o sea, con vínculo causal entre los capítulos, explica Kundera. Aquí se relata el nacimiento del poeta, en un hogar con una madre animada de un amor posesivo, en el cual cifra toda su vida. Tanto la madre como el hijo, con su historia personal, cada uno a su manera, son dos amantes fracasados.

En la segunda parte, el relato adopta componentes oníricos y aparece Xavier, la otra conciencia de Jaromil.

En la tercera parte, la narración es discontinua, es decir, sin vínculo causal entre capítulos; aquí se relata la adolescencia y la formación política e ideológica de Jaromil. Es la época de 1948, cuando gobierna Klement Gottwald en Checoslovaquia. Es notorio que la socialización en la sociedad autoritaria es problemática para el personaje central.

---

126 Kundera, Milan, *El arte de la novela*, ob cit., p. 41.

La cuarta parte tiene una narración polifónica; aquí el poeta huye del vínculo posesivo materno; en la parte anterior, ya se veía la declinación de la madre y es aquí cuando Jaromil se interesa por una desvalida pelirroja que trabaja de empleada de tienda. Su relación afectiva le ayuda a modificar un poco su problemática sexual y le permite contactarse de otra forma con la realidad, lo que también colabora para su creatividad e imaginación poética.

En la quinta parte, la narración es continua y en ella el poeta tiene celos. Así como no tolera el relativismo de las cosas, y hace de la poesía y de la revolución términos absolutos, lo mismo quiere hacer con el amor. Surgen ideas patológicas en Jaromil con respecto a definir el destino de la pelirroja como creación propia. Por otro lado, a la madre le resulta cada vez más difícil soportar el distanciamiento entre ella y su hijo.

"En Jaromil, detrás se halla el mundo cerrado de su infancia y delante de él el mundo de la acción, un mundo ajeno al que teme y ansía desesperadamente."[127]

La chica, por amor, se disculpa de llegar tarde a una cita con la mentira de que su hermano quiere irse del país. Esta mentira, que era una manifestación auténtica de amor, por un equívoco fatal, se transformará en tragedia.

En la sexta parte, con una narración continua, aparece el cuarentón, amante de la pelirroja, que regresa fugazmente a su vida. La chica le informa que desea poner fin a su relación porque ama en verdad a Jaromil. Producto de la charla, llega tarde a la cita con el poeta y es cuando decide inventar lo del hermano, lo cual hace que Jaromil la denuncie a la policía y vaya a prisión.

En la séptima y última parte, la narración es polifónica y relata la agonía del poeta. El desarrollo de toda esta vida resulta la parodia de un poeta pero, en última instancia, es la parodia del destino del hombre. Los destinos personales de los seres que animan la novela son azarosos e impredecibles y las diferentes acciones conductuales afectan a los demás y desencadenan sucesos ingobernables. Kundera, fiel a su vocación musical, estructuró esta novela sinfónicamente de la siguiente manera:

---

[127] Fuentes, Carlos, "El Otro K", Introducción a *La vida está en otra parte*, ob. cit., p. lll.

- Primera parte, 11 capítulos en 71 páginas:
  Moderato
- Segunda parte, 14 capítulos en 31 páginas:
  Allegretto
- Tercera parte, 28 capítulos en 82 páginas:
  Allegro
- Cuarta parte, 25 capítulos en 30 páginas:
  Prestissimo
- Quinta parte, 11 capítulos en 96 páginas:
  Moderato
- Sexta parte, 17 capítulos en 26 páginas:
  Adagio
- Séptima parte, 23 capítulos en 28 páginas:
  Presto

Bibliografía citada

Fuentes, Carlos (1986), "El otro K", Introducción a *La vida está en otra parte*, México, Editorial Seix Barral.

Kundera, Milan (1987), *El arte de la novela*, México, Editorial Vuelta.

Capítulo 12.

Análisis psicoanalítico de la novela *La vida está en otra parte*

La infancia del poeta

El reconocido psicoanalista Jacques Lacan y sus discípulos consideran que cuando un niño llega al mundo le está esperando un "orden simbólico determinado" que le constituirá en sujeto humano; este orden está conformado por el lugar que ocupará el nuevo integrante en la familia, el nombre que sus padres tienen elegido para él –en muchos casos, el mismo del padre o del abuelo–, la lengua en la que van a introducirle, así como las circunstancias sociales, económicas y culturales en que se va a insertar; por último, y no por eso menos importante, el medio familiar y su patología.

"Cuando la madre del poeta se preguntaba en qué lugar había sido concebido su hijo, sólo pensaba en tres posibilidades: una noche en el banco de un parque, una tarde en la casa de un amigo del padre del poeta, o una mañana en un romántico paraje junto a Praga.

"Cuando el padre se formulaba la misma pregunta, se convencía de que había sido en casa de su propio amigo, porque aquella tarde había tenido mala suerte. La madre del poeta no quería ir a casa de su amigo, se enfadaron dos veces y otras tantas se reconciliaron. Cuando se hallaban haciendo el amor alguien abrió la puerta en la casa de al lado, la madre se asustó, interrumpieron el acto y Io terminaron más tarde con un nerviosismo al que el padre achacaba la culpa de aquel desliz.

"Pero la madre no admitía en absoluto la posibilidad de que el poeta hubiera sido concebido en casa ajena... y rechazaba también la posibilidad de que hubiese sido concebido en el banco del parque donde había aceptado, a disgusto, hacer el amor: aquella situación repugnaba a su sentido de la estética y le asqueaba el saber que precisamente en esos bancos del parque hacen el amor las putas. Por eso intentaba convencerse de que el poeta sólo podía haber sido concebido aquella soleada mañana de verano, al amparo de la gran roca...

"Éste era el escenario adecuado para concebir al poeta por varias razones..., y fundamentalmente porque ¿no había sido su gran amor por el padre del poeta una rebelión romántica contra el carácter prosaico y conservador de sus propios padres? El valor con que ella, hija de un rico comerciante, había elegido precisamente a un pobre ingeniero en desempleo, ¿no mantenía un íntimo parecido con aquel paisaje indómito?"[128]

Es indudable que todo este romanticismo es un intento frustrado, por parte de la madre, de cubrir las decepcionantes circunstancias en que hizo el amor antes de concebir al poeta y lo chocante que resultaba realizarlo a disgusto y en situaciones que ella consideraba similares a las de las prostitutas, en total contraposición con su moral y su romanticismo.

Por otro lado, la sospecha que se intenta ocultar, la rebelión contra el carácter tradicional de sus padres, no consistió en una ridícula comedia forjada por su propia mente. La pareja en sí exhibe una gran incapacidad para lograr la complementariedad de propósitos, puesto que el realismo prosaico del ingeniero choca con el romanticismo idealista de la madre.

La prueba es que a su gran amor "..., el desengaño llamó pronto a su puerta, sólo dos semanas después de aquella hermosa mañana tras la roca. En efecto: cuando, inundada de alegre emoción, anunció a su amante que llevaba ya varios días de retraso en su regla, el ingeniero, con una indiferencia hiriente, afirmó que se trataría seguramente de un pequeño fallo del ciclo vital que, con seguridad, no tardaría en volver a su normalidad. La madre intuyó que su amante no tenía la más mínima intención de participar en sus esperanzas y alegrías, se ofendió y no volvió a dirigirle la palabra hasta que el médico le confirmó el embarazo. El padre del poeta dijo entonces que tenía un amigo ginecólogo que resolvería sus problemas con discreción y la madre se echó a llorar.

"¡Fue el fin de las rebeliones! Primero se había rebelado contra sus padres en favor del joven ingeniero y luego retomó a sus padres en demanda de ayuda contra él."[129]

---

[128] Kundera, Milan, *La vida está en otra parte,* Editorial Seix Barral, ob. cit., pp. 7 y 8.

[129] *Ibíd.*

Sin duda, en toda relación humana siempre hay ambivalencia y por ello comprendemos los afectos opuestos amor-odio, que constituyen un fenómeno común y universal. Pero si el rechazo hacia la paternidad existe desde antes de la concepción, si la hostilidad predomina desde entonces debido a los problemas originales de la pareja o a las circunstancias de su formación, posteriormente reaparecerán en su relación con el niño y en el orden simbólico que conformará al futuro sujeto.

"Los padres no la decepcionaron. Obligaron al ingeniero a casarse, pero la rápida rendición de éste y las circunstancias que se generaron, le hicieron comprender muy rápidamente a la madre que la aventura a la que se había lanzado con una inconsciencia en el primer momento maravillosa, no era el gran amor compartido al que ella, en su opinión, tenía derecho.

"Lo mismo que a su padre, próspero negociante, le gustaban las cuentas claras, si ella se la había jugado todo en su empresa amorosa, deseaba... que la otra parte ingresara en el haber común igual cantidad de sentimientos. En su pretensión de rectificar ahora la injusticia, quería sacar de la caja de los sentimientos lo que había puesto en ella y ofrecía al marido, después de la boda, un rostro altivo y severo.

"El ingeniero, por su parte, se defendía y su actitud constante de enfundar con un calcetín la estatua de Apolo, informaba a la madre y a toda la familia con sus actos lo que no podía decir con la palabra, '...el rechazo del mundo en que vivía y el carácter provisional de su rendición'. En contraposición la futura madre se enamoró de aquel joven (Apolo), que se verá humillado por su culpa. Miraba su bello rostro y empezaba a desear que el hijo de sus entrañas se pareciera al hermoso enemigo de su marido. Deseaba un parecido tal que pudiera creerse que había sido este joven el que la había fecundado. Deseaba que Dios con su magia corrigiera la desdichada concepción, que la reimprimiera, que la retocara,..."[130]

Todo esto permite comprender cómo el poeta iba a nacer en una pareja totalmente en crisis, en la cual la fantasía de la madre la llevó a encontrar, sin pretenderlo, su modelo en la Virgen María, madre sin haber sido fecundada por un hombre y creadora del amor materno sin intervención de varón.

---

130 Kundera, Milan, *La vida está en otra parte*, ob. cit., p. 8.

Estos fantasiosos pensamientos nos muestran una premonición creativa de la madre, que está preparando el terreno para la separación y para conformarse como una totalidad cerrada con su hijo. La madre: "...experimentaba el excitante deseo de que su hijo se llamase Apolo, lo que significaba para ella 'Aquel que no tiene padre humano'. Claro que se daba cuenta de que su hijo soportaría una vida difícil con un nombre tan sublime y que todos se reirían de ambos. Por esto buscó un nombre checo digno del joven dios griego y se llamó Jaromil (el que ama a la primavera o que es amado por la primavera); todos estuvieron de acuerdo".[131]

Para la madre, el hijo venía a cubrir su complejo de inferioridad: "La mamá siempre fue más consciente de su insignificancia que de sus encantos, sobre todo porque desde su infancia vivía con una hermana mayor que bailaba maravillosamente, encargaba sus trajes en la mejor sastrería de Praga y adornada con la raqueta de tenis penetraba con facilidad en el mundo de los hombres elegantes, dándole la espalda a la casa materna. La fogosidad de la hermana reafirmaba a la madre del poeta en una obstinada humildad que la llevó, por puro espíritu de contradicción, a enamorarse de la seriedad sentimental de la música y los libros".[132]

Por todos estos datos podemos deducir que desde antes de su concepción, el orden simbólico que esperaba a Jaromil consistía en que la vida se compone de rebeliones frustradas, desengaños, traiciones y decepciones; ante la desvalorización personal se inclina por los libros y la música; fantasear para escapar de la dura y triste realidad; que lo bueno y lo sublime de la vida está en otra parte y se le puede vivir a través de la fantasía y la imaginación; y que ante las contradicciones de su relación de pareja, la solución que encontró la fantasiosa madre fue que su hijo fuera huérfano de padre; su prototipo de nombre lo indica y su derivación Jaromil, que también marca el deseo de la madre de que su hijo viva en otro mundo, o lo que es Io mismo: que fuera poeta.

La madre del poeta, consciente de su insignificancia: "...quería encontrar el objetivo de su vida en el trabajo..." e ingresó a la Facultad de

---

131 Kundera, Milan, *La vida está en otra parte*, ob. cit., p. 11.

132 *Ibíd.*, p. 12.

Filosofía y Letras a pesar de las quejas de su padre, que se apoyaban en su sentido práctico producto de ser un comerciante. Cinco meses después "...sentada en el amplio banco del auditorio universitario, cuando encontró en la calle a un joven ingeniero impertinente que la interpeló y a las tres citas se apoderó de él. Y como el cuerpo quedó esa vez muy satisfecho, el alma olvidó rápidamente sus ambiciones de una carrera profesional..." "¿La mamá había encontrado, por fin, la felicidad? No del todo: vacilaba entre la fe y la duda... Pero por mucho que dudase entre la esperanza y la falta de fe, su anterior resignación había desaparecido por completo;"... "Su cuerpo vivía por fin como cuerpo y la mamá (del poeta) comprendía que era hermoso vivir así. Deseaba que esa nueva vida no fuera sólo una promesa falaz, sino una verdad duradera."... La madre en su época de estudiante "...quería que el ingeniero se la llevara del aula de la facultad y de su casa e hiciera de su vida una historia de amor". Pero "...comprendió rápidamente que quien se interesaba por la historia de amor sentía miedo por la historia de la vida..."[133]

El cuerpo de la madre que hasta hace poco había pertenecido al amante, comenzó una nueva historia producto de la frialdad que éste demostró por el nuevo ser: "Dejó de ser un cuerpo para unos ojos extraños y se convirtió en un cuerpo para alguien que aún no tenía ojos. Fue entonces cuando se hizo totalmente independiente y autosuficiente; su vientre, que crecía y se deformaba, se convirtió en un crecimiento motivo de orgullo".[134]

La matriz edípica, en la cual el recién nacido viene a insertarse, generará en éste el surgimiento del deseo y a su vez, producirá una nueva estructuración con los intercambios que precedieron. "Tras el parto, el cuerpo de la madre entró en una nueva etapa. Cuando sintió por vez primera la boca errante del hijo que se adhería al pezón, un dulce temblor se despertó... una gran felicidad tranquila, una enorme tranquilidad feliz... sabía que aquella boca estaba allí adherida como prueba de una fidelidad ininterrumpida, de la que estaba segura."[135]

---

133 Kundera, Milan, *La vida está en otra parte,* ob. cit., p. 13.

134 *Ibíd.*, p. 14.

135 *Ibíd.*

Cuando las necesidades vitales del bebé son previstas por el otro, la madre, el bebé lo asume como objeto de necesidad vital y como objeto erótico; pero el infante también capta el placer que pudiera sentir el otro en su contacto con él, por lo que el bebé, sujeto que desea, es a su vez, deseado. Surge así el deseo de ser deseado por el otro, pero el objeto (madre) se puede presentar como objeto deseante o como rechazante. Aquí se inicia, por medio de la internalización de la actitud del otro, en las primeras relaciones objetales, una forma primaria de asumirse a sí mismo, positiva o negativamente.

La madre sentía que: "Nunca se había entregado así a otro cuerpo y nunca otro cuerpo se le había entregado de la misma forma..., cuando lo amamantaba,... se imaginaba que con la leche le entregaba también sus pensamientos; ¡ideas y sueños!..., cuidaba con pasión de todos los procesos que tenían lugar en su cuerpecito. Aquello era para ella algo totalmente nuevo porque había tenido desde la infancia una fuerte repugnancia por todo lo que atañía al cuerpo, no sólo al de los demás sino al suyo propio. Le repugnaba tener que sentarse en el retrete (trataba siempre de que, por lo menos, nadie la viera entrar allí) y había pasado épocas en las que incluso le daba vergüenza comer delante de los demás, porque masticar y tragar le parecía asqueroso. Pero ahora el cuerpo del pequeño, sublimado más allá de cualquier fealdad, limpiaba y justificaba maravillosamente su propio cuerpo".[136]

De la misma forma, al bebé le impactan todas las situaciones negativas y enfermas de la estructura edípica en la que se inserta. También, el bienestar corporal es resignificado por los bebés desde la perspectiva del narcisismo, integrándolo como un mérito del "yo". Esto es muy importante, porque la satisfacción o tensión narcisista constituye el trasfondo de toda la vida mental y desempeña un papel regulador del psiquismo.

La madre "...nunca olvidará que el marido le había proporcionado una excitación llena de inseguridad, en tanto que el hijo le había otorgado una calma llena de felicidad; por esa seguía (cuando gateaba, andaba y hablaba) buscando refugio en él".[137]

---

136 Kundera, Milan, *La vida está en otra parte*, ob. cit., p. 15.

137 *Ibíd.*, p. 16.

En la teoría psicoanalítica se utiliza el término relación de objeto, que consiste en la estructura interna del vínculo. Por lo tanto, un vínculo es un tipo específico de relación de objeto. La relación de objeto se constituye con una estructura que opera de una determinada forma. Esta estructura es dinámica y funciona por la acción de pulsiones instintivas y por motivaciones psicológicas. El vínculo conforma una relación particular con un objeto (el otro); esta relación configura una conducta con cierta variabilidad, que a su vez estructura un *pattern*, esto es, una pauta de conducta que tiende a transferirse, o sea a repetirse en situaciones distintas, tanto en la situación de relación interna como en la relación externa con el objeto. Estas nociones nos permitirán posteriormente entender algunas actuaciones de Jaromil.

"En una ocasión el niño enfermó gravemente y la madre estuvo casi sin pegar un ojo durante catorce días seguidos, junto al cuerpecito ardiente que se retorcía de dolor; cuando la enfermedad desapareció, sintió como que había recorrido, con el cuerpo del hijo en sus brazos, el reino de los muertos y había regresado con él; le pareció que tras esa experiencia común, ya nada podía separarlos jamás."[138] Evidentemente, el niño lo vivió de igual manera y más tarde la madre, de manera inconsciente, le reafirmó estas vivencias. Éstos son momentos psicológicos en los que se estructuró la matriz simbiótica; después, cuando Jaromil decide inconscientemente suicidarse, repite esta matriz, muriendo por una bronconeumonía, con altísima fiebre (en brazos de su madre), enfermedad que él mismo se expuso a contraer por su vergüenza ante el ridículo que vivió en una fiesta en la casa de la mujer que deseaba conquistar.

"El cuerpo del marido,... se alejaba de ella y día a día perdía familiaridad en tanto que el cuerpo del hijo dependía constantemente de ella. Ya no lo amamantaba, pero le enseñaba a ir al retrete, lo vestía y lo desvestía, decidía su peinado y su vestido, diariamente lo tocaba por dentro con los alimentos que amorosamente le preparaba. Cuando a los cuatro años empezó a carecer de apetito, se volvió severa con él; le obligaba a comer y por vez primera sintió que no era sólo amiga, sino también dueña y señora de aquel cuerpo; el niño se defendía, no quería tragar pero tenía que hacerlo; con una extraña satisfacción observaba la

---

[138] Kundera, Milan, *La vida está en otra parte*, ob. cit.

inútil resistencia y el desesperado sometimiento... ¡El cuerpo del hijo era su hogar su paraíso, su reino!..." [139]

Como vimos antes, Mahler (1972),[140] que piensa que el nacimiento psicológico no coincide con el biológico, estudió la evolución de las relaciones objetales y encontró las siguientes fases: en la primera, que denominó "autismo normal" –en el recién nacido se extiende aproximadamente de la primera a la cuarta semanas–, madre y niño viven un sistema omnipotente en el cual la indiferenciación es total y, por lo tanto, la simbiosis también lo es.

En la segunda fase, que dura alrededor del primer mes a los seis meses, el bebé siente que él y su madre son los mismos; en esto consistiría la simbiosis normal. La patología se produce por fijación o por falta de definición de los límites yoicos; caso típico es la psicosis simbiótica infantil. Pero también pueden producirse situaciones de regresión o imposibilidad de superar la fase por una gran variedad de circunstancias diferentes.

La tercera fase fue definida por Mahler como de "separación-individuación"; se cubre aproximadamente entre los siete meses y los tres años, y se la subdivide en tres subfases, a saber, diferenciación, práctica y reacercamiento.

En la primera subfase, de los siete a los 10 meses, se inicia la diferenciación seIf-objeto y gradualmente se estructura la imagen corporal; en la segunda subfase, que dura cerca de los 10 a los 18 meses, como producto de la locomoción, el niño comienza a separarse de la madre en el espacio y surge el juego de separarse y reencontrarse; esta autonomía que va logrando el niño genera una influencia muy positiva en el desarrollo yoico. La última subfase cubre del año y medio a los tres años, aproximadamente. En general, de acuerdo con estudios realizados por el psicoanalista Kernberg (1979), la detención patológica en estas etapas produce la organización de la personalidad de tipo fronterizo y sus diferentes variantes patológicas.

---

139 Kundera, Milan, *La vida está en otra parte*, ob. cit., p. 17.

140 Resulta tan importante este desarrollo teórico que nos referiremos constantemente a estos puntos de análisis.

A muchas madres, como la de Jaromil, no les resulta fácil modificar su conducta posesiva simbiótica y en lugar de brindarle al hijo un apoyo óptimo para el logro de su autonomía, lo hacen fracasar. Por lo común, el resultado en el niño es un trastorno en el sentimiento propio del ser y la imposibilidad de cumplir correctamente la separación-individuación.

Datos como los siguientes indican estas situaciones: "¿Y el ALMA del hijo? ¿No era ése su reino? ¡Claro que sí! Cuando Jaromil pronunció su primera palabra: mami, se puso la madre loca de contenta; pensó que había logrado llenar con ella sola toda la mente del hijo".[141]

Por otro lado, de los muchos elementos de la relación madre-hijo durante la infancia es interesante resaltar la selección mutua de señales. Los infantes presentan una amplia variedad de señales para indicar necesidades de tensión-placer, etc., y la madre responde selectivamente, por lo que el infante altera su conducta en forma gradual en relación con estas respuestas selectivas. En el caso de Jaromil nos encontramos con un largo proceso de ajuste, a saber: de los balbuceos que intentaba pronunciar a las frases rimadas que, si bien el niño no podía comprender la causa de su éxito, sí se daba cuenta de que lo lograba.

"La madre creía que además del talento innato que poseía Jaromil, esta actividad versificadora era producto de los libros de versos infantiles que la madre le leía en tal cantidad que él pudo fácilmente haber creído que el checo se componía exclusivamente de palabras rimadas;... papel más importante que el talento y los modelos literarios desempeñaba en esto el abuelo, hombre práctico y realista, enemigo acérrimo de los poemas, quien inventaba a propósito los pareados más estúpidos de que era capaz y se los enseñaba en secreto al nieto.

"Jaromil enseguida se percató de que sus frases y dichos eran registrados con gran atención y comenzó a actuar en ese sentido; si antes utilizaba el idioma sólo para entenderse, ahora lo usaba para alcanzar elogios, admiración o hilaridad. Disfrutaba de antemano al pensar en la reacción de los demás ante sus palabras y, como a menudo no la suscitaba, decía barbaridades para llamar la atención. Este sistema le dio mal resultado una vez que le dijo al padre y a la madre: 'Vosotros

---

141 Kundera, Milan, *La vida está en otra parte*, ob. cit., p. 18.

sois unos cabrones' (había oído la palabra cabrón en boca de un chico en el jardín del vecino y recordaba la risa de los demás muchachos); el padre le dio un chete."[142]

Los seres humanos repiten su historia infantil y, a la vez, se comportan de acuerdo con cierto tipo de identificaciones que han realizado tempranamente con las personas (familiares) que los rodean y pueden cubrir una amplia gama, que va desde el amor placentero hasta reacciones agresivas y frustrantes; no obstante, la vida de todo sujeto está siempre orientada hacia dos tendencias básicas: conseguir los medios que le garanticen la existencia y extraer placer de ella.

Jaromil, "A partir de entonces se fijaba atentamente en los valores que otorgaban los mayores a sus palabras, en qué estaban de acuerdo, en qué no lo estaban y qué era lo que a veces los enojaba".

"La madre estaba convencida de que su hijo no sólo tenía talento (a los cinco años sabía leer), sino también una sensibilidad fuera de lo común y que era distinto de los demás niños."[143]

En sus estudios sobre la simbiosis el psicoanalista José Bleger[144] realizó las siguientes observaciones:

- Autismo y simbiosis siempre coexisten, con predominio absoluto, relativo o alterno de alguno de los dos.
- Ambos son relaciones narcisistas de objeto y la diferencia radica en que el depositario sea otra persona o la propia. Ambos están íntimamente vinculados con los fenómenos de proyección-introyección, o mejor, con una disociación entre proyección e introyección.
- En la simbiosis coincide el rol proyectado con el rol de depositario. En rigor, debe hablarse de simbiosis cuando ha ocurrido una identificación proyectiva cruzada y cada uno de los depositarios actúa en función de roles complementarlos del otro y viceversa.

---

142 Kundera, Milan, *La vida está en otra parte*, ob. cit., p. 19.

143 *Ibíd.*, p. 20.

144 Bleger, José (1978), *Simbiosis y ambigüedad*, Buenos Aires, Editorial Paidós.

- La simbiosis se basa en proyecciones masivas inmovilizadas dentro del depositario, de tal manera que en este último queda enajenada una buena parte del yo del sujeto.

Encontramos la coincidencia del rol proyectado con el rol depositario en el deseo de la madre de que su hijo sea poeta y la posición de éste de asumir y cumplir el deseo, o bien en los siguientes ejemplos:

"Jaromil, que jugaba..., escuchaba con enorme interés... cómo la madre explicaba al abuelo y a la abuela que su hijo tenía talento y sensibilidad y que era distinto a los demás. Por lo que, Jaromil: ...luego miraba a los ojos a los huéspedes de su casa y gozaba entusiasmado de que esos ojos lo vieran como a un niño excepcional y extraordinario, y que tal vez ni siquiera fuera un niño.

"Antes de ir al colegio Jaromil ya sabía leer y escribir, de modo que la madre decidió que su hijo podría ir directamente a segundo curso... En el colegio todos lo admiraban, y así el aula le parecía como su propio hogar reflejado en un espejo. El Día de la Madre, cuando en la fiesta escolar... recitó nostálgico un poemita sobre la madre, que le valió el gran aplauso..." [145]

El análisis del carácter de un sujeto es la resultante de la forma que tiene de relacionarse con sus objetos internos, o sea, la naturaleza de los objetos con que cuenta y el tipo de relación que establece el "yo" del sujeto con sus objetos internos. Por lo tanto, también estructura la forma de relacionarse con los demás. Esto nos explicaría por qué:

"Con el tiempo esta situación se transformó y se ganó la hostilidad de sus compañeros de clase. ¿Qué era entonces lo que a los demás compañeros molestaba de Jaromil?..., era el amor de su mamá.

"Ese amor dejaba huellas en todo: en su camisa, en el peinado, en las palabras que utilizaba, en la cartera en que llevaba los cuadernos a clase y hasta en los libros que leía en casa para divertirse. Todo había sido elegido y preparado para él.

"El amor materno marca en la frente del niño una señal que ahuyenta la simpatía de sus compañeros. Jaromil, en el transcurso del tiem-

---

145 Kundera, Milan, *La vida está en otra parte*, ob. cit., p. 24.

po, aprendió a disimular hábilmente esa señal, pero aun así,... pasó un amargo periodo (un año o dos) en el que sus condiscípulos disfrutaban riéndose de él y varias veces le llegaron a pegar para divertirse."[146]

Pero Jaromil también podía ser sádico y cierta vez, cuando venía de la escuela con el hijo del conserje, uno de los pocos compañeros de su edad que tenía: "...iban los dos por unos lugares solitarios de los suburbios; encontraron a un niño tan apuesto y bien vestido como si fuera a un baile infantil. 'Un hijo de mamá', dijo el hijo del conserje y le cerró el paso. Empezaron a hacerle preguntas, riéndose de él, y les producía satisfacción comprobar su miedo. El muchacho al fin se recuperó e intentó empujarlos... 'No le pegues, sólo sujétalo', dijo Jaromil a su amigo y se fue a buscar ortigas; luego obligaron al muchacho a desnudarse y le azotaron con ellas todo el cuerpo. '¿Te das cuenta de lo contenta que se va a poner su mamaíta cuando vea al hijo tan coloradito que tiene?' decía Jaromil y lo inundaba un gran sentimiento de amistad compartida con su compañero de clase y de odio hacia todos los niños de mamá".[147]

Jaromil se espejeó en el niño, le proyectó sus núcleos de nene de mamá y por medio de su agresión sentía que destruía sus propios núcleos enfermos. Cada una de las etapas del desarrollo sexual posee su forma de agresión sádica, dice W. Reich, y es una reacción contra la frustración del correspondiente impulso parcial. Al volverse contra uno mismo, el sadismo se convierte en masoquismo.

Durante los procesos de identificación primaria, en la que el niño comienza a compararse con otros en tamaño, edad y sexo, al tomar conciencia de su propia identidad sexual, adopta como modelo al progenitor del mismo sexo. Para Jaromil, la influencia de la madre es tan determinante que puede hacer peligrar este proceso, pero por fortuna, la figura paterna, con todo lo secundaria que resulta en la casa, y el abuelo contrarrestan esta influencia y puede conformar una identificación sexual aparentemente adecuada, si bien no sale bien librado por completo.

Para Jaromil los amigos ocupaban el siguiente orden: "El amigo número uno fue su padre... el número dos el abuelo... el número tres era

---

146 Kundera, Milan, *La vida está en otra parte*, ob. cit., p. 26.

147 *Ibíd.*, p. 28.

Alik, su perrito... el amigo número cuatro era el hijo del conserje del colegio... El hijo del conserje lo miraba con admiración y Jaromil estaba orgulloso".[148]

Es indudable que Jaromil cuenta con muchas preocupaciones en lo referente a su identificación sexual:. "...no había nada tan estudiado por él como su propia cara, nada lo hacía sufrir más y en nada tenía puesta tanta fe: se parecía a la cara de su madre. Jaromil era hombre; la delicadeza de sus rasgos se notaba mucho más: tenía una hermosa y diminuta nariz y un mentón pequeño un tanto replegado. Ese mentón le producía graves preocupaciones; ...Jaromil no lograba olvidarse de su aspecto aniñado ni por un momento.

"¡Qué peso para él tener aquella cara! ¡Qué cargante era el ligero trazado de sus rasgos.

"(...Él soñaba con su propio rostro dibujado a punto de encaje, que intentaba inútilmente levantar y arrojar lejos de sí.) Hubiera deseado teñirse el pelo de negro, pero no se atrevía porque aquello era algo aún más afeminado que tenerlo rubio; la única solución que encontró fue dejárselo largo y llevarlo despeinado."[149]

Freud definió dentro de la estructura de su teoría a los complejos como un conjunto organizado de representaciones y de recuerdos dotados de intenso valor afectivo, parcial o totalmente inconscientes; se forman a partir de las relaciones interpersonales de la historia infantil. En Jaromil encontramos muy marcados dos tipos de preocupaciones: por un lado, la necesidad de reafirmación de su sexo contra muchos indicadores de afeminamiento y por otro lado, el complejo de castración, en el que la madre ha jugado un importante papel en su historia personal y que más adelante aparecerá en su relación con el otro sexo.

Existe mucho miedo en Jaromil ante el otro sexo y fundamentalmente un gran miedo a recibir una herida narcisista:

"Piensa cada vez más en su cara, cuya femenina puerilidad lo pone en ridículo ante las mujeres, se concentra completamente en su carita

---

[148] Kundera, Milan, *La vida está en otra parte*, ob. cit., p. 27.

[149] *Ibíd.*, p. 109.

diminuta que se tensa, se petrifica y (horror) ¡se ruboriza! Aprieta el paso para disminuir la posibilidad de que la mujer se fije en él, porque si una mujer bonita lo sorprendiera sonrojándose no sería capaz de soportar la vergüenza. Las horas que pasaba frente al espejo lo arrastraban a la más profunda desesperación; por suerte había otro espejo que lo elevaba a las estrellas: sus versos.

"Allí estaba su consuelo: mientras que aquí abajo, donde vivía su vida cotidiana, donde iba al colegio y almorzaba con la madre y la abuela, se extendía un vacío inconmensurable, allá arriba colocaba hitos indicadores... allá el tiempo estaba repartido y era entretenido,...

"Y podía así también, a pesar de la insignificancia de su apariencia (y de su propia vida) tener conciencia clara y serena de la riqueza que se encontraba dentro de él; o por decirlo con otras palabras, la certidumbre de ser un elegido."[150]

El "yo", considerándolo bajo la forma en la cual el sujeto se representa como entidad total, no es homogéneo, el "yo" crece y se desarrolla a partir de conflictos. Mucho de este desarrollo es la integración del conjunto de representaciones que el sujeto adopta como descripciones de su ser. Las representaciones narcisistas del "yo" se conforman desde la perspectiva que tiene el propio sujeto de su valoración en relación con los juicios positivos y negativos, que se formula acerca de sí mismo. Jaromil siempre prestó mucha atención a los juicios externos, en razón de las proyecciones masivas narcisistas que su madre realizó sobre él, por lo cual buena parte de su yo quedó enajenada.

En su pubertad, "... Nunca había olvidado lo que le había dicho la señora en el balneario: ese niño tiene un gran futuro. Creía en ese tipo de frases como en verdaderas predicciones. Necesitaba constantemente alimentar esos juicios de admiración (emitidos por la madre, la familia, el amigo policía o el pintor[151]), porque la realidad muchas veces se le imponía. ¿Cómo seguía floreciendo el mundo interior original de Jaromil? Francamente, nada del otro mundo; el estudio, que había do-

150 Kundera, Milan, *La vida está en otra parte*, ob. cit., p. 111.

151 Como ya comentamos, la madre lo hace tomar clases de pintura y finaliza ella como amante del pintor; sin embargo, el alumno demuestra no contar con ninguna posibilidad artística en relación con la pintura.

minado con facilidad en la escuela primaria, se había vuelto más difícil en el bachillerato y entre sus dificultades se perdía la gloria del mundo interior".[152]

Los padres que inflan de manera narcisista la representación del hijo, a la vez le informan (mensaje latente), que un tercero nada vale en relación con él que lo es todo. Pero si, más adelante, en alguna situación en que el sujeto se ve involucrado, un tercero manifiesta una predilección por otro, puede suceder que toda su representación del "yo" como valioso pueda caerse en un gran colapso narcisista, en razón de que comienza a operar la ley anterior: si no es el elegido nada vale. Estos conflictos pueden llegar a generar estados de confusión:

"Ahora no estaba en absoluto seguro de que lo que antes había pensado y sentido, hubiera sido algo suyo propio, como de todas las ideas, existían en el mundo desde hacía muchísimo tiempo y la gente simplemente las adquiría prestadas, como en tienda de alquiler. ¿Quién era él mismo? ¿Cuál era en realidad el contenido de su interior? Se asomaba a él para indagar pero no era capaz de ver más que su propia figura convergiendo a su interior para indagar... En su reencuentro con el pintor que tanto admiraba: No sólo volvió a encontrar el mundo interior que había perdido, sino que perdió todo lo que había considerado como suyo..."[153]

En ciertas enfermedades en las que se plantea el problema de las relaciones entre el "yo" y la realidad, los sujetos pueden recurrir a un mecanismo específico: por medio de la "escisión del yo" operan con dos actitudes psíquicas: una, que es la actitud normal, toma en cuenta la realidad y la otra, por influencia de las pulsiones, separa al "yo" de la realidad.

Esta segunda actitud es la que se traduce en la producción de una nueva realidad delirante. Una característica de este proceso consiste en que las dos actitudes coexisten en el mismo sujeto, pero están totalmente escindidas, se mantienen paralelas, sin que establezcan una formación de compromiso o relación entre ellas. Esto nos permite explicarnos a "Xavier" (su doble personaje) y por qué:

---

152 Kundera, Milan, *La vida está en otra parte*, ob. cit., p. 113.

153 *Ibíd.*

"El sueño no es para él lo contrario de la vida: el sueño es para él la vida misma y la vida es sueño. Pasa de un sueño a otro, como si transitara de una vida a otra. Superando de esta forma lo que tanto preocupaba a Jaromil: Le fastidiaba la pequeñez que hacía de la vida una semivida y de las personas semipersonas... Quería que cada uno de sus actos, que cada uno de sus días, que cada hora y cada segundo, fueran capaces de dar su talla, frente a la medida máxima que es la muerte."[154]

En Jaromil existen las largas tardes vacías: "¿Cómo es posible? ¡Él había leído en todas partes que la juventud es el periodo en el que la vida se manifiesta en toda su plenitud! ¿De dónde procede, entonces esa deficiencia de material vital? ¿De dónde sale ese vacío? Era una palabra desagradable como una derrota".[155]

La juventud del poeta o sus relaciones de pareja

De acuerdo con Freud, los problemas de perturbaciones sexuales se originan en una defectuosa fase preedípica o en una incorrecta resolución del Complejo de Edipo. En el relato surge que:

"Jaromil veía tan poco a su padre que ya ni se daba cuenta de su ausencia. El día en que Jaromil mostró sus poesías a la madre, ella ya no vio a su marido, tampoco los días siguientes. En cambio recibió de la Gestapo nota oficial... con la detención de su marido. Al terminar la guerra, llegó otra nota oficial anunciándole la muerte de su marido en un campo de concentración. Si su matrimonio había sido francamente lamentable, su viudez era grande y gloriosa."[156]

Cuando los hijos no encuentran obstáculos a sus deseos incestuosos, por no contar con la barrera que representa el padre, por lo común recurren a la hostilidad o agresividad para dominar esos deseos; la situación resulta mucho más complicada para Jaromil, por cuanto su simbiosis se prolongó en forma patológica. Ejemplos abundan:

---

[154] Kundera, Milan, *La vida está en otra parte*, ob. cit., p. 81.

[155] *Ibíd.*, p.114.

[156] *Ibíd.*, p. 103.

"Estaban acostados uno junto al otro en la cama matrimonial y la madre se acordaba de cómo se tendía Jaromil junto a ella hasta que tuvo seis años y de lo feliz que era entonces y pensó: es el único hombre con el que soy feliz en una cama de matrimonio."[157]

Las fantasías incestuosas de la madre son abrumadoras... "a la madre se le ocurrió que el rostro de Jaromil tenía una belleza tierna con la cual no se podía comparar ni el marido ni el pintor; esta idea indecorosa la atacaba con tal fuerza que no era capaz de liberarse de ella".[158]

La madre que ejerce una atracción excesiva en el hijo puede tener una influencia determinante en el destino del niño, como lo da a entender Kundera: "En las casas en que han nacido los poetas líricos han mandado siempre las mujeres: la hermana de Trakl, las hermanas en Esenin y Maiakovkí, la tía de Blok, la abuela de Holderlin y la de Lermontov, el ama de Pushkin y ante todo las madres, las madres de los poetas, tras las cuales palidece la sombra del padre".[159]

"...la independencia del poema brindaba a Jaromil un refugio maravilloso, la posibilidad tan deseada, una segunda vida".[160]

La madre: "tras leer varias veces cada uno de los poemas, lloró con lágrimas de emocionada admiración, porque los versos le parecían incomprensibles y creyó..., por eso mismo,... que era,... madre de un niño prodigio. Comenzó a contarle cómo, durante el embarazo, miraba suplicante a la estatua de Apolo. 'Y ya ves, de verdad eres tan bello como Apolo, te pareces a él. Ya ves que no es una simple superstición que los antojos de la madre embarazada se reflejan después en el hijo. Hasta la lira la has heredado de él' ...cuando veía hoy a Jaromil convertido en un poeta... representaba para ella una sorpresa pero, al mismo tiempo, la culminación de una esperanza largo tiempo acariciada.

"Aquel día dialogaron largamente y encontraron por fin la madre y el hijo –dos amantes fracasados– consuelo mutuo."[161]

---

157 Kundera, Milan, *La vida está en otra parte*, ob. cit.

158 *Ibíd.*

159 *Ibíd.*

160 *Ibíd*, p. 109.

161 *Ibíd.*, p. 66.

Cada vez que se forma una pareja intenta encontrar uno en el otro el objeto perdido o su reencuentro y muchas veces, el objeto nunca alcanzado pero siempre idealizado. El destino de toda pareja depende de su relación de objeto primario, de las identificaciones logradas, del modelo de relación de sus progenitores y del medio social en que estos procesos operan.

En la etapa de la formación de las pulsiones, antes del proceso edípico y durante el mismo, si en el momento en que éstas emergen con más fuerza no son suficientemente "reprimidas" y no encuentran obstáculos, el niño puede experimentar una fijación anormal con respecto a la madre y resultar incapaz de amar a otra mujer –lo cual es una de las causas frecuentes del celibato–, puede buscar y amar únicamente a las mujeres que son idénticas a su madre o puede surgir otro tipo de deformación psicosexual.

Encontramos que Jaromil sistemáticamente falla y se bloquea en las situaciones amorosas con el otro sexo. Si bien puede haber una parte normal en las primeras tentativas, existen elementos preocupantes:

"Había... palabras que nadie debía pronunciar en su presencia. Por ejemplo, la palabra "amor" o la palabra "chicas". La palabra chica era tan triste a sus oídos como decir añoranza o fracaso. El mundo lo hería constantemente; se ruborizaba en presencia de las mujeres, se avergonzaba y le parecía que todo se burlaba de él."[162] "Cada vez que se encontraba con la tía ésta le hacía la misma pregunta: '¿Qué tal las chicas?'. Jaromil hubiera deseado escupirle en la cara, porque la pregunta, amable y jovial, descubría todas sus miserias. No es que no tuviera relación alguna con las chicas, es que las relaciones eran muy pocas y las distintas citas estaba separadas una de otras como las estrellas en el universo. La palabra chicas era tan triste como la palabra añoranza y la palabra fracaso."[163]

"Y como las citas con las chicas no ocupaban su tiempo, lo ocupaba la espera previa a las citas y esa espera no consistía en observar pasivamente el futuro, era preparación y estudio. Jaromil estaba convencido de que el éxito de la cita dependía fundamentalmente de que no cayera en un silen-

---

[162] Kundera, Milan, *La vida está en otra parte*, ob. cit., p. 114.

[163] *Ibíd.*, p. 115.

cio vergonzoso, de que fuera capaz de hablar. Una cita con una chica dependía ante todo del arte de conversar. Por eso se compró un cuadernillo especial en el que anotaba las historias que le parecían adecuadas para estas ocasiones; no se trataba de anécdotas, porque éstas no dicen nada personal sobre quien la cuenta. Lo que apuntaba eran historias que le habían ocurrido a él mismo, pero, como no le había sucedido casi nada, se las inventaba; tenía para esto bastante buen gusto: las historias inventadas (o leídas u oídas) en las que él desempeñaba el papel protagonista, no debían presentarlo como un héroe, sino sólo de modo leve, casi imperceptible, elevarlo desde el territorio donde impera el estancamiento y el vacío hasta el territorio donde impera el movimiento y la aventura."[164]

Se puede observar que la pérdida del padre y la liga tan fuerte con la madre producen en Jaromil un intenso temor al incesto, a la vez que se siente totalmente dominado por una madre controladora y absorbente. Asimismo, la influencia materna tan grande puede determinar la existencia de rasgos femeninos. Cuando esto es intensamente reprimido, se puede relacionar con cierta vergüenza y culpabilidad, y llegar a extenderse y generalizarse al otro sexo; podría considerarse que cualquier mujer es tan tabú como la propia madre o, como en el caso de Jaromil, que sólo son tabú las mujeres que realmente le gustan y en cada situación de conquista realiza una serie de autoboicots y lapsus que lo hacen fracasar.

Este tipo de patología puede llevar a una homosexualidad latente o a un proceso de acentuada misoginia. La vivencia de la imposibilidad de enfrentar al mundo y el deseo del regreso al seno materno aparecen constantemente en Jaromil. Por ejemplo, esto lo podemos señalar en sus momentos de ensoñación o en ciertos pensamientos recurrentes:

"...la muerte de Jaromil era una muerte vivida: se parecía curiosamente a ese periodo en que el hombre no tiene que salir al mundo porque es él mismo su propio mundo y lo rodea la dulce bóveda del vientre de la madre."[165]

Siempre Jaromil, "Buscaba la desmesura. Su vida era exasperadamente pequeña; todo lo que lo rodeaba era desabrido y gris. Y la muerte

---

164 Kundera, Milan, *La vida está en otra parte*, ob. cit.

165 *Ibíd*, p. 115.

es absoluta; no se la puede partir ni ablandar"... También, muchas veces buscaba algunos trozos de poemas en los cuales diferentes poetas elogiaban la belleza femenina, se los aprendía de memoria de tal forma de repetirlos cuando se encontraba en alguna cita con alguna chica como un cumplido que se le ocurría espontáneamente. Pero sucedía que: "Durante el tiempo que dura la cita, Jaromil está pensando en las frases preparadas y le aterra que su voz no sea natural, que las frases suenen como aprendidas de memoria y que él las diga como un mal actor aficionado. Por eso no se atreve a decirlas, pero como está concentrado exclusivamente en esas frases, no es capaz de decir nada más. La cita transcurre en un silencio penoso, Jaromil cree percibir una burla en las miradas de la chica y se despide rápidamente de ella, con la sensación de la derrota". [166]

El ideal de superyó de Jaromil era tan grandioso que convertía a su persona en una insignificancia. Como ya vimos, la manera específica en que una persona se relaciona con el otro o los otros, generando una estructura que se configura de una forma determinada para cada caso y situación, es lo que se denomina vínculo. Y, desde luego, existen vínculos que podemos considerar sanos y vínculos patológicos. Lo que resulta importante destacar es que el vínculo entre el "yo" del sujeto y sus objetos internos condiciona en última instancia los vínculos externos que pueda realizar. "Jaromil llega a su casa, se sienta junto a su mesa y escribe furioso, rápidamente y con odio: '...Soy un poeta, soy un gran poeta', repite para sus adentros y lo escribe luego en su diario: **'Soy un gran poeta, tengo una gran sensibilidad, tengo una fantasía diabólica, siento lo que otros no sienten'**..." [167]

Cuando el sujeto en particular vive sentimientos ambivalentes, en razón de odiar a un objeto al que también se quiere, surge el sentimiento de culpa producto del dolor moral que le produce su ambivalencia. Lo que se denomina el vínculo depresivo se caracteriza porque en su núcleo están la culpa y el deseo de expiación de la misma. La relación de objeto se realiza a través de la culpa y la historia personal, y su visión de la realidad se estructura basándose en la tristeza y con un constante miedo a la pérdida de la relación de objeto. Cuando este proceso es muy profundo y duradero se habla de una neurosis o psicosis depresiva.

---

166 Kundera, Milan, *La vida está en otra parte*, ob. cit.

167 *Ibíd.*, p. 116.

En los poemas de Jaromil aparece con frecuencia la muerte, pero: "La muerte se hace real cuando empieza a penetrar en el hombre por las rendijas de la vejez. En cambio, para Jaromil era algo que estaba infinitamente lejos; era algo abstracto; no era para él una realidad, sino un sueño. ¿Y qué buscaba en ese sueño? Buscaba la inmensidad. Su vida era desesperadamente pequeña; todo lo que lo rodeaba era desabrido y gris. Y la muerte es absoluta; …Pero no buscaba, en sus sueños relacionados con la muerte, únicamente lo absoluto, sino también la felicidad." …El mundo lo hería constantemente; se ruborizaba en presencia de mujeres, se avergonzaba y le parecía que todo se burlaba de él. En sus sueños sobre la muerte se guardaba absoluto silencio y sólo transcurría en ellos lenta, muda y feliz, la vida. Eso es, la muerte de Jaromil era una muerte **vivida**"; se parecía curiosamente a ese periodo en que el hombre no tiene que salir al mundo porque es él mismo su propio mundo y lo cubre la dulce bóveda, la pared interior del vientre de la mamá. Deseaba verse unido en una muerte así, parecida a la felicidad eterna, con la mujer amada".[168]

Encontramos el vínculo de Jaromil con su madre castradora en su imposibilidad de enfrentar al mundo y sus constantes sueños de regreso al vientre materno.

En su relación con el otro sexo, constantemente se enfrenta con su propia ineptitud y su complejo de castración, por ejemplo, cuando "...aparece en sus versos de aquella época el pubis femenino;... Jaromil hizo de esta parte del cuerpo un objeto nebuloso y un tema de ensoñaciones lúdicas. …se dejaba llevar por la imaginación de la grieta y se veía a sí mismo convertido en un guijarro cayendo lentamente por esa abertura hasta convertirse en una pura **caída, una caída que se precipita interminablemente a través del cuerpo femenino**".[169]

Con referencia a sus problemas con el otro sexo, en varios episodios lo encontramos en situaciones comprometidas:

"...de repente, la chica apoyó la cabeza sobre el hombro de Jaromil..., pero, antes de que Jaromil pudiera saborear aquella hermosura, se dio cuenta de su excitación, totalmente visible. Le entró verdadero pánico.

---

168 Kundera, Milan, *La vida está en otra parte*, ob. cit., pp. 118-119.

169 *Ibíd.*, pp. 127-128.

No pensaba más que en que desapareciera lo más rápidamente posible la prueba evidente de su estado; pero cuanto más pensaba en ello, menos lo conseguía. Le horrorizaba pensar que la mirada de la chica pudiera recorrer su cuerpo hacia abajo y ver su actitud comprometedora."

"Aquel fue un paseo enteramente feliz,..., pero también lleno de vergüenza. Tenía miedo que su cuerpo pudiera jugarle otra mala pasada. Después de mucho meditarlo, tomó de la cómoda de la madre una cinta larga y ancha y antes de ir a la próxima cita se la ató por debajo del pantalón de manera que la eventual prueba de excitación quedara disimulada."[170]

En otra situación en la que vivió una experiencia afectiva muy intensa al llegar a casa a medianoche la madre le reprochó su tardanza y su falta de consideración; le gritó histéricamente: "¡Me estás matando, me estás matando!" La mínima independencia de su hijo podía romper el vínculo simbiótico:

"Jaromil se quedó asustado y con una extraña sensación de culpabilidad. Este sentimiento de culpabilidad, se decía, no te lo sacarás nunca de encima. ¡Eres culpable, eres culpable! ¡Cada vez que salgas de casa te seguirá una mirada de reproche que te dirá que vuelvas! ¡Irás por el mundo como un perro atado con una cuerda muy larga! ¡Aunque estés lejos, siempre sentirás el roce del collar en el cuello! ¡Aunque estés con mujeres, aunque te acuestes con ellas en su cama, habrá una cuerda que vaya desde tu cuello hasta muy lejos y allí tu madre, que tendrá el otro cabo entre sus manos, reconocerá por los tirones entrecortados de la cuerda los movimientos indecentes a que te entregas!

"Jaromil no había conocido hasta entonces la masturbación. Veía en ella algo indigno, que un hombre de verdad debe evitar; le parecía que no estaba hecho para el onanismo sino para el gran amor. Pero, ¿cómo afrontar un gran amor sin una cierta preparación? Y entonces llevó a cabo (con una fiebre de treinta y ocho grados y dos décimas) su primera imitación del acto amoroso, que le sorprendió por su corta duración y porque no se vio acompañado de ningún tipo de gritos de placer."[171]

---

170 Kundera, Milan, *La vida está en otra parte*, ob. cit., p. 126.

171 *Ibíd.*, p. 144.

En otra ocasión, estando en la casa de su amante solos Jaromil "¡Finalmente logró desvestir a la estudiante por completo!... Pero la lámpara lo iluminaba todo y a Jaromil le daba vergüenza desnudarse... De repente se encontró completamente abandonado; se hallaba en una habitación ajena, bajo la luz impertinente de una lámpara que no podía apagar, con mujer ajena que se reía de él. Y en aquel momento supo que aquel día no haría el amor; porque Jaromil estaba lleno de angustias; se acercaba hacia el cuerpo desnudo de una mujer joven como si el camino estuviera erizado de espinas; deseaba aquel cuerpo y al mismo tiempo le daba miedo".[172]

Días después, de nuevo a solas pero en la casa de Jaromil: "Serían como las diez de la noche (la hora en que su madre solía mandarlo a la cama) cuando dijo una frase que había estado repitiendo para sus adentros muchas veces, para poder decirla fácilmente y con naturalidad: '¿vamos a acostarnos?' Ella asintió y Jaromil preparó la cama... La chica se desnudaba en un rincón mientras Jaromil (mucho más de prisa) se desvestía en el rincón opuesto; se puso rápidamente el pijama (había colocado con sumo cuidado previamente en el bolsillo el envoltorio con el condón)..."[173]

La chica "Se apretó contra él y comenzó a besarlo furiosamente; después de un rato Jaromil pensó que ya sería hora de deshacer el paquete; metió la mano en el bolsillo e intentó sacarlo sin que se le notara. '¿Qué tienes ahí?', le preguntó la chica. 'Nada', contestó... pero mientras pasaban estas ideas por su cabeza, advirtió que la excitación que al principio se había hecho con absoluta evidencia física, había desaparecido. Esto aumentó más su confusión; en tales condiciones no tenía sentido abrir el paquete. Se puso entonces a acariciar apasionadamente a la chica, controlando con verdadera angustia si aparecía algún síntoma de excitación. Pero no apareció. Parecía como si el cuerpo, bajo su atento control, estuviera atemorizado y, más que crecer, se encogiera.

"...Jaromil no sabía qué decir y le parecía que cualquier palabra iría a aumentar su vergüenza; la chica también estaba callada, seguramente

---

[172] Kundera, Milan, *La vida está en otra parte*, ob. cit., p. 150.

[173] *Ibíd.*, p. 151.

porque ella también intuía que estaba sucediendo algo vergonzoso, sin saber exactamente si era para vergüenza suya o de él; de cualquier modo, lo que ocurría era algo para lo cual no estaba preparada y le daba miedo mencionarlo. Pero después de un rato la estudiante le dijo: 'Tú no me quieres'...[174]

"A pesar de que la noche que habían pasado juntos había constituido un sufrimiento, a Jaromil no le quedaba más que una salida: repetir la experiencia y superar su fracaso. Por eso se veía obligado a decirle: 'No, eres injusta conmigo. Te quiero. Te quiero mucho. Pero hay algo que te he ocultado. Es verdad que en mi vida hay otra mujer. Esa mujer me amaba y yo le he hecho mucho daño'. (En esta mentira de Jaromil para superar la situación difícil en que se encuentra, el inconsciente en el lapsus de la mentira lo traiciona y emerge la verdad latente. Está claro que si él inicia una pareja, lo cual de alguna forma es un intento de romper con su simbiosis, la que va a sufrir es su madre.) 'Compréndeme, por favor'."[175]

En otro momento, paseaba por el parque con otra chica y ésta apoyó su cabeza en su hombro y de nuevo: "¡Estaba enorme y demostrablemente excitado! ¡Sólo que esta vez no le daba vergüenza, al contrario, deseaba desesperadamente que la chica viera su excitación! ¡Y la excitación de Jaromil duraba, victoriosa, orgullosa, prolongada, visible! ¡Y él deseaba que fuera percibida y valorada! Le daban ganas de coger la mano de la chica y llevarla hacia abajo, junto a su cuerpo, pero fue sólo una idea que le pareció una locura irrealizable. ...se le ocurrió que si se detuviera y se abrazaran, la chica sentiría a través de su cuerpo la excitación de él.

"Pero la estudiante, cuando se dio cuenta de que su paso se aminoraba y de que quería detenerse y besarla, dijo: 'No, no'... Jaromil le obedeció sin protestar. Y su miembro le pareció como un bufón, un payaso, un enemigo que se reía de él. Iba con una cabeza triste y ajena apoyada en el hombro y con un payaso sonriente y ajeno entre las piernas."[176]

Mientras tanto, "La madre leía los versos que Jaromil, sin decir palabra, dejaba sobre su mesa e intentaba penetrar a través de ellos en la

---

174 Kundera, Milan, *La vida está en otra parte*, ob. cit., p. 159.

175 *Ibíd.*, p. 160.

176 *Ibíd.*, p. 164.

vida de su hijo". Por los mismos, "la madre sabía que la cabeza del hijo estaba repleta de mujeres, pero no entendía en absoluto qué era lo que hacía con ellas".[177]

Al leer un diario de su hijo se percató de que tenía un amor; después del rechazo, descubrió cansancio y tristeza en Jaromil: "Eso la reconcilió lentamente con él y le dio esperanzas: 'Las amantes hacen daño y las madres reconfortan', se dijo; 'amantes hay muchas pero madre hay sólo una. Tengo que luchar por él, tengo que luchar por él', se repitió; y desde entonces comenzó a dar vueltas alrededor de él como una tigresa vigilante y compasiva.

"AL FINAL, tiene que llegar el momento en que el poeta se arranque de la mano de la madre y huya."[178] "La chica, que pasa ocho horas sentada en la estrecha jaula de la caja (de un negocio), le gusta muchísimo. La blandura de sus rasgos, la actitud de sus gestos, el aprisionamiento, todo eso le parece misteriosamente cercano y predeterminado.

"Además, él sabe la razón de su afecto: esta chica se parece a la criada a quien le fusilaron al amante; tristeza, hermoso rostro... El negocio cierra a las seis de la tarde y él suele estar espiando en la esquina de enfrente."[179] La cajera siempre sale con una amiga: "La amiga es mucho menos bonita, casi le llega a parecer fea; son exactamente lo contrario: la cajera es morena, ella es pelirroja; la cajera es robusta, ella es delgada; la cajera es silenciosa, ella es alborotada; la cajera está misteriosamente cercana a Jaromil, la otra le produce una sensación de rechazo".[180] Un buen día, al ver salir sola a la pelirroja, la abordó y le preguntó por la amiga y así se enteró de que la morena se había marchado de Praga porque se iba a casar. La acompañó y "Cuando se detuvieron frente al edificio, la chica le dijo: '¿No quiere pasar un rato a mi habitación?'

"Sorprendido y confuso, entró en la pequeña habitación. Y luego, sin saber cómo, se abrazaron, se besaron y un rato más tarde estaban ya sentados en una cama cubierta con una colcha de lana.

---

177 Kundera, Milan, *La vida está en otra parte*, ob. cit., p. 171.

178 *Ibíd*., p. 183.

179 *Ibíd*., p. 189.

180 *Ibíd*.

"¡Fue todo tan rápido y tan sencillo! Antes de que él tuviera tiempo de pensar en que se encontraba ante una tarea difícil y decisiva, ella le puso la mano entre las piernas y el chico se alegró enormemente, porque su cuerpo había reaccionado como debía."

"Lo invadió un alegre sentimiento de orgullo; le pareció como si un rato atrás no se hubiera acostado tan sólo con ella, sino también con aquellas cinco o diez mujeres que había nombrado; como si ella no lo hubiera liberado únicamente de la virginidad, sino que lo hubiera hecho avanzar directamente hasta las profundidades de su edad de hombre."[181]

Jaromil pensaba: "Sí, así era: durante todo este tiempo, mientras lo torturaba la soledad, mientras participaba desesperadamente en reuniones y manifestaciones, mientras corría y corría, su edad adulta estaba ya muy cerca, pacientemente lo esperaba esta habitación en este sótano con las paredes húmedas, y esta mujer corriente, cuyo cuerpo lo unía de un modo totalmente material a las grandes masas".[182]

A medida que el poeta se comienza a ocupar de su nueva pareja: "...a la madre le resultaba más difícil soportar el distanciamiento que se iba produciendo entre ella y su hijo".[183]

Por eso, en cierta situación cuando Jaromil regresó a la casa encontró a la madre llorando: "...las lágrimas eran de tristeza por sentirse abandonada, de reproche porque el hijo no se ocupaba de ella, de esperanza de que tal vez, por fin... volvería junto a ella, de disgusto al verlo así, frente a ella, torpe, incapaz ni siquiera de hacerle una caricia; lágrimas engañosas, por fin, que pretendían sólo emocionarlo y retenerlo junto a ella.

"Jaromil le preguntó: '¿Qué te pasa, mamá, por Dios, qué te pasa?'"[184] La madre "habló de todo lo que la mortificaba: de su viudez, de su abandono, de los inquilinos que intentaban arrojarla de su propia casa, de la hermana que se había enemistado con ella (¡por tu culpa, Jaromil!) y lue-

---

[181] Kundera, Milan, *La vida está en otra parte,* ob. cit., p. 205.

[182] *Ibíd.*, p. 207.

[183] *Ibíd.*, p. 213.

[184] *Ibíd.*, p. 214.

go de lo más importante: de que cuando el destino la dejaba de lado, la abandonaba también la única persona que le quedaba en el mundo".[185]

Después de una larga charla Jaromil le contó que no la abandonaba, que no deseaba ocultarle nada y le habló de la pelirroja; la madre comenzó a tranquilizarse al enterarse de que:

"...la chica era jovencita (el horrible fantasma de una mujer mayor y perversa se diluía felizmente), no era demasiado culta (no debería tener miedo de su influencia sobre el hijo) y, finalmente, Jaromil había resaltado de un modo sospechoso su sencillez y su carácter agradable, de lo cual la madre deducía que la chica no sería lo que se dice una belleza (de modo que podía presuponer que el interés del hijo no duraría demasiado).

"Después de tanto tiempo volvieron, la madre y el hijo, a ser felices confiando el uno en el otro.

"La madre comprendió que Jaromil le estaba ofreciendo una gran oportunidad; ella también tenía varios admiradores a quienes se veía obligada a rechazar porque temía la desaprobación de Jaromil. ¿No podría, con un poco de habilidad, lograr –a cambio de la libertad de Jaromil– un poco de libertad para sí misma?

"Pero cuando se imaginó a Jaromil en su habitación infantil con una mujer extraña, su reacción fue de un rechazo total... Y se dio cuenta inmediatamente de que de ese modo se estaba cerrando voluntariamente a sí misma la posibilidad de volver a vivir como mujer. Comprendió que el asco que le producía la vida carnal del hijo era mayor que el deseo de su propio cuerpo de tener una vida propia; y aquella comprensión la horrorizó."[186]

Esta charla y los pensamientos de la madre nos permiten observar el vínculo tan patológico que habían estructurado madre e hijo, vínculo que se caracteriza por ser de control y de paralización del otro. Cada vez que el hijo intenta conformar afectivamente una pareja y alejarse un poco del afecto paralizante de la madre, ésta, en lo inmediato, lo

185 Kundera, Milan, *La vida está en otra parte*, ob. cit., p. 216.

186 *Ibíd.*, p. 218.

chantajea afectivamente. Lo que resulta de suma gravedad para Jaromil es que, cada vez que se forma una pareja, intentan encontrar uno en el otro el objeto perdido o su reencuentro y muchas veces, el objeto nunca alcanzado pero siempre idealizado. Pero, fundamentalmente, el destino de toda pareja depende de su relación de objeto primario, de las identificaciones logradas, del tipo de modelo de relación de sus progenitores, en una palabra, de esta matriz básica. En consecuencia, para el pobre Jaromil, por sus vivencias y su estructura de pareja internalizada, sus posibilidades consisten en configurar una pareja enferma.

Antes de encontrar a la pelirroja y acostarse con ella "El futuro había sido para Jaromil en otros tiempos, ante todo, un arcano; en él se ocultaba todo lo ignoto; por eso lo atraía y lo aterrorizaba; era lo contrario de la seguridad, del hogar; por eso en sus momentos de angustia soñaba con el amor de los ancianos, felices porque ya no tienen futuro.

"Pero la revolución había dado al futuro el sentido contrario: ya no era un secreto; el revolucionario lo conocía de memoria; lo sabía por los folletos, los libros, las conferencias, los discursos de agitación y propaganda; no horrorizaba: por el contrario, brindaba seguridad dentro de un presente incierto, de modo que el revolucionario se refugiaba en él como el niño se refugia en el regazo de su madre."[187]

En otra ocasión Jaromil le contó a la pelirroja que era poeta y que había escrito un largo relato "... una especie de cuento fantástico sobre un chico que se llamaba Xavier. ¿Lo había escrito? En realidad no lo había escrito, más bien había imaginado sus aventuras y había querido escribirlas un día.

"Xavier vivía de un modo totalmente distinto al de los demás; su vida era un sueño; en ese sueño se dormía y tenía otro sueño y en ese sueño se volvía a dormir y volvía a tener otro sueño..."[188]

Una vez, entre las tantas visitas de Jaromil a la habitación de la pelirroja, al intentar desnudarla y no poder, sintió que había sido sorprendido en su inexperiencia; al final, para superar la situación, los amantes jugaron a la consulta médica y durante esa situación se entabló el siguiente diálogo:

---

187 Kundera, Milan, *La vida está en otra parte*, ob. cit., p. 222.

188 *Ibíd.*, p. 223.

"—Pero, doctor, ¿qué está usted haciendo? ¡Eso no se hace! ¡Eso no es una revisión médica! —se defendía la pelirroja y a Jaromil lo invadió la cólera: veía la cara que ponía su chica cuando la tocaban unas manos extrañas; veía su protesta frívola y le daban ganas de pegarle; pero en ese momento se dio cuenta de que estaba excitado, le arrancó las bragas y la poseyó con fuerza.

"El placer fue tan intenso que en él se fundieron rápidamente el enfado y los celos de Jaromil, sobre todo cuando oyó los jadeos de la joven (ese maravilloso homenaje) y aquellas palabras que iban ya a formar siempre parte de sus momentos íntimos: ¡Xavi, Xavito, Xavuchi!"[189]

Los celos que invaden a Jaromil son producto de haber vivido en relación única con un solo objeto, su madre, por lo que teme entregarse y quedar en la misma situación infantil: a merced de su afecto. Así, la forma de superar esta contradicción es destruir en su interior todas las emociones de amor y afecto y quedarse vacío. Por su resentimiento y temor, por su castración maternal, incapaz de superar la simbiosis original, repite sus relaciones primarias y sus demandas de amor son desmesuradas al igual que sus celos. "...él no confiaba en un instante: quería la eternidad, quería al menos la pequeña eternidad de la vida de ella y sabía que no la poseía: se volvió a acordar de que cuando la conoció no era virgen. 'Es insoportable pensar que alguien te va a tocar y que alguien te ha tocado ya. Y a mí eso me da asco'."[190]

Un buen día, Jaromil le presentó a su madre a la pelirroja. Después, al preguntarle qué le había parecido, la madre, entre muchas cosas, le dijo:

"Tienes que imaginarte en qué medio ha crecido y dónde trabaja. No me gustaría ser una de las chicas que trabajan en esas tiendas. Todo el mundo se toma libertad con una, tienes que satisfacer los deseos de cualquiera.

"Miraba la cara del hijo y veía cómo iba cambiando de color; una ardiente ola de celos invadió su alma y a la madre le pareció sentir el ardor de aquella ola dentro de sí misma (cómo no lo iba a sentir, si era

[189] Kundera, Milan, *La vida está en otra parte*, ob. cit., p. 224.

[190] *Ibid.*, p. 229.

la misma ola ardiente que sintió dentro de sí cuando le presentó a la pelirroja, de modo que puede decirse que la madre y el hijo estaban uno frente al otro como vasos comunicantes con el mismo ácido). La cara del hijo había vuelto a ser otra vez infantil y dependiente; de repente, quien estaba frente a ella no era aquel hombre, extraño e independiente, sino su querido hijo que sufría, aquel niño que antes buscaba refugio en ella y a quien ella consolaba.

"Pero lo que había ocurrido no tenía remedio... Para la madre y para el hijo había comenzado la época de los celos."[191] Jaromil se encontraba en un momento muy especial de su vida: "Detrás de él se halla el mundo cerrado de su infancia y delante de él, con la forma de su compañero de colegio (policía[192]), el mundo de la acción, un mundo ajeno al que teme y ansía desesperadamente."

"En esta imagen está reflejada la situación fundamental de la inmadurez; el lirismo es el modo de hacer frente a esta 'situación': El hombre, que ha sido desterrado del refugio seguro de la infancia, quiere entrar en el mundo, pero, al mismo tiempo, le teme, y por eso crea con sus versos uno artificial, **supletorio**."[193]

"El poeta lírico dibuja en sus poemas su autorretrato; pero como ningún retrato es totalmente fiel, podemos decir –con el mismo derecho– que retoca su cara con sus poesías.[194]

Constantemente encontramos en Jaromil avances y retrocesos; cuando parece comenzar a romper el cordón umbilical, al tener que enfrentarse al mundo, regresiona: comenta el autor de la novela: "No sé si conoceréis el hermoso poema de Orten acerca del niño que es feliz dentro del cuerpo de su madre y cuyo nacimiento es para él como una horrible muerte, una muerte llena de luz y de pavorosos rostros, de modo que quiere volver, volver a la madre, volver hacia el perfume dulcísimo.

"Dentro del hombre inmaduro queda durante mucho tiempo la añoranza de la seguridad y la unidad de aquel mundo que él solo llenaba por

---

191 Kundera, Milan, *La vida está en otra parte*, ob. cit., p. 234.

192 Aclaración al texto.

193 Kundera, Milan, *La vida está en otra parte*, ob. cit., p. 247.

194 *Ibíd.*, p. 241.

completo dentro de la madre, y permanece dentro de él la angustia (o el enfado) contra el mundo adulto de la relatividad, en el que se pierde como una gota en el mar de lo ajeno." Y para aclarar esta situación, encontramos lo que representa los versos para el poeta: "Deja que sus poemas giren en torno a él como los planetas lo hacen alrededor del sol; se convierte en el centro de un pequeño universo, en el que nada le es extraño, en el que se siente en su casa, como el niño dentro de la madre, pues todo está hecho de la misma materia que su alma. Allí es donde puede realizar todo eso que 'afuera' es tan difícil."[195]

En diferentes situaciones donde Jaromil tiene que enfrentar auditorios y debe presentarse y resolver problemas intelectuales como discusiones políticas o leer sus poemas, siempre adopta una "personalidad como si". Para visualizar algunas ocasiones en que esto sucede, tenemos por ejemplo, cuando llegó al debate del círculo de jóvenes marxistas al que había sido invitado por un compañero:

"Jaromil tenía muchísimas ganas de entrar en la discusión, pero le resultaba difícil hablar en un medio al que no estaba acostumbrado; le daba miedo que todos se fueran a fijar en su cara, que enrojecería, y sus manos, que harían gestos de inseguridad. Y sin embargo, tenía unas ganas enormes de unirse a este pequeño grupo y sabía que para ello era preciso que hablase.

"Para cobrar fuerzas se acordó del pintor, de su gran autoridad, de la que nunca había dudado." Pintor cuya personalidad le había impactado por su seguridad y la rebeldía que demostraba ante los demás.

Jaromil "...se repetía a sí mismo que era su amigo y su alumno. De ese modo, logró reunir el valor necesario como para intervenir en la discusión y repetir lo que había oído durante sus visitas al estudio. No nos llama la atención que no hubiera utilizado sus propias ideas; lo curioso es que no las dijera con su propia voz. Él mismo se quedó un poco sorprendido de que la voz con que hablaba se pareciese a la voz del pintor y de que esa voz arrastrara a sus manos, que empezaron a imitar en el espacio los gestos del pintor".[196]

---

195 Kundera, Milan, *La vida está en otra parte*, ob. cit.

196 *Ibíd.*, p. 132.

En otra ocasión, en un certamen poético en la escuela de policía, "Jaromil no había intervenido hasta entonces a pesar de que ya habían hablado todos y de que sabía que era imprescindible que interviniera; había llegado su momento; aquel tema lo dominaba él desde hacía mucho tiempo; desde que iba a la casa del pintor y escuchaba sus discursos sobre el arte y el mundo nuevo. ¡Dios mío, ya estaba otra vez el pintor, ya estaban otra vez sus palabras y su voz saliendo de la boca de Jaromil!"[197]

Es en este certamen que Jaromil conoció a una bonita cineasta, que posteriormente lo invitó a su apartamento:

Pero su fantasma golpea a la puerta y entra en el relato...; en nuestro relato aparece con la forma de unos calzoncillos.

"En la época a que nos referimos, la elegancia constituía, en la patria de Jaromil, un grave pecado político; los trajes que se llevaban (había pasado un par de años desde el fin de la guerra y seguía faltando de todo) eran horribles; y la elegancia en la ropa interior era considerada por aquella época severa como un libertinaje simplemente digno de castigo.

"Los hombres a los que sin embargo les molestaba usar los horripilantes calzoncillos que entonces se vendían (unos calzoncillos anchos, que llegaban hasta las rodillas, adornados con una cómica abertura sobre la barriga) utilizaban en lugar de aquellos unos pantaloncitos cortos de tela basta, llamados deportivos."[198]

Nuevamente, Jaromil es sorprendido en las situaciones amorosas, "¡Pero esta vez no había previsto lo que le podía ocurrir a la noche y tenía puestos unos calzones horriblemente espantosos, gruesos, largos, de un sucio color gris!

"Y ahí estaba de pie, asustado, frente a aquellos grandes ojos negros, diciendo que él también tenía que irse... Jaromil se encontró en su casa y en su habitación. Y volvió a aparecer ante su vista la figura de la mujer hermosa y desperdiciada...; se miró durante largo rato y veía con odio su cómica fealdad.

---

197 Kundera, Milan, *La vida está en otra parte*, ob. cit., p. 136.

198 *Ibíd.*

"Y luego se dio cuenta de que la persona en quien pensaba con odio no era él mismo. Estaba pensando en su madre; en la madre que le obligaba a llevar aquella ropa interior, en la madre que le obligaba a ponerse los deportivos en secreto y a esconder los calzones en el escritorio; pensaba en la madre que sabía dónde estaba cada uno de sus calcetines y de sus camisas. Pensaba con odio en la madre que lo mantenía atado a una larga cuerda invisible que se le estaba incrustando ya en el cuello.

"Desde entonces fue aún más cruel con la chiquilla pelirroja; pero esa crueldad iba, claro está, envuelta en el hábito del amor..."

"Pero la simbiosis siempre rompe con todo tipo de relación de pareja, por eso, encontramos que: ¡Aunque estés lejos, siempre sentirás el roce del collar en el cuello! ¡Aunque estés con mujeres, aunque estés con ellas en la cama, habrá una cuerda que vaya desde tu cuello hasta muy lejos y allí tu madre, que tendrá el otro cabo entre sus manos, reconocerá por los tirones entrecortados de la cuerda los movimientos indecentes a que te entregas!"[199]

Por eso, a diferencia de Jaromil, esto nunca hubiera podido pasarle a Xavier, porque Xavier no tenía madre ni padre y no tener padres es la primera condición de la libertad, pero es importante: "La libertad no comienza cuando los padres son rechazados o enterrados, sino cuando **no hay** padres:

Cuando el hombre nace sin saber de quién es hijo.

Cuando el hombre nace de un huevo tirado en un bosque.

Cuando al hombre lo escupen los cielos hacia la tierra y él pone su pie sobre el mundo sin sensación de agradecimiento."[200]

En pocas palabras, cuando el sujeto no está atado al cordón umbilical como Jaromil y, por consiguiente, no tiene la simbiosis con la madre como él, que no le permite vivir y amar.

Así también la conducta en situación transferencial puede ser psicopática, en un vínculo con determinado objeto en el que se actúan las fantasías inconscientes, sin que el sujeto tenga conciencia clara de lo

---

199 Kundera, Milan, *La vida está en otra parte*, ob. cit., p. 137.

200 *Ibíd.*, p. 138.

que hace. "Si durante el último año rehuía a su mamá, era porque su sufrimiento requería soledad y penumbra. Pero desde que había fondeado en la orilla soleada del cuerpo de la pelirroja, ansiaba la luz y la paz; no llevarse bien con su madre era para él un obstáculo. Además de las razones sentimentales, había otra de tipo práctico: la pelirroja tenía su propia habitación, mientras él, un hombre, vivía en casa de mamá y sólo podía realizar su vida independiente gracias a la independencia de la chica. Esta desigualdad era para él una pesada carga y por eso estaba contento de que la mamá estuviera sentada con su bata rosa junto a una botella de vino y '...' , con quien pudiera hablar amigablemente acerca de sus derechos."[201]

"Después de tanto tiempo volvieron, la madre y el hijo, a ser felices y a confiar el uno en el otro. Charlaron y charlaron,..."[202]

Pero, "Aun bajo el velo del alcohol, la madre seguía siendo un tigre vigilante: en seguida se dio cuenta de adónde quería llegar su hijo".[203]

Por lo que, "...la mamá estaba desesperada: veía cómo volvía a abrirse el abismo entre ella y el hijo. No lograba nada; por el contrario, ¡volvía a perderlo todo!"[204]

"Todo parece indicar que aquel ansia inmensa de Jaromil por lo nuevo (aquella religión de lo Nuevo) no era más que el deseo de un joven virgen, deseo que se proyecta hacia lo indeterminado, ante la inverosimilitud del coito aún desconocido; cuando descansó por primera vez en la orilla del cuerpo de la pelirroja, se le ocurrió la extraña idea de que ya comprendía lo que era ser absolutamente moderno, ser absolutamente moderno significa yacer a la orilla del cuerpo de la pelirroja."[205]

Por ello, encontramos que: "La poesía lírica es un territorio en el que cualquier afirmación se hace verdad. El poeta lírico dijo ayer: **la vida es vana como el llanto**, hoy dice: **la vida es alegre como la risa** y en las

---

201 Kundera, Milan, *La vida está en otra parte,* ob. cit., p. 216.

202 *Ibíd.*, p. 217.

203 *Ibíd.*, p. 217.

204 *Ibíd.*, p. 218.

205 *Ibíd.*, p. 220.

dos ocasiones tiene razón. Hoy dice: **todo termina y cae en el silencio**, mañana dirá: **nada termina, y todo sigue** sonando eternamente y las dos aseveraciones son válidas. El poeta lírico no está obligado a demostrar nada; la única demostración es el patetismo de la vivencia.

"El genio de lo lírico es el genio de la inexperiencia. El poeta sabe poco del mundo, pero las palabras que de él salen se estructuran en conjuntos hermosos que son definitivos como el cristal; el poeta es inmaduro y, sin embargo, su verso es tan acabado como una profecía ante la cual hasta él mismo queda asombrado."[206]

Cuando comparó Jaromil a una bella cineasta que lo cortejaba con su pelirroja, ..."se daba cuenta con claridad meridiana de que era irremediablemente fea"[207] (la pelirroja).

Producto de sus fracasos amorosos con la bella cineasta: "se miró durante largo rato y veía con odio su cómica fealdad."

"Y luego se dio cuenta de que la persona en quien pensaba con odio no era él mismo. Estaba pensando en su madre; en la madre que le obligaba a llevar aquella ropa interior,..." y (nuevamente): "Pensaba con odio en la madre que lo mantenía atado a una larga cuerda invisible que se le estaba incrustando en el cuello."[208]

Producto de muchas vivencias y situaciones de amores fracasados: "Desde entonces fue aún más cruel con la chiquilla pelirroja; pero esa crueldad iba, claro está, envuelta en el hábito solemne del amor: ¿Cómo podía no haber comprendido lo que pensaba en aquel momento? ¿Cómo no se daba cuenta de su estado de ánimo en aquel preciso instante?...¡Si ella lo quisiera de la misma forma que él la quiere a ella, tendría que darse cuenta! ¿Cómo es que le interesan, precisamente, las cosas que a él no le gustan?"[209]

En toda relación de pareja, siempre opera el doble vínculo: odio y amor. En el "poeta" predominó este último sentimiento –y esto nos ex-

---

[206] Kundera, Milan, *La vida está en otra parte*, ob. cit., p. 240.

[207] *Ibíd.*, p. 264.

[208] *Ibíd.*, p. 269.

[209] *Ibíd.*, p. 270.

plica por qué– en su relación con la pelirroja: ante un pequeño retraso en una cita de la pelirroja y producto de haber sido, según él, humillado muchas veces por la cineasta y su madre en los últimos días que había pasado tratando de filmar su biografía, sintió que: "El odio se le subía a la cabeza como el alcohol; era un odio que lo embriagaba; lo que más le enardecía era que el odio que caía sobre la chica repercutiera sobre él y le hiciera daño a él mismo; su furia era autodestructiva, porque Jaromil sabía perfectamente que si alejaba de su lado a la pelirroja, perdía a la única mujer que tenía; se daba perfecta cuenta de que su furia era injustificada e injusta hacia la muchacha; pero eso mismo era tal vez lo que lo volvía más cruel, porque le fascinaba el abismo; el abismo de la soledad, el abismo de la autocondenación; comprendía que sin ella no sería feliz (se quedaría solo) ni podía estar conforme consigo mismo (sabría que había hecho daño), pero aquel pensamiento era impotente contra la hermosa embriaguez de la maldad".[210]

En las organizaciones de personalidad fronteriza es típico encontrar lo que se denomina carácter sadomasoquista; se combinan en ellos estos dos rasgos y tienen acceso directo a los impulsos.

"No era la primera vez que la chica se encontraba ante los celos y el odio autocompasivo de Jaromil; pero en esta ocasión percibía en su voz un tono decidido, casi demencial."[211]

La chica que había llegado tarde a la cita con Jaromil porque había roto definitivamente con el cuarentón, su amante, por Jaromil, le mintió y le habló de un hermano que no tenía que "...se había decidido a abandonar en secreto, ilegalmente, infringiendo las leyes, este país (Checoslovaquia); pasado mañana ya estaría más allá de las fronteras".[212]

Jaromil la denunció a la policía, "Claro que era terrible sacrificar a una mujer concreta (pelirroja, pecosa, pequeñita, charlatana) por causa del mundo futuro, pero aquella era precisamente la única gran tragedia de nuestros días digna de grandes versos. ¡Digna de un gran poema!"[213]

---

210 Kundera, Milan, *La vida está en otra parte*, ob. cit., p. 279.

211 *Ibíd.*, p. 282.

212 *Ibíd.*, pp. 280-281.

213 *Ibíd.*, p. 293.

La simbiosis que Jaromil tenía con su madre la había transferido a la revolución, a la madre revolución. "Se sentía mejor de lo que jamás lo había estado. Se sentía lleno de versos... No, no era posible establecer una contradicción entre el deber y el amor, se dijo, ése era precisamente el viejo planteamiento del problema. El amor o el deber, la amada o la revolución, no, no, no era así la cosa. No había puesto en peligro a la pelirroja porque el amor no significara nada para él; precisamente lo que Jaromil quería era que el mundo del mañana fuera un mundo en el que la gente se amase más de lo que nunca se había amado.

"Sí, así era: Jaromil había puesto en peligro a su propia chica, precisamente porque la amaba más de lo que otros hombres amaban a sus mujeres; precisamente porque sabía lo que era el amor y el futuro mundo del amor."[214]

Tenía que destruir a la pelirroja por la revolución y por su madre, de tal forma que podía de nuevo regresar e integrarse a su enfermedad. Por eso se le ocurrió que: "La pelirroja le pertenecía ahora más que nunca: el destino de ella era una creación suya".[215]

Posteriormente, Jaromil se dirige a la casa de la cineasta, con el deseo de superar el fracaso de la vez anterior, que lo atormentaba en forma constante, porque "...había salido precipitadamente, huyendo de la hermosa muchacha de pelo negro.

"Piensa en Xavier.

"Al principio estaba él solo, Jaromil.

"Luego Jaromil creó a Xavier, a su doble y con él a su segunda vida, onírica y aventurera.

"Y ahora había llegado el momento en el que había quedado destruida la contradicción entre el sueño y la vigilia, entre la poesía y la vida, entre la acción y el pensamiento. Había desaparecido también la contradicción entre Xavier y Jaromil. Los dos se habían confundido en una sola persona. El hombre de los sueños se había convertido en hombre de acción, la aventura de los sueños se había transformado en aventura de la vida."[216]

---

214 Kundera, Milan, *La vida está en otra parte*, ob. cit., p. 292.

215 *Ibíd.*, p. 293.

216 *Ibíd.*, p. 328.

Es durante la reunión en la casa de la cineasta que Jaromil se entera de la situación del pintor (su ideal de yo), su motor e inspirador. "Lo echaron del colegio y está de peón en una obra. Porque no tiene intención de renegar de sus ideas. Pinta sólo por las noches con luz artificial. ¡Pero, sin embargo, sigue pintando cuadros hermosos, mientras tú escribes unas mierdas repugnantes!", le dijeron.[217]

Jaromil no tiene miedo a la muerte o más bien, desea la muerte que lo integrará nuevamente al seno materno, pero sí le tiene un tremendo terror al ridículo.

"Porque Jaromil quiere morir; la idea del suicidio lo atrae como el canto del ruiseñor. Sabe que está resfriado/ sabe que se va a enfermar, pero no regresa a la habitación/ no puede soportar esa humillación. Sabe que sólo el regazo de la muerte puede consolarlo,..."[218] Porque en última instancia, la humillación que no puede soportar es la de reconocerse castrado ante la cineasta y reconocer que es femenino o idéntico a su madre.

"A Jaromil le faltaba el aliento. Lo único que sentía era un inmenso odio hacia Xavier. Hasta hacía poco había pensado que él y Xavier eran una misma persona con dos apariencias distintas, pero ahora comprendía que Xavier era una persona del todo diferente, ¡y que era su enemigo principal! Xavier se inclinó hacia él y le hizo una caricia: 'Eres hermosa, eres muy hermosa...' '¿Por qué me hablas como si fuera una mujer? ¡Te has vuelto loco!... ¡Yo no soy una mujer! ¡Yo no soy ninguna mujer!', gritó Jaromil mientras él se iba."[219]

En la situación semiconsciente de la alta temperatura de la fiebre, aparecen nuevamente los impulsos reprimidos homosexuales y el superyó punitivo personificado por Xavier.

"'Mi niño hermoso', dice la madre y le tiembla la voz. Jaromil se da cuenta de que la mujer que le está hablando siempre lo ha querido, nunca se ha escapado, nunca ha tenido que tener miedo de perderla ni ha tenido que tener celos de ella. Jaromil siente que está cansado. Ya no

---

217 Kundera, Milan, *La vida está en otra parte*, ob. cit., p. 335.

218 *Ibíd.*, p. 341.

219 *Ibíd.*, p. 348.

tendría fuerzas para ir tras otra mujer, todas están demasiado lejos y el camino hacia ellas es definitivamente largo: 'En realidad, nunca me ha gustado ninguna mujer', dice, 'sólo tú, mamá'."[220]

Entonces, Jaromil regresa rápidamente a su simbiosis y a su narcisismo, antes de morir.

"¿Así que, al final, agua? ¿Nada de llamas?

"Abrió los ojos y vio una cara que se inclinaba hacia él con la mandíbula suavemente hundida, el pelo rubio y ligero. Esa cara que tenía encima estaba tan cerca que le pareció que yacía sobre una fuente y veía en ella su propio aspecto.

"No, nada de llamas. Se ahogará en el agua.

"Contempló su propia cara en la superficie del agua. Luego de repente, vio en la cara un susto tremendo. Y eso fue lo último que vio."[221]

Bibliografía citada

Bleger, José (1978), *Simbiosis y ambigüedad*, Buenos Aires, Editorial Paidós.

Kundera, Milan (1986), *La vida está en otra parte,* Editorial Seix Barral.

[220] Kundera, Milan, *La vida está en otra parte*, ob. cit., p. 349.

[221] *Ibíd.*, p. 352.

Capítulo 13.

Conclusión y análisis psicodinámico de la personalidad de Jaromil

Por medio del psicodiagnóstico podremos comprender con qué tipo de organización de personalidad nos enfrentamos en el caso de Jaromil. Es necesario considerar que trabajamos con una obra de ficción y no con un ser humano, al cual podemos entrevistar y, a través de las sesiones, verificar nuestras hipótesis de trabajo.

Psicodiagnóstico

Al examinar clínicamente el estado mental de pacientes fronterizos, rara vez se detecta una alteración formal de sus procesos de pensamiento. En cambio, empleando tests proyectivos y sobre todo como respuesta a estímulos no estructurados, tienden a surgir evidencias del pensamiento de proceso primario, que se manifiestan como fantasías primitivas, disminución de la capacidad de adaptarse a los datos formales de los tests y, en especial, el uso de peculiares verbalizaciones.

Es importante destacar que la regresión al pensamiento de proceso primario sigue siendo el más importante de los indicadores estructurales individuales de la organización fronteriza.

Los tests psicológicos de los pacientes fronterizos revelan la ausencia del normal predominio de las tendencias genitales heterosexuales sobre los impulsos polimorfos parciales. Con base en dichos tests suele decirse que estos pacientes presentan una "falta de identidad sexual", lo cual es probablemente una denominación errónea dado que, si bien es cierto que adolecen de difusión de la identidad, este síndrome se remonta a orígenes más precoces y complejos que los de la simple ausencia de diferenciación de una determinada orientación sexual.

Su "falta de identidad sexual" no refleja una falta de definición sexual, sino la combinación de varias poderosas fijaciones tendientes a hacer frente a los mismos conflictos.

La reconstrucción de la vida de Jaromil realizada en el capítulo anterior y, en especial, de sus momentos clave, nos permite contar con una impresión panorámica y secuencial, configurando un punto de vista genérico. Ahora deberíamos considerar el modo en que se formó la constelación de las relaciones objetales intrapsíquicas vinculadas con las situaciones traumáticas en su vida. Con estas relaciones que estructuran las fantasías de nuestro personaje y el punto de vista genético podremos apreciar su conformación psicopatológica.

La gran mayoría de las psicopatologías se originan en la niñez en razón de que es en los primeros años cuando los sujetos son más vulnerables.

Nuestra primera aproximación diagnóstica surge del modelo característico de relaciones familiares que produce diversos tipos de enfermedades manifestadas en psicopatologías tales como la homosexualidad, los trastornos fronterizos de personalidad o la esquizofrenia. Este patrón se configura por la existencia de una influencia maternal constante y excesiva, en una constelación familiar con un padre desvalorizado: los terapeutas usan nomenclaturas en lo que se refiere a la madre; la consideran "sobreprotectora", "esquizofrénica", "dominante", "castradora" y en relación con el padre recurren a "débil", "ausente", "pasivo", "distante", "abandonador", etc.

Historia familiar

Son niños queridos por motivos narcisísticos de los padres, quienes no configuran con ellos un verdadero vínculo objetal. Por lo tanto, los hijos dedican toda la vida a intentar autoapuntalar su narcisismo (que siempre es una defensa frente al desamparo) de las maneras más bizarras y esto se produce desde el inicio mismo de las relaciones objetales. Ellos se constituyen en su propio ideal en tanto sabemos que la renuncia al narcisismo en la infancia sana se produce por obra de la instalación de un ideal. Ésta es una situación característica de la relación de la madre con Jaromil.

Ellos son restituciones de ellos mismos donde se nota poco la escisión del "yo" a diferencia de las psicosis. O sea, desde sus comienzos, el niño no ha sido reconocido como tal, ya sea por déficit de figuras parentales o sustitutos ausentes o por exceso de figuras intrusivas. No pudo crearse lo que Winnicott denomina "espacio transicional", necesario para la discriminación entre el "yo" y el no "yo". Ha permanecido en un estado fusional, donde el "sí mismo real", el "sí mismo ideal" y el "objeto ideal" se confunden. A falta del padre, la madre se fusiona con Jaromil desde los primeros años de su infancia. Su self debió sobreadaptarse con desarrollos que son expresión de una pseudomadurez que encubre la falta de cohesión y con tendencia a la fragmentación, sentimientos de vacío y carencia de la normal capacidad de experimentar soledad y de poder sobreponerse a ella.

El individuo fronterizo necesita llegar a aceptar el fracaso de sus padres, fracaso en el simple sentido humano de no haber sabido dar y recibir amor, consuelo y comprensión.

Necesita, además, renunciar a las fantasías idealizadas e irreales con las que busca proteger las perfectas relaciones del pasado con sus padres. Para el paciente fronterizo, separarse verdaderamente de los padres es una experiencia mucho más difícil y atemorizante que para los pacientes neuróticos.

Encontramos todo el papel de la separación-individuación en el desarrollo normal del "yo".

La imagen que el niño tiene de sí mismo y aquella que tiene de su madre forman una unidad simbiótica. La madre actúa como yo auxiliar, ejecutando funciones que el propio "yo" del niño ejecutará más tarde: límites a los estímulos internos y externos, percepción adecuada de la realidad, tolerancia a la frustración y control de los impulsos. Se trata de una situación idéntica a la que vivió Jaromil.

Alrededor de los 18 meses de edad, bajo el ímpetu de la maduración biológica predeterminada de los aparatos del "yo" (o sea, la propia individuación) comienza la separación de esta relación.

La separación del objeto primario materno favorece la reintroyección, con una retención del objeto total, y amplía las funciones defensivas, representativas y sintéticas del "yo".

La reintroyección está asociada con el duelo por el objeto separado. También se retrotrae una multiplicidad de partes malas de objetos anteriormente proyectadas.

Durante esta etapa del desarrollo del "yo" se han diferenciado el *self* y los objetos.

La asimilación de las representaciones del self y los objetos a los afectos se da como resultado de la actividad sintética del "yo". El territorio del "yo" se expande y sus contenidos se incrementan. El estímulo y apoyo maternal y el dominio de nuevas funciones del "yo" presionan al niño a la separación-individuación hacia su autonomía.

El niño se acerca a su madre de vez en cuando para el "reabastecimiento libidinal", ya que da por sentado su presencia emocional. Una vez que el niño domina su locomoción y aprende a manipular, estas funciones parciales se convierten en elementos de un lenguaje cargado de significados, un llamado sin palabras requiriendo amor y elogio de la madre, una búsqueda de significados y un deseo de compartir y de expansión. Como catalizadora del proceso de individuación, la madre debe ser capaz de leer el proceso primario del lenguaje. La autonomía del niño se desprende de su propio "yo", si él siente un grado adecuado de aceptación emocional y un adecuado apareamiento comunicacional.

Para Arnold Modell[222] el self de estos pacientes está compuesto de dos partes: una, la del niño desprotegido y otra, la de quien está dotado de omnipotencia destructiva. Hay confusión o fusión entre el sentido y límites del self y el objeto es percibido de acuerdo con ciertas fantasías infantiles concernientes a la madre.

Posteriormente el paciente atribuirá al terapeuta los aspectos benevolentes o destructivos, ambos omnipotentes, de su propio self, quedándose con el sentimiento de ser un niño desprotegido cuya identidad se perderá en el objeto.

Considerando el desarrollo de la novela, la cual invitamos a los lectores a leer, la impresión diagnóstica "presuntiva" de Jaromil consistiría en un nivel organizacional de la personalidad de tipo fronterizo o borderline (Mahler, 1971; Mahler y Kaplan, 1976; Kernberg, 1975, 1977).

Para el desarrollo de este esquema de trabajo consideramos el diagnóstico integral de César Garza Guerrero (1989) y nos apoyamos en las investigaciones de Otto Kernberg, quien profundizó en el estudio de las perturbaciones de la personalidad y en especial en los cuadros fronterizos.

---

222 Citado por Marinópulos Córdova, J. y M. Ruiz Huidobro Bocklund, ob. cit., 1991.

De acuerdo con Edgardo H. Rolla, entendemos por organización de la personalidad: "...una constelación de estructuraciones y funciones estructurales interdependientes e interactuantes que dan por resultado una determinada conducta que para el sujeto se hace cotidiana y habitual y da un particular sello a su manera de lograr las vinculaciones interpersonales, lograr el mantenimiento y terminación de las mismas, que parecen no atender muchas veces a las necesidades de una situación de campo sino a necesidades intrínsecas del propio sujeto".[223]

En lo que respecta a los pacientes fronterizos, en diferentes trabajos bibliográficos encontramos que lo característico consiste en que presenten un estado intermedio entre psicosis y neurosis. Se reconoce que la estructura neurótica es producto del conflicto que oponen las pulsiones inconscientes al superyó a través del "yo" y que la estructuración psicótica se configura por el conflicto entre las pulsiones y la realidad, excluyendo al "yo". Para Kernberg la psicopatología de los desórdenes "fronterizos" es aquella que presenta "...una organización caracterológica crónica que no es ni típicamente neurótica ni típicamente psicótica y que está caracterizada por:

1. Constelaciones sintomáticas típicas.
2. Una constelación típica de maniobras defensivas del "yo".
3. Una patología típica de las relaciones objetales internalizadas.
4. Rasgos genéticos dinámicos típicos.[224]

Los padres de los pacientes fronterizos han alentado fijaciones de gran dependencia y estos sujetos muestran una inmensa necesidad de afecto. Al luchar los sujetos fronterizos por no sumergirse en la depresión, se configura la enfermedad del narcisismo.

Cuentan con una patología en la que su identidad yoica es difusa y su superyó (el ideal del Yo), no está integrado; por el contrario, se comporta como un eje integrador y a su alrededor se organiza la personalidad.

---

223 Rolla, Edgardo H. (1981), *La entrevista en psiquiatría. Psicoanálisis y psicodiagnóstico*, Buenos Aires, Editorial Galerna, p. 113.

224 Kernberg, Otto, *Desórdenes fronterizos y narcisismo patológico*, ob. cit., p. 21.

Los padres de estos pacientes han operado por medio de relaciones simbióticas, alentando las fijaciones en una relación analítica. En lo manifiesto opera el mensaje: "mientras dependas de mí no te pasará nada grave" y en el plano latente, "si me dejas vivirás grandes riesgos". Son padres insaciables en el plano de sus deseos narcisistas, los cuales exigen a sus hijos que cumplan. Ésta es la razón por la que los pacientes fronterizos se proponen logros desmesurados para conservar el amor y la presencia de las relaciones objetales primarias. El fracaso de sus logros ideales que no guardaban relación con sus posibilidades personales producirá heridas narcisistas y posteriormente vergüenza, angustia de la posibilidad de pérdida del objeto y depresión profunda.

Kernberg realiza la siguiente descripción clínica y considera que la sintomatología típica se caracteriza por dos o más síntomas de los siguientes:

a) Ansiedad difusa, flotante y crónica.

b) Neurosis poli-sintomática que se expresa en la presencia de elementos fóbicos, obsesivo-compulsivos, histéricos o hipocondriacos, frecuentemente combinados.

c) Tendencias sexuales perverso–polimorfas caóticas y múltiples. Pueden manifestar formas cambiantes de perversión sexual: sadomasoquista, actuaciones homosexuales, etc.

d) Estructuras de la personalidad de tipo esquizoide, paranoide, ciclotímico o hipomaniaco.

e) Desórdenes caracterológicos de nivel inferior.

En el caso de Jaromil podemos detectar varios de estos síntomas, por ejemplo, en lo que respecta al punto (a), ansiedad difusa, flotante y crónica: en diferentes pasajes de la novela, aparecen múltiples estados afectivos, pero la gran mayoría son de tendencia depresiva y vienen, comúnmente, unidos al aburrimiento, a una vida vacía y falta de sentido en función de un self grandioso.

Por ejemplo, cuando dice: "Hay en mi vida como una especie de sombra que me angustia y contra la que no puedo hacer nada" o "Las horas que pasaba frente al espejo lo arrastraban a la más profunda desesperación", o su sentimiento de "...vacío inconmensurable...", podemos encontrar muchos datos con estas características.

En lo que respecta al punto (b), neurosis polisintomática, Kernberg la divide en:

- Fobias múltiples, que causan graves limitaciones en la vida cotidiana y las que se relacionan con el propio cuerpo del paciente o la apariencia personal. En Jaromil encontramos síntomas como el siguiente: "solía recordárselos a sí mismo varias veces al día y Jaromil no lograba olvidarse de su aspecto aniñado ni por un momento"; o "piensa cada vez más en su cara, cuya femenina puerilidad lo pone en ridículo ante las mujeres,..."; "horror, se ruboriza... si una mujer bonita lo sorprendiera sonrojándose no será capaz de soportar la vergüenza" o "se acerca al espejo y mira detenidamente su odiosa cara infantil".
- Síntomas obsesivo-compulsivos que pueden hacerse sintónicos con el "yo", adquiriendo el carácter de pensamientos y acciones "sobrevaluados". La prueba de realidad sigue presente y el sujeto desea liberarse de sus pensamientos o actos absurdos, tiende a racionalizarlos. El lirismo es la forma que tiene Jaromil de enfrentar la realidad, un mundo ajeno al que teme y ansía desesperadamente.
- Elementos hipocondriacos. No encontramos en nuestro personaje elementos hipocondriacos importantes, pero hay datos de somatizaciones, como es el caso que después de situaciones difíciles en las que fracasa, padece fiebres muy altas o pulmonía, etc.

Por último, también se producen en Jaromil reacciones disociativas: "Él mismo se quedó un poco sorprendido de que la voz con que hablaba se pareciese a la voz del pintor y de que esa vez arrastrara a sus manos que empezaron a imitar en el espacio los gestos del pintor" o "Al principio estaba él solo, Jaromil. Luego Jaromil creó a Xavier, a su doble y con él a su segunda vida, onírica y aventurera".

En el punto (c), tendencias sexuales perverso-polimorfas, encontramos en Jaromil grandes problemas de inhibición sexual, con cierta desviación sadomasoquista y con tendencias homosexuales latentes.

En el punto (d), con respecto a la estructura de la personalidad encontramos muchos elementos de tipo paranoide en Jaromil. En muchas situaciones es tal la intensidad que llega al delirio. Es notorio que su perseguidor es Xavier.

En el punto (e), podemos decir que la caracteropatía de Jaromil es de nivel inferior, con características de personalidad narcisista. Su autorrepresentación cuenta con imágenes grandiosas de él con una intensa necesidad de ser amado y admirado. "¡Y Jaromil ansiaba tanto la gloria!"

Con una vida emocional sin mayor profundidad y con notorias fallas en la empatía hacia los sentimientos de los demás, el personaje establece en general vínculos de tipo explotador, reacciones con actos tremendamente agresivos, como denunciar a su amante, y con mucha rabia ante la frustración afectiva.

Los pacientes fronterizos utilizan mecanismos de defensa primitivos, como la escisión, la identificación proyectiva, la idealización primitiva y la negación. En Jaromil los encontramos constantemente en relación con las figuras más importantes de su entorno, por ejemplo, su madre, su padre y el pintor.

El principal mecanismo de defensa en este tipo de patología es la escisión, que intenta mantener separados los aspectos buenos de los malos de un objeto. En la novela este mecanismo de defensa se ve reflejado sobre todo en la doble personalidad: Jaromil y Xavier.

Al utilizar mecanismos de defensa tan primitivos resulta sumamente difícil la integración del "yo", por lo que estos pacientes cuentan con una labilidad yoica típica. Se puede observar falta de tolerancia a la ansiedad, falta de control de impulsos e insuficiente desarrollo de los canales de sublimación. En general, el tipo de pensamiento es de proceso primario. En Jaromil encontramos que ante situaciones de tensión emocional tiende a desorganizarse, su conducta en muchas situaciones aparece impredecible y bastante errática.

Es notorio que no cuenta con un concepto bien integrado de sí mismo, "...no estaba en absoluto seguro de que lo que antes había pensado y sentido, hubiera sido algo suyo propio... ¿Quién era él mismo?..."

En lo que respecta al nivel genético-dinámico, Kernberg sostiene: "Es frecuente que la historia de los pacientes de personalidad fronteriza consigne experiencias de frustración extrema e intensa agresión (secundaria o primaria) en los primeros años de vida. La excesiva agresión pregenital, sobre todo la oral, tiende a ser proyectada y provoca una distorsión paranoide de las tempranas imágenes parentales, en especial las de la madre.

"En virtud de la proyección de impulsos predominantemente sádico-orales, pero también sádico-anales, la madre es vista como potencialmente peligrosa y el odio hacia ella se hace extensivo a ambos padres, a quienes más tarde el niño experimenta como un grupo unido... lo que tiende a producir en ambos sexos una peligrosa imagen combinada padre-madre, como resultado de la cual todas las relaciones sexuales son vistas después como peligrosas e infiltradas de agresión."[225]

En la novela encontramos repetidamente la inhibición sexual y los miedos sexuales de Jaromil. En cuanto a la relación con su madre, hay pasajes como el siguiente: "Pensaba con odio en la madre que lo mantenía atado a una larga cuerda invisible que se le estaba incrustando ya en el cuello".

Por último, el mal funcionamiento superyoico se hace evidente en las contradicciones de su sistema de valores: "Ninguna libertad para los enemigos de la libertad", o sus aspiraciones moralistas de tipo "todo o nada", "el estudiante rebelde grita a través de la historia su todo o nada". Sus constantes fluctuaciones de autoestima que oscilan desde sentimientos de inferioridad y vergüenza hasta sus creencias de ser un elegido y sus constantes deseos exhibicionistas, así como su agresividad con su pareja cubierta con motivaciones orales y genitales, presentan graves alteraciones yoicas y un mal funcionamiento superyoico en Jaromil. Nos parece interesante citar un historial clínico de Garza Guerrero, que describe a un paciente fronterizo, José, cuya relación con su madre es muy similar a la de Jaromil:

"Pasos significativos hacia la mejoría de José en el hospital frecuentemente eran seguidos de la amenaza de la madre de retirarle su apoyo; lo que a su vez evocaba en él una eflorescencia regresiva de síntomas, cuyo

[225] Kernberg, Otto, *Desórdenes fronterizos y narcisismo patológico*, ob. cit., p. 50.

común denominador indicaba su lucha titánica por fundirse de nuevo a una madre, a quien él percibía que traicionaría si mejoraba lo suficiente, como para separarse de ella. La emergencia de síntomas, si bien es cierto que saciaba sus deseos de unión y refusión al ganarse el apoyo de la madre otra vez despertaba por otro lado temores de ser 'engolfado' y sofocado por las necesidades simbióticas de la madre; los que a su vez lo llevaban a repetidos esfuerzos por separarse, sólo para verse de nuevo, ante la amenaza de ser abandonado por su madre, y cerrado así un típico círculo vicioso de "tira y afloja" tan claramente descrito por Rinsley y Masterson (1975, 1976)."[226]

Toda esta última parte del informe parece una narración de la vida de Jaromil; la diferencia es que el mecanismo de "tira y afloja" con respecto a su madre comenzaba a operar cada vez que él elegía a una mujer.

Ampliando algunos puntos del trabajo e intentando develar un poco más algunos mecanismos narcisistas específicos de esta criatura imaginaria de Milan Kundera, podemos agregar que cuando un ser humano llega al mundo se inscribe dentro del campo edípico que origina el surgimiento del deseo; por ello, asume el deseo de ser alguien para un otro, de ser sujeto deseado y esto queda grabado en el inconsciente como una escena fantaseada, en la que el sujeto se ve recibiendo la valoración de los otros significativos para él. De la misma forma que el deseo erótico queda fijado en la vida de todo sujeto a determinados tipos de objetos primarios, el deseo de reconocimiento se estructurará como una característica específica del sujeto; estos dos anclajes del deseo se constituirán como esenciales en su inconsciente.

La madre de Jaromil veía al hijo como una posesión narcisista del yo y su admiración incondicional, en conjunto con su deseo de contar con un genio poético, produjo que Jaromil se identificara primariamente con ese "yo ideal".[227]

---

[226] Garza Guerrero, César (1989), *El superyó en la teoría y en la práctica psicoanalítica*, México, Editorial Paidós, p. 114.

[227] La personificación del "ideal del yo" se produce en un área específica, en tanto que por el contrario, en el "yo ideal" ese grado de perfección se extiende al yo como unidad totalizante, en donde el sujeto debe ser admirado en todos y cada uno de los rasgos como lo máximo; el primero es parcial a una cualidad, el segundo es totalizante.

Jaromil fue colocado en ese lugar y lo ocupó, logrando la experiencia del placer narcisista que, junto con la vivencia de satisfacción de la necesidad, se erigió en un punto de fijación y un recuerdo que atrae constantemente el deseo de repetición. Esto dentro del contexto de su relación simbiótica con su madre.

Con su entrada a la escuela, pasa de ser admirado por sus compañeros a ser criticado y rechazado por el sello maternal y simbiótico que refleja. Jaromil vivirá todas estas situaciones como una castración narcisística social, que le dejará una profunda herida narcisística. Al conjugarse con la simbiosis que ha arrastrado y con que su primer "ideal de Yo", su padre, lo abandona y el segundo, el pintor, lo hace objeto de críticas y grandes exigencias que no puede cumplir, todo esto conforma un trauma narcisístico. Producto de su labilidad yoica opera el mecanismo de escisión, existe una doble representación de sí mismo, la que le otorga la madre temprana y constantemente al idealizarlo y la que adquiere del enfrentamiento con la realidad social. Surge la doble representación: por un lado, desde la perspectiva idealizada de la madre, se vive como "Xavier"; por el otro, desde la perspectiva propia que se conformó en las relaciones con los demás se vive como "Jaromil".

Diferentes autores, en particular Hugo Bleichmar, consideran a la narcisización como el proceso intersubjetivo que comprende por parte del otro significativo una valoración positiva del sujeto, con la concomitante expresión de placer, y por parte del sujeto una identificación con esa valoración y ese placer. Por lo tanto, la catexis narcisista se define como el complejo ideativo-afectivo que queda formando parte inconsciente de la representación global o parcial del sujeto. Podemos deducir que en Jaromil la narcisización era global y cada enfrentamiento con la realidad que no permitía cumplir las expectativas le producía una gran frustración o colapso narcisista. Dada su simbiosis, vivía todas las situaciones que consideraba importantes, muy en especial las relaciones con el sexo opuesto, con gran angustia narcisista. Por esto se defendía obsesivamente intentando pensar y controlar todos los actos y situaciones que pudieran surgir.

Entre sus múltiples fracasos podemos considerar el fundamental y que más le preocupaba: su sexualidad. Se reconoce que para el varón la erección resulta un elemento altamente narcisizado, por cuanto en el ámbito social la virilidad se mide por las dimensiones del pene y por la duración de la erección. En Jaromil encontramos que ante la ansiedad narcisista de fallar o por sus fantasías de castración (producto de su simbiosis), o bien por todos sus miedos, su erección se producía independientemente de su deseo y de su voluntad, en situaciones que lo ponían en ridículo. Este trauma primario quedó marcado como una humillación que temía volver a experimentar. En el único caso que no existió tal problema hubo dos razones: primera, porque la que inició y promovió la relación activa fue la joven pelirroja y segunda, porque ella no era una figura significativa para Jaromil.

En el transcurso de esta relación de pareja, Jaromil reedita sus relaciones objetales primarias y le hace asumir a la otra parte su deseo de reconocimiento como un "yo ideal". Jaromil reclama la admiración total e incondicional; necesita ser único, con un control total de su pareja. Al igual que su relación simbiótica, desea controlar la sexualidad, el accionar y el pensar. En esta simbiosis la cerradura está armada con los celos posesivos y en el momento en que se siente resistido por el juego de su propia omnipotencia, Jaromil desencadena su terrible agresión oral y su rabia narcisística contra su pareja y la hace encarcelar.

Como decíamos, después del primer fracaso sexual, en Jaromil se produjo un círculo que se autoalimentaba y que hacía crecer su ansiedad narcisista. Cuando se separaba de su madre y salía con alguna mujer, rompía con su simbiosis y sentía que traicionaba a su madre en tanto que, al regresar a ella, temía ser "atrapado" y la odiaba porque le impedía vivir.

Este círculo cortó su relación con la mujer pelirroja, pero su reedición con la cineasta y su propia impotencia sexual le despertó un gran odio contra su madre y, posteriormente, contra sí mismo. Culminó con una depresión profunda que lo condujo al autoaniquilamiento y al reencuentro con su simbiosis original; previamente se asumió como afeminado, cuando quizá su mal fue estar castrado. Sin embargo, por su herida narcisista y para evitar la vergüenza se autoeliminó.

Otto F. Kernberg realiza una sucinta descripción del narcisismo patológico más grave o profundo, y resulta interesante ver cuántos elementos concuerdan con nuestro personaje: "Estos pacientes presentan un excesivo egocentrismo, junto con una adaptación social aparentemente buena, pero con serias distorsiones en sus relaciones internas con otras personas. En ellos se combinan en proporciones variadas las ambiciones desmedidas, fantasías grandiosas, sentimientos de inferioridad y exagerada dependencia de la admiración y el homenaje de los demás; sufren una permanente sensación de hastío y futilidad; se esfuerzan constantemente por gratificar sus necesidades de brillo, riqueza, poder y belleza, y su capacidad de amar y preocuparse por los demás es sumamente deficitaria; asimismo, son incapaces de comprender a los otros mediante la empatía, sufren una crónica incertidumbre y se sienten insatisfechos con su vida.

"Otros de sus rasgos sobresalientes son sus tendencias conscientes o inconscientes a tratar a los demás de manera explotadora e insensible y la crónica presencia de una envidia intensa y de las defensas contra esa envidia."[228]

Por último, resulta interesante acotar que para Kernberg las más típicas "personalidades narcisistas" presentan una organización fronteriza subyacente y por lo general ocupan en esta patología el "nivel inferior", es decir, el más grave.

Hasta aquí hemos descrito las características clínicas que identificamos en la personalidad de Jaromil que concuerdan en los aspectos sintomáticos, estructurales y genético-dinámicos con los desórdenes de la personalidad fronteriza.

Pronóstico

El desorden de la personalidad fronteriza o borderline es una enfermedad de la gente joven y por lo común comienza en la adolescencia o la juventud. El 80% de pacientes son mujeres. Este desorden suele ser crónico y a menudo los problemas severos continúan presentes por muchos años. Cerca del 10% de los pacientes tiene éxito en los intentos suicidas, como el caso de Jaromil. Sin embargo, en el 90% que no se mata, la pa-

[228] Kernberg, Otto, *Desórdenes fronterizos y narcisismo patológico*, ob. cit., p. 291.

tología de la frontera tiende a mejorar en la edad media y la mayoría de los pacientes funcionan perceptiblemente mejor alrededor de los treinta y cinco a cuarenta años. Se desconoce el mecanismo de esta mejora. Sin embargo, otros desórdenes asociados con la impulsividad, como el abuso antisocial de las drogas, también tienden a mejorar alrededor de la misma edad.

El nivel de la mejora a largo plazo en pacientes de frontera varía mucho. Una minoría desarrollará una carrera acertada, se casará con felicidad y se recuperará por completo. En la mayoría de los casos, la impulsividad y la declinación de la inestabilidad sucederán en un cierto plazo y el paciente podrá llegar a funcionar en un nivel razonable.

Estimaciones de varios estudios estadounidenses indican que el 50% de los pacientes con trastornos fronterizos de la personalidad que buscan tratamiento lo abandonan dentro de los seis meses siguientes y el 75%, dentro del primer año. Sólo uno de 10 pacientes completa el proceso estimado para su psicoterapia.

Podría pensarse que un pronóstico exitoso consistirá en conseguir relaciones más estables, resultantes de la conciencia del significado de la conducta manipuladora y dependiente.

Un elemento pronóstico negativo que complica el cuadro de las personalidades fronterizas es la fusión patológica de imágenes "totalmente buenas" de sí mismo con tempranas imágenes ideales de sí mismo y de los objetos.

Esta fusión de todos los aspectos "buenos" de las relaciones objetales internalizadas se cristaliza en un concepto de sí mismo idealizado y muy irreal que, en presencia de determinadas circunstancias (un inusual talento, belleza física, inteligencia), se ve reforzado por la realidad y, paradójicamente, promueve una mejor adaptación a lo "especial" en el plano real.

Dicho fenómeno es característico de la personalidad narcisista; en tales circunstancias el funcionamiento social puede mejorar en gran medida, pero a costa de la pérdida de la normal diferenciación entre sí mismo y el ideal del yo (es decir, a costa de una estructura superyoica fundamental).

Las graves deficiencias del superyó son típicas de las personalidades narcisistas y comprometen su analizabilidad.

Para Kernberg los factores útiles para evaluar el pronóstico de cada caso son:

- Tolerancia a la depresión y al duelo: los pacientes que al iniciar su terapia poseen por lo menos un cierto grado de tolerancia a la culpa y la depresión, evolucionan mejor que aquellos que son totalmente incapaces de tolerar esos sentimientos.
- Beneficios secundarios del tratamiento analítico: por desgracia, existen condiciones sociales y profesionales que permiten obtener importantes beneficios secundarios del "aprendizaje" del método analítico.
- Capacidad de culpa y propensión a la rabia paranoide en la transferencia: una vez resueltas las típicas defensas transferenciales, reflejadas en la fusión mágica con el analista y en la desvalorización de éste como persona autónoma junto con la concomitante lucha contra la dependencia, algunos pacientes presentan intensas reacciones paranoides en la transferencia, mientras que otros son capaces de experimentar por lo menos cierto grado de culpa y preocupación por el analista; este segundo tipo de pacientes tiene mejor pronóstico que aquellos que manifiestan una reacción puramente paranoide en la transferencia.
- Potencia de la capacidad sublimatoria: los pacientes que manifiestan por lo menos un cierto grado de creatividad en algún aspecto de su vida tienen mejor pronóstico que aquellos que carecen por completo de ella.
- Grado y características de la integración superyoica: es casi obvio que el peor pronóstico corresponde a la personalidad antisocial que representa una manifestación extrema de esta carencia superyoica.
- Control de impulsos y tolerancia a la ansiedad: el pronóstico es más desfavorable para aquellos individuos que poseen muy escasa tolerancia a la ansiedad.
- Regresión al pensamiento del proceso primario: el psicoanálisis está contraindicado para los pacientes de marcados rasgos fronterizos, en especial con falta de control sobre los impulsos, into-

lerancia a la ansiedad y tendencia a regresar al pensamiento del proceso primario. Esto aun cuando sean capaces de experimentar culpa y depresión, porque la depresión que surge en esos casos en el curso del tratamiento suele manifestarse en niveles psicóticos de expresión o con intentos de suicidio. En estos casos muy graves el tratamiento exclusivamente de apoyo psicoterapéutico llegó a resultados muy satisfactorios.

- Motivación para el tratamiento: cuanto mayor sea el empeño de una persona por superar su frialdad interna, sus vivencias de vacío y sus dificultades para establecer lazos de empatía con los demás, más favorable es el pronóstico.[229]

Importa destacar que, como ya mencionamos, este tipo de patología es la más difundida en las sociedades contemporáneas con cultura posmoderna, lo cual no resulta extraño en una realidad que ha perdido toda posibilidad de encontrar sus límites.

Las publicaciones científicas dan cuenta de un considerable aumento estadístico de este trastorno; es notorio que las características de la patología borderline o personalidades narcisistas son idénticas a las que definen a la sociedad contemporánea: exhibicionismo, destructividad y violencia, promiscuidad, droga y perversiones sexuales, omnipotencia, grandiosidad, problemas de identidad, xenofobia, depresión, aburrimiento y vacío.

En nuestros días, la realidad supera a la ficción: el panorama del mundo de fin de siglo y principios del milenio que hemos transitado y transitamos, que se expresa mediante la economía, la ideología y la política neoliberal, ha generado una impactante pobreza en todos los pueblos del mundo, así como el desempleo estructural, una profunda crisis económica, el desarrollo del narcopoder, la corrupción, el analfabetismo y la incultura, la falta de salud, el armamentismo y guerras (Irak, Afganistán, Libia, la ex Yugoslavia, Chechenia o la guerra civil que vivimos actualmente en México, guerra de narcos entre sí y contra el Estado), la tecnología (con su acelerado desarrollo pero inaccesible a las clases populares), el dinero como

---

229 Kernberg, Otto, *Desórdenes fronterizos y narcisismo patológico*, ob. cit., p. 293.

un objetivo de vida para una gran mayoría de seres humanos y, como consecuencia, la ausencia total de valores positivos.

Los adolescentes y jóvenes se encuentran inmersos en los "malestares de la cultura" de la vida contemporánea que se transita de los valores tradicionales a una realidad posmoderna, signada por aceleradas y fugaces transformaciones en todos los órdenes de la vida, generando vacío de sentido, desesperanza, sentimientos de apatía y sensación de futilidad. Estos fenómenos se los intenta contrarrestar, en muchos casos, con las sugerencias de los medios de comunicación que les informa clichés de cómo, por medio del consumo, lograr una personalidad exitosa y contar con un sello de distinción que les permitirá ser amados/as; en otros casos, por medio de diferentes adicciones o por conductas antisociales y delictivas, y en el afecto, en muchos casos, por medio de la violencia o la autoagresividad. Los referentes culturales se trastocan por los efectos que producen el mercado y la desequilibrante lógica del consumismo, guiado por el neoliberalismo convertido en una fábrica que genera desempleados, marginados y extensión de la pobreza. En la cultura posmoderna el enaltecimiento y la autovaloración narcisista reemplazan a los valores de solidaridad, trabajo cooperativo y en equipo, a los ideales que buscan cambiar lo que está mal en nuestras sociedades, o alcanzar el beneficio social y el desarrollo de la cultura.

Sin embargo, en este contexto social y cultural en que nuestra temporalidad se colapsa en la dialéctica de la contradicción entre identidad y disolución, es necesario, para los adultos pero muy especialmente para los jóvenes, no rendirse ante esta situación y ser capaces de repensar críticamente y luchar para transformar y construir un mundo más humano, con seres más sanos y felices.

Bibliografía citada

Garza Guerrero, César (1989), *El superyó en la teoría y en la práctica psicoanalítica*, México, Editorial Paidós, 1989.

Kernberg, Otto (1975), *Desórdenes fronterizos y narcisismo patológico*, Buenos Aires, Editorial Paidós.

Marinópulos Córdova, J. y M. Ruiz Huidobro Bocklund, (1991), *Entre la neurosis y la psicosis*, Perú, Amarú Editores.

Rolla, Edgardo H., (1981), *La entrevista en psiquiatría. Psicoanálisis y psicodiagnóstico*, Buenos Aires, Editorial Galerna.

Glosario de términos y vocabulario de psicoanálisis

En esta sección presentamos al lector una relación de términos que aparecen con mayor o menor frecuencia en el texto o bien, que resultan útiles para mejorar la comprensión de la obra y pueden representar cierta dificultad para el lector que no ha profundizado en la teoría psicoanalítica.

Para su elaboración hemos utilizado el *Diccionario de psicoanálisis*, de Laplanche y Pontalis;[230] el *Diccionario de psicoanálisis*, de Fedida;[231] el *Diccionario introductorio de psicoanálisis lacaniano*, de Evans,[232] el *Diccionario del Psicoanálisis* bajo la dirección de Roland Chemama y Bernard Vandermersch, así como diferentes obras de autores psicoanalíticos reconocidos.

Abducción: Teoría de Peirce que destaca el valor de las conjeturas y la intuición -y no del pensamiento lógico– para llegar a la verdad y al conocimiento.

Abreación: Descarga intensa de afectos que conlleva una respuesta motora y un alivio de la tensión interna.

Abstracción: Función mental (intelectual), por la cual entendemos las cualidades o atributos de los seres o de las sustancias, independientemente de los mismos.

Acting-out: Se refiere a la reproducción, en la conducta (actuación), de una memoria reprimida o de una fantasía inconsciente. Este fenómeno se considera como un mecanismo defensivo primitivo que se pone al servicio de la expresión del impulso cuando el sujeto está en una terapia analítica.

---

230 Laplanche, Jean y Jean-Bertrand Pontalis, ob. cit.

231 Fedida, Pierre (1979), *Diccionario de psicoanálisis*, Madrid, Editorial Alianza.

232 Evans, Dylan (1977), *Diccionario introductorio de psicoanálisis lacaniano*, Buenos Aires, Editorial Paidós.

Actividad masturbatoria: Fenómenos psíquicos y biológicos dirigidos a la búsqueda de gratificación erótica; el proceso de fantasía erótica es una forma de actividad masturbatoria.

Acto fallido: Acto en el que no se obtiene el resultado explícitamente perseguido, sino que se encuentra reemplazado por otro. Se habla de actos fallidos para designar el conjunto de errores de la palabra, de la memoria y de la acción, aludiendo a aquellas conductas que habitualmente el individuo es capaz de realizar con éxito y cuyo fallo tiende a atribuir a la falta de atención o al azar. Freud demostró que los actos fallidos son, como los síntomas, formaciones de compromiso entre la intención consciente del sujeto y lo reprimido.

Afecto: Término usado por Freud para denominar el complejo emocional asociado a un estado mental; resonancia emocional de un fenómeno psicológico mental. También, la experiencia subjetiva de la emoción, en contraste con sus muestras del comportamiento.

Aislamiento: Mecanismo de defensa. En el caso de la literatura, de acuerdo con Hollland, es el recorte de la realidad objetiva para "entrar" en otra realidad: la del texto.

Alianza terapéutica: Vínculo establecido con el paciente en el cual, y a través del proceso terapéutico, el paciente progresa gradualmente a raíz de interpretaciones y de la conducta total del terapeuta. Se realiza por un proceso: el paciente aporta material, el terapeuta interpreta, el paciente elabora, aporta más material, el terapeuta interpreta.

Ambivalencia: Estado en el que se encuentran simultáneamente afectos, pensamientos o voluntades opuestos. Se habla de ambivalencia, con su connotación afectiva, en el caso, sobre todo, del amor y del odio, sentidos simultáneamente y con respecto a un mismo objeto.

Anaclítico: Relativo a dependencia libidinal, relativo a indiferenciación y por último, relativo a lo fusional.

Anal: Relativo a la etapa anal del desarrollo psicosexual.

Angustia: Reacción del individuo al encontrarse en una situación traumática, sometido a una afluencia de excitaciones de origen externo o interno. La reacción, incapaz de ser dominada, hace aparecer en el sujeto un deseo y una defensa.

Ansiedad: Afecto que presenta características distintivas de disgusto y desasosiego. Sentimiento de impotencia para hacer algo en una situación de importancia personal. Presentimiento de peligro inminente e inevitable. Psicoanalíticamente: conflicto intrapsíquico.

Ansiedad de castración: El miedo que siente el niño de tres a cinco años en relación con sus fantasías eróticas en torno a su madre y su debilidad frente a la agresión proyectada en la figura del padre. Pertenece al complejo de Edipo.

Ansiedad de fusión: Ansiedad asociada a la pérdida de límites yoicos. El sujeto tiene la sensación de que se pierde el sentido de realidad y se confunde con el otro. Es la contrapartida de la ansiedad de separación y se presenta en situaciones patológicas severas.

Ansiedad de separación: Prototipo de ansiedad de acuerdo con Anna Freud. Según Margaret Mahler, el infante vive en armonía simbiótica con la madre hasta los cinco o seis meses de edad, cuando el desarrollo de la simbiosis se interrumpe por la primera noción de que la madre y él no son el mismo objeto y, por lo tanto, la gratificación no es automática a sus deseos. Esta primera noción desencadena la ansiedad de separación. Psicopatológicamente es un trastorno emocional. El sujeto es incapaz de alejarse de la persona o lugar que representa la seguridad, tanto sean los padres como su pareja, hogar, acompañante, etcétera.

Anulación: Mecanismo de defensa cuya meta es bloquear, específicamente, una parte de los impulsos.

Aparato psicológico: El conjunto de funciones psicológicas en general.

Aparato yoico: El conjunto de funciones del yo, tanto defensivas como de la esfera libre de conflicto. Sinónimo de yo.

Apego: Fenómeno mediante el cual dos sujetos desarrollan vínculos que los hacen únicos, el uno para el otro, implicando interrelación emocional y gratificación instintiva.

Asociaciones libres: Pensamientos que brotan espontáneamente en relación con otro pensamiento. En la técnica psicoanalítica se pide al paciente asociar libremente, hablar sin censura alguna, de todas las ideas que se le ocurren en relación con determinado tema.

Autismo: En la teoría de M. Mahler se refiere a un estado mental propio del recién nacido, anterior a que se inicie el desarrollo de la simbiosis. En este estado no existe todavía un registro que represente a su madre. En Freud sería el narcisismo primario.

Autoimagen: Imagen de sí mismo que puede ser recreada.

Autorrepresentación: Imagen de sí mismo que el individuo tiene en su aparato mental.

Borderline o fronteriza: Patología determinada por mecanismos defensivos primitivos, muy tempranos, que no están al servicio de la represión sino de la escisión, por lo que el impulso es expresado mediante mecanismos como disociación, negación, identificación primaria, impulsividad, generando un sí mismo poco integrado.

Carácter: En el sentido psicoanalítico se considera al aspecto de la personalidad que refleja la forma habitual que tiene un individuo para armonizar sus necesidades internas y las demandas del mundo externo.

Carencias pregenitales: Privaciones sufridas por el sujeto durante los tres primeros años de vida.

Castración: Según los planteamientos lacanianos, la inserción del viviente en el lenguaje implica una pérdida de goce. Hablar es perder satisfacción autoerótica y dirigir una demanda al Otro. Buscar goce en el Otro (sexo). La castración no es la prohibición de un padre (imaginario), sino la ley simbólica. Lo que castra es el lenguaje. La castración es el paso de la satisfacción muda a la demanda al Otro. Un operador que transforma al viviente en un sujeto.

Catarsis: Todo tipo de acción o reacción capaz de provocar la liberación de un elemento afectivo del pasado o la liquidación de una situación conflictiva reprimida que impide el normal desarrollo de la vida psíquica.

Catexis: Concepto económico que hace alusión, en psicoanálisis, a la unión de la energía psíquica con un objeto externo o interno, una representación, una actividad, una parte del cuerpo.

Cognoscitivo: Aparato, conjunto de funciones (estructura) del yo, que permiten al individuo saber y conocer.

Complejo: Conjunto organizado de representaciones y de recuerdos dotados de intenso valor afectivo, parcial o totalmente inconscientes. Un complejo se forma a partir de las relaciones interpersonales de la historia infantil; puede estructurar todos los niveles psicológicos: emociones, actitudes, conductas adaptadas.

Complejo de castración: Noción importante de la estructura edípica o del complejo de Edipo. Complejo centrado en la fantasía de castración, la cual aporta una respuesta al enigma que plantea al niño la diferencia anatómica de los sexos, en una palabra, la presencia o ausencia del pene.

Complejo de Edipo: Freud metafóricamente lo denominó así refiriéndose a la historia de Edipo rey. El concepto indica un conjunto organizado de deseos amorosos y hostiles que el niño experimenta con respecto a sus padres. Se distinguen dos formas: el complejo positivo, deseo de muerte hacia el rival del sexo opuesto y deseo amoroso al padre del sexo opuesto, y el complejo negativo, deseo de muerte hacia el rival del sexo opuesto y amor hacia el progenitor del mismo sexo. "...la universalidad simbólica edípica como fundante del psiquismo, paradigma central e inamovible del pensamiento freudiano. ...la verdad histórica es, para Freud, el deseo reprimido, insistente, del que nada podemos saber ni decir más allá de las producciones del inconsciente: síntomas, lapsus, sueños. Símiles de la verdad pues aquélla ha sido reprimida. La represión primaria es el punto de partida del discurso. De allí en más, sólo estrategias de la memoria."[233] "Lacan, volviendo a Freud, establece que la clínica se dispone en torno al Deseo de la Madre y a la función paterna. El saber que falta a la conciencia por efecto de la defensa no es un saber cualquiera, es un saber sobre el sexo. El sujeto del inconsciente desconoce la diferencia sexual. Es la dialéctica fálico-castrado la común medida de la sexuación que organiza el inconsciente y, por lo tanto, la lógica de las estructuras en su inscripción, o no, de la función fálica."[234] Posteriormente, en el amor adolescente o adulto, se trata de una repetición de prototipos infantiles, vivida con un marcado sentimiento de actualidad.

---

[233] Wechsler, Elina, *Arrebatos femeninos, obsesiones masculinas*, ob. cit., p. 22.

[234] *Ibíd.*, pp. 22 y 23.

Compulsión a la repetición: Proceso de naturaleza pulsional y origen inconsciente que coloca al sujeto, sin que éste se dé cuenta, en situaciones que aparentemente no desea, que en realidad son la repetición inevitable (si no realiza un análisis para comprender qué está sucediendo) de antiguas experiencias a las que la pulsión de muerte se mantiene ligada de un modo fantasmático.

Condensación: Según Laplanche y Pontalis, "...uno de los principales modos de funcionamiento de los procesos inconscientes: una representación única representa por sí sola varias cadenas asociativas, en la intersección de las cuales se encuentra..."[235] En donde mejor se ha puesto en evidencia ha sido en los sueños. Se traduce por el hecho de que el contenido manifiesto resulta lacónico en comparación con el contenido latente: constituye una traducción abreviada de éste. En síntesis, la representación en una sola imagen, palabra, pensamiento, síntoma o acto de varios deseos u objetos inconscientes.

Conflicto intrapsíquico: Estado de lucha mental producido por operaciones opuestas y simultáneas: impulsos del ello, demandas internas del superyó, demandas externas al yo por la realidad sociocultural, etc.

Consciente: La parte de la vida mental que el individuo conoce y que está regida por la lógica y la experiencia.

Constancia de identidad: Posición irreversible y continua de la identidad, a pesar de los cambios intrapsíquicos o del medio externo.

Constancia objetal: Capacidad que tiene el aparato psicológico para darse cuenta de la existencia de un objeto o persona sin necesidad de su presencia.

Contracatexis: Fuerza represiva dirigida por el yo contra fantasías y objetos que habían adquirido una gran importancia afectiva por su significación en términos de gratificación.

Contratransferencia: Se refiere a la respuesta afectiva del terapeuta a las manifestaciones afectivas del paciente.

Conversión: La manera más utilizada conceptualmente consiste en que expresa la transformación de un conflicto psíquico en un síntoma so-

[235] Laplanche, Jean y Bertrand-Jean Pontalis, ob. cit.

mático. Manifestación en un síntoma corporal, tal como la parálisis o anestesia, de un conflicto intrapsíquico.

Culpa: Consciencia de que se han violado códigos morales o éticos, unida al sentimiento de arrepentimiento. En psicoanálisis, un tipo de ansiedad producido por el superyó.

Defensa, mecanismo de: Una reacción organizada del ego que actúa automáticamente después de una señal de peligro interno o externo. Asociada a la ansiedad o culpabilidad por deseos prohibidos.

Denegación: Proceso por el cual el contenido de una imagen o un pensamiento reprimido puede abrirse paso hasta la consciencia, bajo la condición de ser negado.

Deseo: En la concepción dinámica freudiana, se configura en uno de los polos del conflicto defensivo: el deseo inconsciente tiende a realizarse restableciendo, según las leyes del proceso primario, los signos ligados a las primeras experiencias de satisfacción. El psicoanálisis ha mostrado, basándose en el modelo del sueño, cómo el deseo se encuentra también en los síntomas en forma de transición. El deseo es, no tanto la expresión consciente de una búsqueda afectiva orientada hacia una meta, sino aquello mediante lo cual se indica la existencia de una carencia. En la definición conceptual lacaniana, el deseo se diferencia de la necesidad. La necesidad puede ser satisfecha, pues hay un objeto fuera del sujeto que puede satisfacerla. El deseo, por el contrario, sólo puede ser realizado a través de objetos sustitutos. Objetos sustitutos porque el deseo implica una estructura de falta. El sujeto, en cuanto deseante, está atravesado por la falta.

Deslibidinización: Movilización de la libido que estaba investida en un objeto (persona o fantasía).

Despersonalización: Síndrome que consiste en la sensación de que se ha perdido la identidad, de que se es diferente, extraño o irreal.

Desplazamiento: Mecanismo mediante el cual el acento, el interés, la intensidad de una representación puede desprenderse de ésta para pasar a otras representaciones originalmente poco intensas, aunque ligadas a la primera por una cadena asociativa.

Discurso: En la teoría de Lacan, es: forma de lazo social, vínculo al Otro. Un discurso es sin palabras, pues es una relación entre letras y lugares. El lazo social no se refiere sólo a la cadena significante, sino también al inconsciente y a la pulsión; es decir, a los efectos sintomáticos que se producen en las diferentes modalidades de vínculo con el Otro. La modalidad de goce en lo social es la forma de pensar lo social del lado del síntoma.

Distonía: Características de un fenómeno intrapsíquico de ser percibido como ajeno, como proveniente de afuera.

Dual: Se refiere a la relación preedípica del niño con su madre o su padre, o sea, relación anterior a la triangular del Complejo de Edipo.

Efecto de lectura: Grado cualitativo, resonancia personal, puente entre el lector y la obra que provoca no sólo una nueva relación con la historia de la literatura, sino también con la historia literaria de cada lector particular, de acuerdo con Holland.

Ego: Una porción organizada de la personalidad total, derivada de la identificación bajo presiones de la realidad externa, y del tener sectores conscientes, preconscientes e inconscientes. Su función primaria es la sintetización y la unificación de las respuestas del sujeto a las demandas de la realidad interna y externa. Así, el ego es el depósito del sentido, del juicio, de la inteligencia, del afecto, de la opinión, del control o de las identificaciones con los objetos tempranos.

Egocentricidad: conducta en que el sujeto centra su interés en sí mismo.

Elección de objeto: suceso psicológico a través del cual se hace importante un objeto desde el punto de vista emocional.

Ello: De manera descriptiva y topográfica designa una de las tres instancias del aparato psíquico; las otras dos son el yo y el superyó. Se lo puede definir como el conjunto de fuerzas que componen la energía pulsional inconsciente.

Empatía: Aptitud para percibir sensitivamente el estado de la estructura y balance emocionales de otra persona, sobre la base de la conciencia de la propia experiencia. También, identificación emocional. Eje de la teoría de Norman Holland, para lograr la necesaria transacción personal en el momento de la lectura y su interpretación.

Epistemología: Filosofía de la ciencia, estudio crítico y sistemático de las ciencias.

Escisión: Mecanismo de defensa que divide a los impulsos y los hace ajenos unos a otros, o divide territorios importantes de la estructura mental. La escisión predomina como función defensiva en las llamadas organizaciones borderline de la personalidad y en la psicosis.

Estética de la recepción: Estudia el efecto producido por la lectura de la obra literaria. Le restituye el papel activo al lector. Se interesa tanto por el texto como por conocer los modos en que la comunidad lectora los recibe, aprecia, interpreta y lee. Según Holland, estudia el "horizonte de experiencias" y el "horizonte de expectativas " de un texto literario. Señala que la aparición de nuevas obras cambia la posición de las obras anteriormente leídas.

Etapa anal: Proceso del desarrollo psicosexual en el que la libido es movilizada al esfínter anal y al movimiento voluntario. Etapa en la que el niño se satisface y tiene fantasías en torno a todo lo relacionado con la expulsión y retención de sus excrementos. Ocurre durante el segundo y el tercer años de vida.

Etapa de latencia: Se produce de los cinco años a la pubertad, etapa en que el niño se desinteresa de lo erótico y dirige su atención a otros tipos de gratificaciones. También, una fase del desarrollo entre la represión del complejo de Edipo y del inicio de la pubertad, caracterizados por disminuir los impulsos genitales.

Etapa fálica: Proceso del desarrollo psicosexual en el que la libido es movilizada a los genitales. El pene adquiere un significado simbólico, falo. Se producen las modalidades de relación edípica, entre los tres y cinco años.

Etapa genital: El individuo alcanza la genitalidad: la satisfacción sexual primordial es obtenida por la descarga genital de la Iibido.

Etapas: En psicoanálisis, periodos del desarrollo psicosexual en los que la libido está investida en diferentes partes del cuerpo que son utilizadas para la obtención de gratificación instintiva y pulsional.

Falo: El pene, considerado como símbolo desde el punto de vista psicológico.

Fantasía inconsciente: Para la escuela de M. Klein, unidad permanente del funcionamiento mental que subyace a todo fenómeno psíquico.

Fantasma: Escenificación imaginaria en la que se halla presente el sujeto y que representa, en forma más o menos deformada por los procesos defensivos, la realización de un deseo, y en último término, de un deseo inconsciente. En la teoría lacaniana, "En el fantasma, cuando se está como sujeto no se está como objeto y cuando se está como objeto no se está como sujeto. Todo fantasma tiene una doble cara: un sujeto que no es objeto y un objeto que no es sujeto. No es lo mismo ser sujeto en el fantasma que ser sujeto en el deseo. El deseo conjuga el sujeto con el objeto; se es sujeto de deseo en la medida en que se es, de forma simultánea, objeto para un otro deseante".

Fase simbiótica: Fase de las relaciones objetales en la que el infante se relaciona con representaciones parciales fusionadas de sí mismo y del objeto gratificante (madre). Se desarrolla durante los primeros cinco o seis meses de vida.

Fijación: Noción descriptiva que da cuenta de la persistencia de una ligazón con una persona o una situación que pertenecen al pasado. Define la condición de repetición de una conducta que ignora el sentido de los cambios históricos que han intervenido en la vida.

Forclusión, rechazo: Mecanismo específico que se hallaría en el origen del hecho psicótico; consistiría en un rechazo primordial de un "significante" fundamental fuera del universo simbólico del sujeto.

Goce: En la teoría lacaniana, el goce es del cuerpo. Se define como satisfacción de la pulsión. Hay una pluralidad de goces. "Si el goce está prohibido a quien habla", hablar implica un plus de goce (una ganancia allí donde hay una pérdida); hablar requiere la voz (pulsión invocante), que es objeto caído del cuerpo.

Iatrogénica: Situación patológica causada por la terapia.

Ideal del yo: Subestructura que conlleva la representación mental de lo que el individuo quisiera o debiera ser. Pertenece al superyó.

Idealización: Mecanismo defensivo primitivo mediante el cual se disocian los aspectos negativos de un objeto (persona), negándolos.

Identidad: La experiencia del self como entidad única.

Identidad genérica: Capacidad que desarrollan los sujetos entre los 12 y los 18 meses de edad, para captarse y vivirse como niño o niña.

Identidad sexual: Capacidad de experimentar la propia característica sexual, habiendo incorporado la representación de sí mismo (self), lo referente a la función y anatomía sexual.

Identificación: Es el proceso que experimenta el niño al observar a sus padres y que lo lleva a reconocerlos y amarlos. Como mecanismo de defensa, es el proceso por el cual el sujeto adquiere masivamente las características de otra persona.

Imaginario: Uno de los tres registros fundamentales del campo psicoanalítico para Lacan (lo real, lo simbólico y lo imaginario). Este registro se caracteriza por el predominio de la relación con la imagen del semejante. Lo imaginario hay que aprehenderlo en una estructura ternaria que hace referencia a lo simbólico y a lo real. Se refiere a la relación especular con el Otro, a los fenómenos de rivalidad. Da consistencia al yo y aparece como pantalla del inconsciente.

Imago: Prototipo inconsciente de personajes que se elaboran a partir de las primeras relaciones reales y fantaseadas con las figuras del grupo familiar, en especial los padres.

Impulso: Urgencia que impele a la obtención de la gratificación del deseo. Urgencia productora de la actuación hacia la obtención de gratificación. También, una demanda del cuerpo sobre la vida mental, según lo puesto en contraste con las demandas de la realidad externa. Un impulso abarca una fuente (un estado de excitación dentro del cuerpo), una meta (satisfacción, que permite quitar la excitación) y un objeto (los medios por los cuales el impulso puede alcanzar su meta).

Inconsciente: Para Freud es inconsciente "...todo proceso psíquico cuya existencia viene demostrada por sus manifestaciones, pero del cual, por otra parte, ignoramos todo, a pesar de que se desarrolla en nosotros..."[236] El sueño es el "camino real" hacia el descubrimiento del inconsciente. Para Lacan, hace referencia al sujeto, al efecto subjetivo que produce el despliegue de la cadena significante. El inconsciente es saber. Hace aparecer el deseo como deseo del Otro. Se pueden manejar sujeto, deseo e inconsciente como términos implicados entre sí.

Indiferenciación: Se refiere a la falta de diferenciación, desarrollo completo, de una estructura mental o de una función.

Individuación: Proceso que el infante lleva a cabo a través de la progresiva desvinculación afectiva, en lo intrapsíquico, de las representaciones mentales de sus padres. En la adolescencia, un segundo proceso de individuación se lleva a cabo a través de la desvinculación de las mismas representaciones de los objetos primarios, que fueron internalizadas en la infancia.

Inmadurez: Cuando una función o varias no logran la plenitud del desarrollo que se esperaría en una etapa dada.

***Insight*:** Conocimiento que tiene el individuo sobre sus motivaciones psicológicas y sobre su propio funcionamiento psicológico, en una palabra, conocimiento de sí mismo.

Instintivo: Se refiere al comportamiento innato con el que nos enfrentamos al mundo cuando nacemos y que nos permite sobrevivir.

Instinto: Estructura biológicamente establecida que determina ciertas formas de conducta.

Internalización: Proceso progresivo mediante el cual interacciones con el exterior pasan a ser representaciones mentales de ellas y de sus resultados.

Interpretación: Herramienta de intervención terapéutica que el analista utiliza, cuyo objetivo es alcanzar resultados terapéuticos al lograr que el paciente conozca sus contenidos psíquicos inconscientes y el conflicto que dichos contenidos le causan.

Intrapsíquico: Que se origina, se sitúa y tiene lugar en el aparato psicológico.

---

236 Freud, S. (1973), Lo inconsciente, en *Obras completas*, Tomo II, Madrid, Biblioteca Nueva, p. 2061.

Introyección: Proceso de asimilación por el cual se desarrolla la representación mental de un objeto. Proceso mediante el cual el sujeto asimila e incorpora al propio yo objetos del mundo externo.

Latencia: Periodo posterior a la etapa fálica y anterior a la adolescencia, en el que el erotismo está reprimido y la agresividad se dirige a desarrollar defensas.

Lenguaje: Equivale a lo simbólico, se escribe como Otro. Según Lacan: "Sólo hay otro del lenguaje." Hace referencia a la cadena significante más que a la relación interlocutiva.

Libido: Designa el impulso sexual. Por libido del yo se entiende aquella que toma por objeto la propia persona. Al contrario, la libido objetal es destinada a cualquier otro tipo de objeto externo.

Mecanismos de defensa: Funciones del yo que se desarrollan ante el peligro, ansiedad que proviene de un conflicto y que protege al yo de dicho peligro, manteniendo el conflicto fuera del alcance del consciente.

Mecanismos de defensa neuróticos: Los que se ponen al servicio de la represión, tanto del conflicto como del impulso.

Metateoría: Se refiere a los planteamientos epistemológicos de una teoría, sus supuestos básicos.

Métodos multidimensionales: Son aquellos instrumentos o procedimientos que permiten medir varios parámetros o dimensiones en la investigación.

Motivación: En términos psicoanalíticos es la estructura del deseo pulsional.

Mundo interno: Estructura fundamental del psiquismo para la escuela kleiniana, de carácter móvil y fantasmal, donde habitan e interactúan los objetos internos. En él se organizan las principales funciones de la personalidad.

Narcisismo: Amor a la imagen de sí mismo. Freud tomó el concepto de la historia de Narciso. El "narcisismo primario" designa un estado precoz en el que el niño carga toda su libido sobre sí mismo. El "narcisismo secundario" designa una vuelta sobre el Yo de la libido, retirada de sus catexis objetales. Estado del aparato psicológico pregenital, en el que el niño estima sus capacidades en un nivel de omnipotencia.

Narcisismo primario: Freud se refiere al estado original en el que no ha habido inversión de la libido. Punto de partida del desarrollo de las relaciones objetales, estado autista, en el que, según Mahler, se basa la relación simbiótica.

Narcisismo secundario: Designa una vuelta sobre el yo de la libido, retirada de sus catexis objetales.

Neurosis: Se refiere a un trastorno mental en el que se ponen en juego alguno o algunos mecanismos de defensa con el objeto de reprimir un conflicto que causaría ansiedad, por lo que implica una alteración parcial del sentido de realidad. Según Laplanche y Pontalis, la neurosis es "una afección psicógena cuyos síntomas son la expresión simbólica de un conflicto psíquico que tiene sus raíces en la historia infantil del sujeto, y constituyen compromisos entre el deseo y la defensa".[237]

Objeto: Para la teoría psicoanalítica no hay complementariedad sujeto-objeto. El objeto se define por una pérdida para Freud o por una falta para Lacan.

Preconsciente: En la primera tópica del aparato psíquico, Freud distingue tres sistemas: Consciente, Preconsciente e Inconsciente. De manera contraria al inconsciente, que está separado de la consciencia por la censura, los contenidos preconscientes pueden, en determinadas condiciones, devenir accesibles a la conciencia.

Principio de placer: Uno de los dos principios que, según Freud, rigen el funcionamiento mental: el conjunto de la actividad psíquica tiene por finalidad evitar el displacer y procurar el placer. Dado que el displacer va ligado al aumento de las cantidades de excitación, y el placer a la disminución de las mismas, el principio de placer constituye un principio económico.

Principio de realidad: Uno de los dos principios que, según Freud, rigen el funcionamiento mental. Forma un par con el principio de placer, el cual modifica, en la medida en que logra imponerse como principio

---

237 Laplanche, Jean y Jean-Bertrand Pontalis, ob. cit.

regulador, la búsqueda de la satisfacción. Esto no se efectúa por los caminos más cortos, sino mediante rodeos, y aplaza su resultado en función de las condiciones impuestas por el mundo exterior. Considerado desde el punto de vista económico, el principio de realidad corresponde a una transformación de la energía libre ligada; desde el punto de vista tópico, caracteriza esencialmente el sistema preconsciente-consciente; desde el punto de vista dinámico, el psicoanálisis intenta basar el principio de realidad sobre cierto tipo de energía pulsional que se hallaría más especialmente al servicio del yo.

Proceso de elaboración: Se refiere al trabajo mental efectuado por el paciente durante el tratamiento analítico y que lo hace progresar al descubrir determinantes inconscientes que mueven su conducta.

Proceso primario y proceso secundario: Conceptos con los que Freud designa los dos modos de funcionamiento del aparato psíquico. El proceso primario caracteriza las elaboraciones inconscientes que, por medio de la condensación y el desplazamiento, permiten que la energía psíquica circule libremente. En el proceso secundario, propio del sistema preconsciente-consciente, la energía se encuentra más fijada por medio de la palabra.

Proyección: Mecanismo de defensa, propio del proceso psicológico, mediante el cual el sujeto desplaza al exterior deseos propios que no reconoce como suyos.

Psicoanálisis: Se refiere a una teoría psicológica, un método terapéutico y un método de investigación. Este método descubierto por Freud permite tratar la neurosis.

Psicobiografía: Método de aplicación psicoanalítica a la literatura. La psicobiografía consiste en la puesta en paralelo de los acontecimientos de la vida, la evolución psicológica y las obras de un determinado autor. Esta puesta en paralelo se funda en el presupuesto de que la vida y la obra se desarrollan a partir de un elemento común esencial: el inconsciente del artista.

Psicocrítica: Método de crítica literaria desarrollado por C. Mauron, de las obras de arte y su génesis, a partir de los descubrimientos freudianos.

Psicosexual: Relativo a fenómenos eróticos.

Psicosis: Enfermedad mental en la que se produce un rompimiento con la realidad y aparecen mecanismos defensivos psicóticos, la regresión, la destrucción. En especial, es el resultado de una perturbación primaria de la relación libidinal con la realidad. Para el psicoanálisis, esto constituye lo específico de la psicosis; por otro lado, los síntomas manifiestos son la construcción delirante y las tentativas secundarias de restauración del lazo objetal. El psicoanálisis no se interesó en un principio en realizar una clasificación de la totalidad de las enfermedades mentales de las que se ocupa la psiquiatría; sin embargo, ha intentado definir diversas estructuras, a saber: paranoia, que comprende a las enfermedades delirantes, y esquizofrenia, por un lado, y por el otro, melancolía y manía.

Pulsión: Para Laplanche y Pontalis, es el "proceso dinámico consistente en un 'empuje' (carga energética, factor de motilidad) que hace tender al organismo hacia un fin. Según Freud, una pulsión tiene su fuente en una excitación corporal (estado de tensión); su fin es suprimir el estado de tensión que reina en la fuente pulsional; gracias al objeto, la pulsión puede alcanzar su fin".[238] Para Lacan la pulsión siempre se satisface a través de la descarga de una excitación. Su trayecto es un circuito, que rodea la ausencia de objeto. Este circuito tiene su fuente en los bordes del cuerpo y en estos bordes es donde se localiza la meta de la pulsión.

Pulsión de vida y pulsión de muerte: Freud describió dos pulsiones o instintos fundamentales con los que el ser humano está dotado. La pulsión de vida promueve la sobrevivencia, la procreación, el amor, el crecimiento. La pulsión de muerte promueve la involución.

Regresión: En un proceso psíquico que implica un desarrollo, se denomina regresión a un regreso o retorno en un proceso inverso. En el sentido de la vida del sujeto la regresión temporal presupone el regreso a etapas superadas de su evolución.

Relación objetal: Es un concepto del psicoanálisis actual para designar la forma de relación del sujeto con su mundo. Laplanche y Pontalis comentan: "Relación que es el resultado complejo y total de una determinada organización de la personalidad, de una aprehensión más o menos

[238] Laplanche, Jean y Jean-Bertrand Pontalis, ob. cit.

fantaseada de los objetos y de unos tipos de defensa predominantes".[239] Relación positiva que se establece entre el terapeuta y el paciente desde las primeras sesiones del análisis.

Resistencia: Fuerza represora que obra en contra de hacer consciente lo inconsciente; también, se opone al esfuerzo terapéutico.

Self: Sí mismo.

Sentido de realidad: Se refiere a la habilidad yoica desarrollada para diferenciar lo real de lo no real o irreal.

Sexualidad: En los planteamientos psicoanalíticos este concepto es más amplio que la forma de designarlo por parte del sentido común. O sea, no es sólo las actividades y el placer que produce el aparato genital; por el contrario, abarca una amplia gama de actividades y excitaciones que se desarrollan desde la más tierna infancia, las cuales generan un placer que no se reduce a la satisfacción genital, sino que incorporan necesidades fisiológicas como respirar, comer, realizar la función excretora, etc., que después se incorporarán en la forma denominada normal del amor sexual.

Sí mismo: Es la estructura mental que contiene todo lo relacionado con uno mismo, deslindado de lo que corresponde al inicio de la vida de la madre y posteriormente, de otros objetos.

Simbiosis: Se refiere a la estructura mental que contiene, sin diferenciación, las representaciones del sí mismo y las de la madre.

Simbolización: Es la capacidad que tiene el "yo" de recrear imágenes que representan objetos del exterior. También es la capacidad de establecer la relación entre dos objetos, logrando que uno de ellos represente al otro.

Síndrome: Grupo de síntomas que se producen en diferentes situaciones y que indican la enfermedad.

Siniestro, Lo, en Freud: El concepto de *Lo Ominoso* (*das Unheimliche*), tal como se deslinda a partir de la lectura histórico-crítica de la producción escrita de Sigmund Freud, en tanto concepto límite o liminar, re-

---

[239] Laplanche, Jean y Jean-Bertrand Pontalis, ob. cit.

sulta ser una de las nociones clave, tanto para la clarificación del estatuto epistémico del psicoanálisis, como para la comprensión de la noción de sujeto de lo inconsciente. Su trazo, según nos devela la revisión exhaustiva y paciente de los textos freudianos, atraviesa e hilvana prácticamente toda su obra, a pesar de que la discusión detallada y pormenorizada del concepto como tal se encuentre concentrada y acotada en un texto puntual, publicado en 1919, titulado justamente *Das Unheimliche* (*Lo Siniestro*). La extensa y prolongada huella de *Lo Ominoso*, que con creces desborda lo que se podría pretender abarcar en el marco de este trabajo, se reconstruirá, al menos parcialmente, partiendo del análisis de *La interpretación de los sueños* (1900 [1899]), seguido de ciertas acotaciones que se desprenden del examen pormenorizado de *Lo Ominoso* (1919).

Sublimación: La pulsión realiza el proceso de sublimación cuando se deriva hacia un nuevo fin, no sexual, por imposibilidad de lograr lo que desea, y apunta hacia objetos socialmente valorados. Laplanche y Pontalis indican: "Proceso postulado por Freud para explicar ciertas actividades humanas que aparentemente no guardan relación con la sexualidad, pero que hallarían su energía en la fuerza de la pulsión sexual. Freud describió como actividades de resorte principalmente la actividad artística y la investigación intelectual".[240]

Sujeto: Para Lacan, no es el yo consciente (la representación que un sujeto se hace de sí mismo a través de sus enunciados). Remite a la posición de enunciación del hablante. El sujeto, como sujeto del inconsciente, es instituido por el discurso analítico.

Superyó: Según Fedida, "Una de las instancias al igual que el yo y el ello, que en la segunda tópica de Freud constituye el aparato psíquico y compone la personalidad. Ese superyó es asimilado generalmente a una instancia que juzga, censura y prohíbe. En cierta medida, es la expresión psicoanalítica de lo que habitualmente se entiende por 'conciencia moral'".[241]

Transferencia: Al decir de Laplanche y Pontalis, "Designa, en psicoanálisis, el proceso en virtud del cual los deseos inconscientes se actualizan

240 Laplanche, Jean y Jean-Bertrand Pontalis, ob. cit.

241 Fedida, Pierre, ob. cit.

sobre ciertos objetos, dentro de un determinado tipo de relación establecida con ellos y, de un modo especial, dentro de la relación analítica".[242]

Vinculaciones afectivas: Lazos emocionales que el sujeto establece haciendo del objeto una fuente de gratificación.

Vínculo: Relación que desarrollan dos individuos mediante la cual cada uno es distinto y específicamente significativo para el otro.

Yo: Para Fedida, "Situado en dependencia con respecto al "ello" y al "superyó", el "yo" es un órgano de mediación que asegura una función de unidad e integridad de la persona... En tanto participa de lo consciente y del inconsciente, el "yo" asume, en el plano económico, la función de regulación e integración de los procesos psíquicos contradictorios".[243]

Yo ideal: Estructura primitiva, anterior al sentido de realidad, en la cual el self se encuentra confundido en la omnipotencia fantaseada en el bebé.

Zonas erógenas: Áreas especiales del cuerpo que, en las vicisitudes del desarrollo psicosexual, expresan el impulso erótico, o sea, se hacen eróticamente sensibles a la estimulación.

Bibliografía citada

Evans, Dylan (1977), *Diccionario introductorio de psicoanálisis lacaniano*, Buenos Aires, Editorial Paidós.

Fedida, Pierre (1979), *Diccionario de psicoanálisis*, Madrid, Editorial Alianza.

Freud, S. (1973), Lo inconciente, en *Obras completas*, Tomo II, Madrid, Biblioteca Nueva.

Laplanche, Jean y Jean-Bertrand Pontalis (1996), *Diccionario de psicoanálisis*, Barcelona, Editorial Labor.

Wechsler, Elina (2008), *Arrebatos femeninos, obsesiones masculinas. Clínica psicoanalítica hoy*, Buenos Aires, Editorial Letra Viva.

242 Laplanche, Jean y Jean-Betrand Pontalis, ob. cit.

243 Fedida, Pierre, ob. cit.

Bibliografía general

Aberastury, A. y colaboradores (1976), *Adolescencia*, Buenos Aires, Editorial Kargiema.

Aberastury, A. y Mauricio Knovel (1996), *La adolescencia normal*, México, Editorial Paidós.

Ajurlaguerra, J., D. Marcelli y A. Braconnier (1986). *Psicopatología del adolescente*, México, Editorial Masson.

Bettelheim, Bruno (1968), *Psicoanálisis de los cuentos de hadas*, Barcelona, Editorial Crítica-Grijalbo.

Beuchot, Mauricio y Ricardo Blanco (1990), *Hermenéutica. Psicoanálisis y literatura*, México, UNAM.

Blos, Peter (1981), *La transición adolescente*, Buenos Aires, Amorrortu Editores.

Bowlby, John (1982), *Los cuidados maternos y la salud mental*, Buenos Aires, Editorial Humanitas.

Bowlby, John (1985), *La separación afectiva*, Buenos Aires, Editorial Paidós.

Brandt, Giovacchini, y otros (1989), *Adolescentes borderline*, Buenos Aires, Editorial Nueva Visión.

Braunstein, N. (1997), *Psiquiatría, teoría del sujeto, psicoanálisis*, México, Editorial Siglo XXI.

Coupland, Douglas (1982), *Generación X*, España, Grupo Editorial Z.

Culler, Jonathan (1982), *Sobre la destrucción*, Madrid, Editorial Cátedra.

Delgado, J. M. y J. Gutiérrez (1995), *Métodos y técnicas cualitativas de investigación en ciencias sociales*, España, Editorial Síntesis.

Devereux, George (1997), *De la ansiedad al método en las ciencias del comportamiento*, México, Editorial Siglo XXI.

Fages, J.B. (1979), *Historia del psicoanálisis después de Freud*, Barcelona, Editorial Martínez Roca.

Feinstein, Sh. C., F. Moujan, P. Giovacchini, M. Knobel y otros (1972), *El adolescente borderline*, Buenos Aires, Editorial Kargieman.

Freud, Anna (1985), *Psicoanálisis del desarrollo del niño y del adolescente*, Buenos Aires, Editorial Paidós.

Fuentes, Carlos (1995), *Geografía de la novela*, México, FCE.

Gadamer, Hans-George (1994), *Verdad y método*, Tomos 1 y 11, Salamanca, Editorial Sígueme.

González Núñez, José de Jesús, Javier Aguirre Romero y Federico Tavira y Noriega (1989), *Teoría y técnica de la terapia psicoanalítica de adolescentes*, México, Editorial Trillas.

Grinberg, L., (1981), *Psicoanálisis*, Buenos Aires, Editorial Paidós.

Grinberg, L. y R. Grinberg (1980), *Identidad y cambio*, Buenos Aires, Editorial Paidós.

Heisig, J. W. (1976), *El cuento detrás del cuento*, Buenos Aires, Editorial Guadalupe.

Holland, Norman (1968), *The Shakespearean Imagination*, Nueva York, Midland-Indiana University Press.

Jones, Ernest (1975), *Hamlet y Edipo*, Barcelona, Editorial Mandrágora.

Kaplan, L. (1991), *Adolescencia. El adiós a la infancia*, Buenos Aires, Editorial Paidós.

Kernberg, Otto (1979), *La teoría de las relaciones objetales y el psicoanálisis clínico*, Buenos Aires, Editorial Paidós.

Kernberg, O.F. (1987), *Trastornos graves de la personalidad*, México, Editorial El Manual Moderno.

Ladenburg, Ricardo (1995), *Breve historia del pensamiento de Freud*, Argentina, Editorial Claridad.

Laplanche, Jean (1980), *Interpretar con Freud y otros ensayos*, Buenos Aires, Editorial Nueva Visión.

Mannoni, Octave (1979), *Freud: El descubrimiento del inconsciente*, Buenos Aires, Editorial Nueva Visión.

Mannoni, Octave (1986), *La crisis de la adolescencia*, Barcelona, Editorial Gedisa.

Masterson, J.F. (1989), *El dilema psiquiátrico del adolescente*, Buenos Aires, Editorial Paidós.

Mayer, Hugo (1989), *Volver a Freud*, Editorial Paidós, Buenos Aires.

Pearson, Gerald (1978), *Manual de psicoanálisis de niños y adolescentes*, Buenos Aires, Editorial Horme.

Pérez Serrano, Gloria (1994), *Investigación cualitativa. Retos e interrogantes*, Tomos I y II, Madrid, Editorial La Muralla.

Pujadas Muñoz, Juan José (1992), *El método biográfico: El uso de las historias de vida en ciencias sociales*, México, Centro de Investigaciones Sociales.

Racker, H. (1985), *Estudios sobre técnica psicoanalítica*, Buenos Aires, Editorial Paidós.

Reich, Wilhelm, *Análisis del carácter*, Barcelona, Editorial Paidós, 1983.

Reynoso, R. (1980), *Psicopatología y clínica infanto-juvenil*, Tomos I y II, Buenos Aires, Editorial Belgrano.

Rocabert-Vives, J., P. Cuevas y otros (1983), *Psicoanálisis de la creación literaria*, México, Asociación Psicoanalítica Mexicana.

Rodríguez Gómez, G. y otros (1996), *Metodología de la investigación cualitativa*, Málaga, Editorial Aljibe.

Sallenave, M. y otros (1981), *Psicoanálisis y crítica literaria*, Madrid, Editorial Akal.

Saltalamacchia, Homero (1994), *Historia de vida: reflexiones a partir de una experiencia de investigación*, Puerto Rico, Editorial Cijup.

Sandler, Joseph, Christopher Dare y Alex Holder (1980), *El paciente y el analista*, Buenos Aires, Editorial Paidós.

Schwartz, H. y J. Jacobs (1984), *Sociología cualitativa*, México, Editorial Trillas.

Senett, Richard (1980), *Narcisismo y cultura moderna*, Barcelona, Editorial Kairós.

Zapata Zonco, Oscar A. (2000), *El adolescente borderline o La vida está en otra parte. El método cualitativo psicodinámico aplicado a un personaje kunderiano*, México, Editorial Supernova.

Esta obra se terminó de imprimir
en octubre de 2014, en los Talleres de

IREMA, S.A. de C.V.
Oculistas No. 43, Col. Sifón
09400, Iztapalapa, D.F.